Friedrich Nippold

Die Thümmel'schen Religionsprozesse

vom kirchengeschichtlichen und kirchenrechtlichen Standpunkte beleuchtet

Friedrich Nippold

Die Thümmel'schen Religionsprozesse
vom kirchengeschichtlichen und kirchenrechtlichen Standpunkte beleuchtet

ISBN/EAN: 9783743657168

Hergestellt in Europa, USA, Kanada, Australien, Japan

Cover: Foto ©Lupo / pixelio.de

Weitere Bücher finden Sie auf **www.hansebooks.com**

Die Thümmel'schen Religionsprozesse

vom kirchengeschichtlichen
und kirchenrechtlichen Standpunkte beleuchtet.

Vortrag

im studentischen Gustav-Adolfs-Verein gehalten
und mit einem litterarischen Anhang herausgegeben
von

D. Fr. Nippold,
Professor der Theologie in Jena.

Halle 1888.
Verlag von Eugen Strien.

Es ist eine ungewöhnlich schwierige Aufgabe, die mir heute gestellt ist. Ihre ganze Schwierigkeit ist mir erst in den letzten Tagen zum Bewußtsein gekommen, als die ungeheure Masse des Stoffes sich mir aufdrängte, und damit zugleich die Fülle verschiedener Gesichtspunkte, die neben einander berücksichtigt werden wollen. Es ist mir dabei bald klar geworden, daß ich heute nur Bruchstücke bringen kann; doch will ich wenigstens einen Versuch machen.

Die drei verschiedenen Prozesse gegen den Pfarrer Thümmel stehen nicht nur unter sich in engem Zusammenhange, sondern wir haben daneben in der gleichen Zeit noch eine ganze Reihe anderer Religionsprozesse der verschiedensten Art von hüben und drüben erlebt. Man könnte geradezu sagen: auf die Zeit der Beendigung des sogenannten Kulturkampfes scheint eine Ära von Religionsprozessen zu folgen. Ganz besonders aber verlangen die drei Thümmel'schen Prozesse in ihrem inneren Zusammenhang unter eine allgemeine kirchengeschichtliche und — so weit es möglich ist — kirchenrechtliche Beleuchtung gestellt zu werden. Wir werden daher zunächst den ersten Prozeß (mit der Verurteilung durch das Landgericht in Cleve vom 30. Nov. 1882, der Aufhebung dieses Urteils durch das Reichsgericht und der Freisprechung durch das Landgericht in Düsseldorf vom 30. April 1883) zu betrachten haben, um uns von ihm zum zweiten zu wenden

(Verurteilung durch das Landgericht in Elberfeld am 11. Aug. 1886 und Verwerfung der Revision durch das Reichsgericht am 22. Nov. 1886). Eben darum, weil der erste und zweite Prozeß nicht umgangen werden dürfen, weil schon in deren Vorgeschichte und Nachgeschichte eine Menge sehr beachtenswerter Thatsachen hervortritt, werde ich, so sehr ich das auch selbst bedauere, den allgemein berühmt gewordenen dritten Prozeß (mit den Verhandlungen vom 6.—15. Juni 1887) in allem dem, was allgemein zugänglich ist, als bekannt voraussetzen müssen, d. h. obenan die stenographischen Berichte des Wiemann'schen Verlages. Mit dem gleichen Bedauern muß ich andere Dinge zurückstellen, auf die ich sonst als Historiker ebenfalls besondern Wert gelegt hätte, aus der Nachgeschichte des dritten Prozesses. Denn seit lange hat ja kein Prozeß eine derartige Bewegung hervorgerufen, und zwar nach den verschiedensten Seiten.

Auf der einen Seite heben sich z. B. hervor die Erklärung des Remscheider Presbyteriums und die Beschlüsse der Elberfelder Kreissynode, die sich an die vorgesetzte kirchliche Behörde gewendet hat, mit ernster Beschwerde gegen das Vorgehen des Staatsanwalts Pinoff.[1]) Daneben steht eine Reihe höchst beachtenswerter Artikel in den Kirchenzeitungen. So berichtet das „Evangelische Gemeindeblatt aus Rheinland und Westfalen" ausdrücklich, daß durch diesen dritten Prozeß die Stimmung in der rheinisch-westfälischen Kirche vollständig umgeschlagen sei. Sie ist nämlich bis dahin keineswegs günstig für den Pfarrer Thümmel gewesen, seit jener Zeit aber in der denkwürdigsten Weise umgewandelt worden. Ein ähnliches Urteil wird in dem „Evangelisch-lutherischen Gemeindeblatt" aus dem Königreich Sachsen abgegeben, und daneben steht noch eine Reihe von Kirchenzeitungen und politischen Blättern der verschiedensten Färbung. Wie wohl noch in keinem früheren Fall gehen hier

---

[1]) Vergl. die weiteren ähnlichen Akte im Anhang Anm. [1]), sowie ebendaselbst auch die im Folgenden durch Nummern angedeuteten litterarischen Nachweise.

die Beyschlag'schen „Deutsch-evangelischen Blätter" Hand in
Hand mit der Stöcker'schen „Deutsch-Evangelischen Kirchenzeitung", und die Artikel des „Reichsboten" sind nur durch eine
noch schärfere Oppositionsstellung von den Voten der „Protestantischen Kirchenzeitung" und des „Deutschen Protestantenblattes"
verschieden.

Wenn wir somit auf der einen Seite schon hier eine in
hohem Grade beachtungswerte Erscheinung vor uns haben, nämlich
ein neues Symptom der heißersehnten Einigung unseres deutschen
Protestantismus,[2]) so auf der andern Seite eine noch beachtens-
wertere Thatsache in dem Verfahren der klerikalen Presse, besonders
wenn wir das bekannteste Organ des Jesuitismus in Deutschland, die „Germania", betrachten. Sie hat zunächst, nachdem
das Remscheider Presbyterium sein Votum abgegeben hatte, eine
Serie von fünf Artikeln gebracht, über „das Grundrecht des
Protestantismus", worin dieses Grundrecht des Protestantismus
als das Recht der Beschimpfung des alleinseligmachenden Papsttums hingestellt wird. Schon in diesen Artikeln wurde in einer
Weise über die evangelisch-kirchlichen Behörden abgesprochen, als
wenn schon jetzt in dem Redaktionsbureau der „Germania" die
höhere Instanz für diese Behörden gesucht werden müsse. Vor
allem wird das Koblenzer Konsistorium wieder und wieder mit
ernstem Verweise bedacht, weil es nicht sofort das Remscheider
Presbyterium zur Ordnung gerufen und sein „quos ego" da-
zwischen gerufen habe.[3]) Alle diejenigen, die noch wagen würden,
für den Pfarrer Thümmel Sympathien auszusprechen, werden
persönlich mit dem Staatsanwalt bedroht.[4]) Dasselbe gilt, nur
in noch stärkerem Tonfall, von den drei folgenden Artikeln der
„Germania" über den Prozeß Thümmel und den Evangelischen
Bund, worin eine Reihe von kleineren und größeren Notizen
der „Kirchlichen Korrespondenz", welche der Redaktion der
„Germania" auf ähnlichem Wege in die Hände gefallen waren,
wie das zweite Rundschreiben des Preßkomitees, zusammengestellt
werden, selbstverständlich mit der Art von Citation, die wir von
Herrn Janssen her kennen. Es ist dabei wieder im höchsten

Grade lehrreich zu sehen, welche Stellen hier zum Behufe der eigenen Leser unterdrückt werden, und in welchen Ausdrücken die Staatsgewalt als Büttel der Kurie zu Hilfe gerufen wird. Noch bedeutend charakteristischer ist aber eine dritte Serie von Artikeln unter dem hübschen Titel: „Ein moderner Hexensabbat". Sie können schon aus dieser Überschrift entnehmen, was in derartigen Artikeln steht. Dabei wollen diese Artikel dann auch wieder in Zusammenhang gebracht werden mit den ersten Artikeln, die sofort in der „Germania", der „Eichsfeldia", dem „Bayrischen Vaterland" 2c. erschienen, als die erste Nachricht von dem Inslebentreten des „Evangelischen Bundes" an sie gelangt war, ebenso wie auch in den letzten Tagen noch eine Reihe von andern Artikeln derselben Tendenz an den gleichen Orten erschien.

Es ist das eine zweite Seite jener litterarischen Bewegung, auf die ich vorher hinwies, aber nicht näher eintreten kann. Ebensowenig ist mir dies möglich bei einer dritten Serie von Artikeln, die wieder einen gemeinsamen Ursprung verraten. Schon bei der Beschlagnahme der nun gerichtlich verurteilten Thümmelschen Schrift war es auffällig, wie eine Reihe maßlos feindseliger Artikel über den Verfasser und seine Schrift mitten in die Zentren des Protestantismus hineingeschmuggelt wurden, so in die „Hallische Zeitung", in den „Hamburger Korrespondent", die „Schlesische Zeitung", das „Frankfurter Journal".[5]) Es ließ sich schon damals ohne Mühe konstatieren, daß sie insgesamt von einer und derselben Quelle ausgegangen sind, und daß die Erstlinge derselben bereits zu einer Zeit erschienen, wo von dem Ergebnis dieser Beschlagnahme noch niemand außeramtlich etwas Näheres wissen konnte. Genau dieselbe Erscheinung tritt uns nun aber wieder in der jüngsten Zeit entgegen, und ein derartiges Maß von Unkenntnis oder Entstellung der Thatsachen wie in einigen dieser Artikel ist kaum jemals dagewesen. Es wäre daher wieder nicht unwichtig, im einzelnen darauf einzugehen.[6]) Aber der anderen Gesichtspunkte, die ich heute zur Geltung bringen möchte, sind gar zu viele. Dabei ist es obenan nötig, daß wir gerade bei einer derartig leidenschaftlichen Polemik niemals den objektiv historischen Gesichtspunkt aus dem Auge verlieren. Eben darum werde ich zunächst an manches, was Pfarrer Thümmel gesagt und gethan hat, strenge Kritik anzulegen haben, um dann um so entschiedener darauf hinweisen zu können, wo die anderen Punkte in diesen Prozessen liegen, um derentwillen die deutsch=evangelische Christenheit von Tag zu Tag mehr erregt wird.

Bevor wir also überhaupt auf alle diese verschiedenen Gesichtspunkte eintreten, zunächst ein kurzes Wort über den historischen Standpunkt, den wir auch hier aufs schärfste einzu= halten haben. Erwarten Sie nichts weniger als ein Plaidoyer für den Angeklagten; das ist die Aufgabe seines Verteidigers gewesen, und dieselbe ist in anerkannt glänzender Weise gelöst worden. Der Historiker seinerseits hat sich von vornherein über die verschiedenen Parteien zu stellen, muß sich in den inter= konfessionellen Fragen jeder Parteinahme enthalten, auch der Parteinahme für die angegriffene Kirchenlehre. Er hat ins Licht zu stellen, wie die allgemeine Sachlage ist. Wenn ich nun hiervon die Anwendung mache auf das Verfahren des Pfarrers Thümmel, so möchte ich wenigstens mit ein paar Worten das betonen, worin ich — wenngleich dabei schlechterdings keine strafsälligen Dinge in Betracht kommen — ihm entgegentreten müßte.

Die Milderung der konfessionellen Gegensätze im fridericianisch= josephinischen Zeitalter ist seit der französischen Revolution und ihrer unabweisbaren Folge, der Gegenrevolution, ganz besonders aber seit der Restauration des Jesuitenordens, durch eine allseitige Wiederbelebung der konfessionellen Gegensätze verdrängt worden. Dieselbe tritt naturgemäß da am meisten hervor, wo die allein= seligmachende Kirche sich wieder zur alleinherrschenden zu machen sucht. Da stoßen wir auch in den angegriffenen evangelischen Kirchen naturgemäß wieder auf die Ausdrucksweise des Polemikers, die eben nicht die des Historikers ist. So hat auch Pfarrer Thümmel besonders im dritten Prozeß seinen Hauptangriff gegen die katholische Messe gerichtet, weil er sie nur in der mit unzähligen Mißbräuchen versetzten Form kennt, wie sie heute in der Papstkirche allgemein durchgedrungen ist. Er kennt eben nicht die wirkliche, echt katholische Messe, wie die in der alt= katholischen Märtyrergemeinde, wo sie einen wirklich erbauenden Eindruck macht auch auf den evangelischen Christen.

Wir müssen weiter auch einem Manne gegenüber, der selbst durch das Vorgehen gegen ihn ein Konfessor seiner Kirche geworden ist, doch stets betonen, daß und warum wir uns seiner Identifi= zierung von Jesuitismus und Katholizismus nicht anschließen dürfen. Denn es ist eben nicht die Schuld unserer deutschen Katholiken, daß der restaurierte Jesuitenorden abermals ein Bistum nach dem andern, eine Fakultät nach der andern erobert hat. Die Geschichte unseres deutschen Katholizismus im neunzehnten Jahrhundert ist eine Leidens=, aber zugleich eine Ruhmes= geschichte des deutschen Geistes. Es sind zum guten Teil Pro= testanten gewesen, durch welche die gegenwärtige Lage über unsere katholischen Volksgenossen gekommen ist. Von der Gesandtschaft Niebuhrs an läßt sich das stets weiter verfolgen, und keine konfessionelle Polemik darf uns jemals dazu verführen, es zu übersehen, was an frommem, echt christlichem Sinn im deutschen Katholizismus lebt. Wenn die edle „Germania" den Evange= lischen Bund angegriffen hat als den modernen „Hexensabbat", so werden wir unsererseits darüber doch niemals vergessen, wie schon das erste Rundschreiben des Preßkomitees eine so ganz andere Haltung gegen den deutschen Katholizismus bekundet. Nachdem inzwischen das zweite Rundschreiben veröffentlicht worden ist, wird es wohl angebracht sein, auch das erste Rund= schreiben in weitere Kreise zu bringen.⁷) Dann erst wird es deutlich werden, welche durchaus irenische Haltung gegenüber den christlichen Elementen im deutschen Katholizismus der Evange= lische Bund einnimmt. Nicht nur gegenüber der Thümmelschen Identifizierung von Jesuitismus und Katholizismus aber muß ich mich aussprechen, ich muß sogar das Urteil über den so= genannten Ultramontanismus etwas anders als er formulieren.

Der Ultramontanismus hätte nicht siegen können im Kultur=
kampf, wenn er nicht trotz aller Mißbräuche ein großes Prinzip
einschlösse: nämlich das Prinzip der Unabhängigkeit der Kirche
von Instanzen, die nicht kirchlicher Art sind. Kirchliche Fragen
wollen nach kirchlichen, nicht nach politisch opportunistischen
Gesichtspunkten erledigt werden. Durch die Art, wie der Kultur=
kampf geführt wurde, sind unzählige deutsche Katholiken in
das Lager des Ultramontanismus gedrängt worden, die in
Zukunft sich denn doch wohl etwas anders stellen werden.
Was ich in dieser Beziehung auf dem Altkatholiken=Kongreß
in Crefeld bemerkt habe, könnte ich auch bei diesem Anlaß nur
wiederholen.

Wenn sich aber schon nach diesen beiden Seiten hin der
historische Standpunkt scharf abgrenzt gegen den polemischen,
in den Thümmel hineingedrängt wurde, so muß daneben zu=
gleich nach einer dritten Seite hin eine gleiche Unterscheidung
noch schärfer gemacht werden. Wir kennen alle aus Luthers
Leben die Kämpfe, in die er zumal in der letzten Zeit seines Lebens
mit seinen juristischen Freunden verwickelt war. Thümmel be=
findet sich in einem ähnlichen Gegensatz gegen den Begriff, den
er Juristerei nennt. Wie sehr man aber auch überzeugt sein mag,
daß die jetzige kirchenrechtliche Sachlage dringend Verbesserung
erheischt, so haben wir die Initiative dazu obenan von unseren
deutschen Juristen selbst zu erwarten. Wenn daher Thümmel
rekurriert auf Luthers Gegensatz zur Juristerei, so wollen wir
unsererseits nicht nur nicht vergessen, wie beim Anfang seines
Auftretens ein Scheurl und Schurf ihm als seine Rechtsbeistände
so wacker zur Seite gestanden haben, sondern uns zugleich daran
erinnern, wie auch seit den Tagen der Reformation und ihrem
Bruch mit dem sogenannten kanonischen Recht immer wieder eine
Reihe von Männern hervorgetreten ist, die als Juristen für
die Gedanken der fortschreitenden Reformation und die Huma=
nitätsidee überhaupt sich die größten Verdienste erworben haben.
Nebeneinander stehen da auf protestantischem Boden die leuchten=
den Namen Hugo Grotius, Thomasius, Pufendorf, auf katholischer

Seite Männer wie Launoy, van Espen, Febronius. Und auch in der Gegenwart verhält es sich denn doch nicht so, daß den deutschen Juristen als solchen das Interesse für religiöse Lebensfragen abgeht. In der Berner juristischen Fakultät hat ein Munzinger der katholischen Reform und speziell der Begründung der altkatholisch-theologischen Fakultät außerordentlich vorgearbeitet. In Bonn hat sich der Jurist Boecking das große Verdienst der trefflichen Ausgabe der Werke Huttens erworben, hat Stintzings berühmte Rektoratsrede über das Sprichwort, das den Juristen zum schlechten Christen macht, ihn selber als Vorbild der Theologen erwiesen, haben Bethmann-Hollweg und Bluhme und Hälschner der evangelischen Kirche in hohen wie in niederen Ämtern die größten Dienste geleistet. Und wenn ich dieser evangelischen Juristen zunächst gedenke, so dürfen wir daneben noch weniger vergessen, was wir in v. Schulte haben, zumal seit die Nachfolger des großen Febronius überall durch die restaurierten Jesuiten zurückgedrängt sind. Ebenso unvergeßlich wird es allen denen bleiben, welche die Blütezeit Heidelbergs kannten, wie damals auch in der Heidelberger juristischen Fakultät drei Führer kirchlicher Reformbestrebungen nebeneinander gestanden haben: Hermann, der Präsident des Kirchentags und nachmals des preußischen Oberkirchenrates, Bluntschli, der Präsident des Protestantenvereins, dem auf Anlaß der Seyerlenschen Biographie sogar die Luthardtsche Kirchenzeitung nachsagte, daß im Streite der Parteien die idealen Motive des Andersdenkenden nicht vergessen werden dürften, Windscheid, der erste Vizepräsident des ersten Altkatholikenkongresses. Und müssen wir neben ihnen nicht auch, mag Mittermaiers Schultheorie noch so veraltet sein, doch seiner so gut wie vor ihm Thibauts als eines Trägers der edelsten Humanitätsideen gedenken? Aber nicht genug damit. Steht es denn heute etwa nicht mehr so wie im vorigen Jahrhundert? wo auf das bekannte Wort so oft rekurriert wurde, es gäbe noch Richter in Berlin? Ich verweise auf Thatsachen der jüngsten Vergangenheit in Österreich, wo schon mehrfach, wenn die Verwaltungsbeamten in ihrer bekannten Weise gegen die altkatho-

lischen Gemeinden vorgingen, der oberste Gerichtshof sie an
Recht und Gesetz erinnerte. Unser historischer Standpunkt ver=
langt diese Reservation. Wir dürfen nicht an den Übelständen
der heutigen Rechtslage Kritik üben, ohne auf den Hauptfaktor
hinzuweisen, von dem wir heute in erster Linie eine Reform
erwarten.

Gehen wir aber nach diesen allgemeinen Betrachtungen auf
den ersten Prozeß ein!

Alsbald bei diesem ersten Prozeß liegt nämlich der Aus=
gangspunkt in einer Thatsache, die merkwürdigerweise in den
sämtlichen juristischen Urteilen in die gleiche Vergessenheit geraten
zu sein scheint: in der Vergewaltigung eines evangelischen Pfarr=
hauses bei Gelegenheit einer Fronleichnamsprozession. Nicht
minder werden wir uns mit dem terminus technicus in dem
ersten Prozeß näher beschäftigen müssen, um die Möglichkeit so
sehr verschiedener Urteile darüber ins rechte Licht treten zu
lassen. Eine ähnliche Aufgabe werden wir dann beim zweiten
Prozeß zu erfüllen haben. Während der erste in Geldern
spielt, hat der zweite seinen Ausgangspunkt in Remscheid, und
auch hier kommt eine merkwürdige Vorgeschichte sehr mit in
Betracht. Erst wenn wir diese vorhergegangene Situation so gut
wie das Urteil erster und zweiter Instanz im zweiten Prozeß uns
deutlich gemacht haben, können wir die Sachlage verstehen, aus
welcher heraus der Pfarrer Thümmel die Broschüre schrieb, die
das weitere Vorgehen gegen ihn veranlaßt hat. Erst daraufhin
können wir uns also weiter mit der beschlagnahmten Broschüre
selber beschäftigen, sowie mit den eigentümlichen „Versehen",
um den Ausdruck des Elberfelder Gerichtspräsidenten anzu=
wenden, welche bei der Beschlagnahme der Broschüre statt=
gefunden haben. Erst nach alledem wird ja das ungeheure Auf=
sehen, das der Prozeß hervorgerufen hat, wirklich verständlich.
Nicht minder wäre es sehr wünschenswert, auf der einen Seite
der Haltung des Staatsanwalts, auf der anderen derjenigen
des Verteidigers näher zu treten, um daraus zugleich zu ent=
nehmen, welcher Art die interkonfessionelle Rechtslage heute ist,

wie sie zu dem geworden ist, was sie ist, und was für Schwierigkeiten von fast unlöslicher Art für die neutrale Behandlung der Kirchenpolitik hier vorliegen. Wie die Rechtslage, so will dann aber weiter auch die Haltung der staatskirchlichen Behörden ins Auge gefaßt werden, zumal die Handlungsweise des Koblenzer Konsistoriums, zu der wir eine merkwürdige Parallele haben in dem Verfahren der ostpreußischen Behörden gegen den Pfarrer Löfflad, und die Art, wie diese Haltung der evangelischen Kirchenleitung im schärfsten Kontrast steht zu derjenigen der erzbischöflichen Behörde, auf die sich der dritte Prozeß zurückführt. Nur wenn wir alle diese Fragen uns deutlich gemacht haben, kann jeder von uns sich einigermaßen in den Stand gesetzt sehen, selber das Fazit zu ziehen, was wir für die Zukunft hoffen, erwarten, vielleicht auch verlangen müssen, wenn wir uns wenigstens in letzterer Hinsicht dem Verfahren anschließen, welches das sogenannte Oberhaupt der katholischen Kirche, will sagen der römischen Sonderkirche, während des Kulturkampfes eingenommen hat, wobei wir uns übrigens den eigenen Worten des regierenden Papstes selber anschließen können.

Wir beginnen also mit der von uns an die Spitze gestellten „vergessenen" Thatsache. Ist es denn nicht alsbald im höchsten Grade auffällig, wenn in all den vor Gericht gehaltenen Reden, die einen Rückblick werfen auf die Vorgeschichte des dritten Prozesses, stets der erste Ausgangspunkt außer Betracht geblieben ist? Bei dem dritten Prozeß haben über den Sprachgebrauch der Ausdrücke „unterdrückt", „verschwiegen", „unterschätzt", „ignoriert" längere Verhandlungen stattgefunden, und es hat sich dabei besonders durch das Zeugnis des Amtsrichters Thümmel unzweideutig herausgestellt, daß der Laie meist ganz andere Begriffe mit diesen Ausdrücken verbindet, als der Jurist. Für den Historiker aber ist die Wahl des richtigen Ausdrucks noch schwieriger, wenn er sich fragt, wieweit die juristischen Erwägungen dem geschichtlichen Hergange selber gerecht geworden sind. So beginnt gleich das erste — ersichtlich von dem Bestreben nach völliger Objektivität getragene — Resümee des Gerichtspräsidenten: „Es läßt sich nicht verkennen, daß der erste Ausgangspunkt des Prozesses in einer ‚unbedachten Äußerung' des Pfarrers Thümmel zu suchen ist". Für den gerichtlichen Hergang mag hier der erste Ausgangspunkt liegen; für den geschichtlichen Zusammenhang liegt er darin, daß ein evangelisches Pfarrhaus gegen den ausdrücklichen Protest des protestantischen Pfarrers straflos zur Fronleichnamsprozession geschmückt werden konnte. Aber nicht nur der Gerichtspräsident hat diesen ersten Ausgangspunkt vollständig übersehen, sondern noch mehr der Staatsanwalt. Hat letzterer doch auf den Protest des Pfarrers Thümmel gegen jene „observanzmäßige" Vergewaltigung seines Glaubens sogar das Sprichwort anwenden zu dürfen geglaubt: „Das ist der Fluch der bösen That, daß sie fortzeugend Böses muß gebären". Gewiß, auch der Historiker wird dies Citat an sich hier nicht unpassend angebracht finden, aber er wird den Fluch der bösen That ganz anderswo suchen müssen, nämlich in der neujesuitischen Propaganda und ihrer Prozessionspraxis.

Lassen Sie mich zu dem Ende einfach an das erinnern, was in den Tridentiner Kanones über den Zweck der Fronleichnamsprozession ausdrücklich bemerkt wird. Unmittelbar vorher ist gesagt worden, es sei billig, daß solche Tage festgesetzt würden, an welchen alle Christen gegen ihren Herrn und Erlöser, für eine so unerhörte Wohlthat sich dankbar und eingedenk erweisen müßten. — Ich schalte ein: mit dieser Wohlthat ist nicht das Erlösungswerk unsres Heilandes gemeint, sondern die Transsubstantiation in der Hostie, jene Lehre der römischen Sonderkirche, die seit Innocenz III. zum Dogma erhoben ist, während die noch ungetrennte katholische Kirche (die ja seit der Trennung des Abendlandes von der Mutterkirche des Morgenlandes gar nicht mehr als solche bestand) dies „Dogma" nicht kennt. Ich erinnere zugleich daran, daß derjenige, der katholische Zustände wirklich kennt, über diese Wohlthat etwas anders urteilen muß, wenn er sieht, wie über der vergötterten Hostie das Lebensbild unseres Herrn selber zurücktritt, zusamt seinem Evangelium, von dem doch allein die Lebenskraft in alle folgenden Jahrhunderte ausgegangen ist. —

Aber hören Sie statt weiterer Einschaltungen einfach die Tridentiner Kanones selbst über den Zweck der Fronleichnamsprozession: „Es ist notwendig, daß in der Fronleichnamsprozession die Wahrheit über die Lüge und Ketzerei ihren Triumph feiert, damit die Gegner derselben im Augenblick solchen Glanzes und solcher Festfreude der gesamten Kirche entweder eingeschüchtert und niedergedonnert hinschmelzen oder von Scham erfüllt und konsterniert endlich zur Besinnung kommen." (Sess. XIII. C. V).

Wenn das Tridentiner Konzil den Zweck der Fronleichnamsaufzüge derart rückhaltlos kundgibt, so wird es uns nun wohl auch um so leichter begreiflich, warum schon auf dem berühmten Reichstage von Augsburg der Markgraf Georg von Brandenburg, als Karl V. die Teilnahme an der Prozession verlangte, erklärte, sich lieber den Kopf abschlagen zu lassen. Die Antwort des Kaisers in einem seiner wenigen niederdeutschen Sätze ist ja bekannt genug: Löver Först, net kopp ab! Seit dem Tridentiner Konzil aber ist nun überall da, wo seine Kanones kirchliche und kirchenrechtliche Anerkennung fanden, seitens der der Kirche folgsamen Staatsbehörden in der denkbar grausamsten Weise gegen alle diejenigen verfahren worden, deren Glaubensüberzeugung es ihnen nicht erlaubt, vor der Hostie niederzuknieen. Wir können hier weder auf die massenhaften Ketzerprozesse gegen die sog. Sakramentierer, d. h. die Reformierten, eintreten, noch auf die zu dem 30 jährigen Kriege führenden Gewaltthaten von Donauwörth und Braunau oder die polnischen Prozessionstragödien von Rakau und Thorn. Ich erinnere darum nur an den Prozeß be la Barre, der im Leben Voltaires, neben dem berühmt gewordenen Prozeß Calas, die bekannte Rolle gespielt hat. De la Barre ist nämlich im Jahre 1766 enthauptet und verbrannt worden, weil er nicht den Hut vor einer solchen Prozession abgezogen. Es sind derartige Dinge, die Voltaire (nach einem ähnlichen Entwickelungsprozeß wie Renan in unseren Tagen) zum Apostel der Toleranz gemacht haben. In ganz anderem Sinne aber als für den französischen ist die gleiche Zeit zu einer unvergeßlichen Epoche für den deutschen Katholizismus geworden. Gerade heute dürfen wir es am wenigsten vergessen, wie die seitherigen Führer und Häupter unter den katholischen Bischöfen und Theologen vor nichts mehr gewarnt haben, als vor all den schlimmen Dingen, die sich an Wallfahrten und Prozessionen anschlossen. Ich möchte unter den zahlreichen Hirtenbriefen der josefinischen Zeit nur erinnern an den Hirtenbrief des Erzbischof Hieronymus von Salzburg, der noch ziemlich leicht zugänglich ist (denn die meisten Dokumente dieser Zeit sind unsichtbar gemacht). Diesen finden Sie im III. Band der Geschichte Pius' VII. von Peter Philipp Wolf, S. 348—405. Es ist ein Aktenstück streng biblischer Art, welches zugleich neben den Schriftstellen auf die bedeutendsten Kirchenväter zurückgeht. Aus dem Leben Wessenbergs ist es nicht minder durch zahlreiche Erlasse bekannt, wie er die traurigen Folgen der Prozessionen für das religiös-sittliche Leben bekämpft hat. Ich schweige heute von andern, muß aber wenigstens des edlen Erzbischofs Spiegel von Köln, speziell wegen seiner Erlasse über die Kevelaer'schen Prozessionen, auch hier in dankbarer Erinnerung gedenken. Die ältere Generation der katholischen Geistlichkeit, die wir etwas Älteren heute noch im Andenken haben, hat überhaupt auch in dieser Frage eine etwas andere Stellung eingenommen als die neujesuitische Richtung. Der angesehenste katholische Pfarrer meiner Vaterstadt hat mehr als einmal von der Kanzel herab vor den schlimmen Zugaben der Wallfahrten gewarnt.

Wenn auch nur in aller Kürze, so finden Sie doch diese großen Gegensätze innerhalb des Katholizismus selbst in den drei Artikeln der „Kirchlichen Korrespondenz" des „Evangelischen Bundes" über die Prozessionsfrage einigermaßen beleuchtet. Denn gegenüber jener früheren ernstfrommen Richtung mußte alsbald der zweite Artikel darauf hinweisen, wie die neujesuitische Praxis alsbald wieder eine ganz andere geworden sei. Seither finden wir überall wieder die gleichen Prozessionen, überall wieder die gleichen Provokationen. Daß es sich hier abermals um ein einheitliches System handelt, das seit der Restauration des Jesuitenordens wieder überall durchgeführt ist, will ich nur durch zwei Thatsachen beleuchten: Karls X. Sakrilegiumsgesetz und den bayrischen Kniebeugungsstreit. Durch das Sakrilegiumsgesetz Karl's X. vom 22. Dezember 1824 wurde u. A. die Entweihung der Hostie mit dem Tode des Vatermörders bestraft. Durch die Ordre des bayrischen Kriegsministers vom 14. August 1838, ein Edikt, das erst 1845 aufgehoben worden ist, wurden die protestantischen Soldaten zu der (als militärische Salutation hingestellten) Kniebeugung vor dem römisch-katholischen Sakrament genötigt. Seither ist es aber, wenn auch jene Ordre schließlich aufgehoben wurde, nicht etwa besser, sondern um vieles schlimmer geworden. Wer zumal in dem letzten Jahrzehnt die ultramontane Presse verfolgte, konnte zumal um die Zeit der Fronleichnamsprozession von Jahr zu Jahr bemerken, wie da Buch geführt wurde über die Höfe, die derselben anwohnten. Besonderes Lob erhielten gewöhnlich der Wiener und der Dresdener Hof. Bis zum Jahre 1885 aber wurde speziell über den Münchener Hof stets ein neues Klagelied angestimmt, bis dasselbe im Jahre 1886 wenigstens in der „Germania" durch ein Triumphlied ohne gleichen abgelöst wurde, daß nun dieselben Minister sich insgesamt in erster Reihe beteiligt hatten, die in keinem der vorhergehenden Jahre anwesend gewesen waren. Die Einladung zur Teilnahme an der Fronleichnamsprozession soll im gleichen Jahre sogar auch an das protestantische Oberkonsistorium gerichtet worden sein, was dann durch ein „Versehen" des Hofmarschallamtes erklärt wurde. In diesem Jahre war von einem nachdrücklichen Erlaß an die katholischen Beamten die Rede, der die Theilnahme an der Prozession geradezu befohlen haben soll. Wo sich nun ein solches Vorgehen auf katholische Beamte bezieht, mögen diese es mit ihrer eigenen Überzeugung ausmachen, ob sie die Teilnahme an Akten für moralisch zulässig erachten, über welche sie innerlich eine ganz andere Überzeugung haben. Etwas noch ganz anderes aber ist es gewiß, wenn nun auch der evangelischen Christenheit gerade in diesem Punkte, wo die Kirchenlehren der beiden Kirchen aufs schärfste sich gegenüber stehen, eine eigentliche Glaubensverleugnung zugemutet wird, wenn Jahr um Jahr ärgere Provokationen stattfinden, gegen die die Vertreter des deutschen Protestantismus schutzlos sind. Wie weit alle diese Provokationen gehen, davon hat man in protestantischen Gegenden keine Ahnung, ebensowenig was für Motive benutzt werden, um das Haus eines evangelischen Christen zu schmücken, von der Drohung, den Broderwerb zu entziehen, bis zur freundschaftlichen Rücksicht auf die lieben Nachbarn. Wie viele Einzelheiten aber auch zur Kennzeichnung dieser Sachlage beizubringen wären, das Eine war doch noch nicht vorgekommen, daß es als ein Recht in Anspruch genommen wurde, ein evangelisches Pfarrhaus ohne Zustimmung des Pfarrers zur Fronleichnamsprozession mit Bäumen zu schmücken.8) Wird es hier nicht sonnenklar, daß die alleinseligmachende Kirche sich im preußischen Staate zugleich als die alleinberechtigte fühlt?

Wir würden nun weiter, wenn nicht gar zu viel Anderes vorläge, diese eine Art der Vergewaltigung in Verband zu bringen haben mit einem festgefügten System der Einschüchterung auf der einen, der Eroberung auf der andern Seite, mit der großen Zahl offensiver Vereinsbildungen, mit den planmäßig geleiteten Einwanderungen, mit den immer neuen Klostergründungen, welche der Freiburger Buß schon vor drei Jahrzehnten als die Festungen für die römische Kriegführung bezeichnete.

Die auf die Straße getragenen Provokationen sind ja erst dort möglich, wo vorher für solche Arsenale gesorgt ist. Und daß es sich bei den klerikalen Straßendemonstrationen genau um die gleiche vorbedachte Terrorisierung handelt, wie bei den politischen Straßenrevolutionen, bekunden die Briefe des Bischofs Laurent in unzweideutigster Weise.9) Die herausfordernde Art, in der speziell dem evangelischen Christen zugemutet wird, den Glauben seiner Kirche öffentlich zu verleugnen, ist darum nicht ohne Grund mit dem legendenhaften Geßlerhute in Parallele gestellt worden. Aber noch näher liegt uns auf religiösem Boden der Vergleich mit der Kaiservergötterung im alten Rom, in welcher unsere altchristlichen Märtyrer die Glaubensverleugnung sahen, die sie zum Martyrium zwang. Aber es thut nicht einmal not, an irgend welche Parallelen zu erinnern. Für den evangelischen Christen ist ja die ganze Frage durch das einfache Wort der Bergpredigt entschieden: Wenn du beten willst, so gehe in dein Kämmerlein und schließe die Thür zu.

Wenn somit die Prozessionsfrage als der erste Ausgangspunkt in dem ganzen Prozeß Thümmel niemals außer Acht gelassen werden darf, so ebensowenig der speziell das Clever Urteil veranlassende terminus technicus für das Transsubstantiationsmirakel: „Der gebackene Gott". Ist es doch dieser Ausdruck als solcher, um dessentwillen Thümmel vom Clever Landgericht zu 14 Tagen Gefängnis verurteilt wurde. Das Reichsgericht sprach ihn zwar frei, jedoch nicht etwa mit einer solchen materiellen Begründung wie damals, als es sich darum handelte, das vatikanische Dogma unter den Schutz eines Gesetzesparagraphen zu stellen, bei dessen Abfassung noch Niemand an jenes Dogma hatte denken können,[10] sondern nur deshalb, weil er sich der Öffentlichkeit seiner Aussage nicht bewußt gewesen sei. Man könnte demnach aus der Verurteilung des Clever Gerichts vielleicht den Schluß ziehen, daß Thümmel jenen Ausdruck bei einem Vortrage in geschlossenem Raume gebraucht hätte. Der wirkliche Vorfall aber kam einfach darauf hinaus, daß Thümmel, als er, von einer Reise zurückgekehrt, die Bescherung wahrnahm, seinem Küster gegenüber geäußert hatte, man könne doch einem evangelischen Pfarrer nicht zumuten, den gebackenen Gott zu verehren, und daß diese Äußerung von einem in der Nähe stehenden Katholiken gehört worden war.

Doch das sind Nebendinge. Der juristische Begriff der Öffentlichkeit hat mit unserm historischen Standpunkt schlechterdings nichts zu thun. Wir haben vielmehr den Ausdruck selbst einer objektiv historischen Würdigung zu unterziehen. Das Wort „gebackener Gott" klingt ja nicht schön; von unserm heutigen ästhetischen Gesichtspunkte aus sind wir anders zu reden gewöhnt. Ich will nicht verschweigen, sondern ausdrücklich hervorheben, daß mir auch befreundete Juristen gesagt haben, in diesem Ausdruck könne juristisch eine „Beschimpfung" gefunden werden. Aber noch in jedem solchen Falle hat es sich bei näherer Besprechung herausgestellt, daß die kirchengeschichtliche Entstehung und Verbreitung eines derart spezifischen terminus technicus auch grundgelehrten Fachjuristen eine völlige terra incognita war. Wir werden daher schwerlich den seltenen Ausnahmsfall annehmen dürfen, daß gerade die Mitglieder des Clever Gerichts den Ausdruck in seiner geschichtlichen Bedeutung gekannt haben. Und doch zieht sich durch die ganze Auseinandersetzung zwischen den Reformationskirchen und dem päpstlichen Kurialstil in erster Reihe die Kontroverse über die sogenannte Kreaturvergötterung. In jeder Symbolik steht sie im Vordergrund. Desgleichen begegnen wir auffällig häufig in den Ketzerprozessen der Gegenreformation den Ausdrücken: Brodgott, weißer Gott (hin und wieder auch in der Form: weißer Johann, witte Jan) und gebackener Gott.

Es wäre daher ein würdiger Gegenstand für eine streng wissenschaftlich historische Preisfrage, beispielsweise der Münchener „Akademie der Wissenschaften" zur Entscheidung zu unterbreiten, einmal eine zusammenfassende Untersuchung anzustellen über den Ursprung dieser weit ins Mittelalter zurückgehenden Ausdrücke. Denn es handelt sich dabei nicht nur um die chronologische und geographische Verbreitung derselben, sondern auch um die Ursachen ihres allmählichen Verschwindens im 18. und ihres nachmaligen Wiederauftauchens im 19. Jahrhundert. Hängt doch auch dies wieder mit allgemeineren Ursachen zusammen, das eine mit der vorerwähnten Milderung der konfessionellen Gegensätze in der Aufklärungszeit, das andere mit der Wiederbelebung des gesamten jesuitischen Fetischismus. Und wenn in den vorwiegend evangelischen Gebieten alle jene Ausdrücke im gewöhnlichen Leben wenig bekannt sind, so kommt das nur daher, weil hier der Gegensatz fehlt, der sie aufs neue hervorrief. Auch bezeichnet unsere deutsche Sprache überhaupt das Fronleichnamsfest anders als die romanischen Sprachen. Im Französischen z. B. mit seinem Ausdruck fête Dieu liegen auch die polemischen Konsequenzen viel näher. So hat Renan gerade die fête Dieu als eines der ersten Beispiele gewählt, auf die er die entsetzliche These begründete, es sei ein allgemeines Gesetz der Religionsgeschichte, daß keine religiöse Bewegung sich ohne Betrug vollziehen könne. Was aus dem letzten Jahre erst gar aus klerikal geleiteten Lehranstalten Italiens hinsichtlich der Behandlung der Hostie durch die Schüler erzählt wurde, ist womöglich noch traurigerer Art. Auch von den vielfachen magischen Anwendungen der als Herrgott bezeichneten Oblate, und gar von dem widernatürlich unsittlichen Gebrauche derselben, von dem die Memoiren des Bischofs Ricci von Pistoja aus toskanischen Nonnenklöstern berichten, ist unseres Wissens gottlob wenigstens im katholischen Deutschland bisher nirgends berichtet. Aber auch dann, wenn wir das Ausland ganz aus dem Spiel lassen und uns einfach auf das beschränken, was auf deutschem Boden an die auf der Transsubstantiationstheorie aufgebaute Verehrung der vom Priester konsekrierten Hostie sich anschließt, treten uns alsbald so furchtbar traurige Dinge in Erinnerung, wie der von L. Steub geschilderte Judenmord im bayrischen Deggendorf, sowie die erst neuerdings in ihrem ganzen Verlaufe genügend bekannt gewordene Betrügerei mit dem Heiligenblute im märkischen Wilsnack. Und wenigstens mit einem einzelnen Wort verdient doch zugleich auch darauf hingewiesen zu werden, in welche Lage unsere Naturforschung gebracht werden muß, wenn sie das Mirakel von der Veränderung der Substanz trotz der Unveränderlichkeit der Accidenzen in die Grundlage ihrer wissenschaftlichen Untersuchungen aufzunehmen gerichtlich genötigt wird.

Welche Stellung ja überhaupt der Naturforschung im neujesuitischen Zukunftsideal zugewiesen wird, ist in der Thomasbulle Leo's XIII. offiziell dargethan und von mir erst kürzlich an amtlicher Stelle klargelegt worden.[11]) So weise ich denn nur wieder kurz darauf hin, wie auch hier wieder der Einzelpunkt in engster Berührung steht mit einer Reihe anderer Mirakel, die mit dem schlichten biblischen Wunderbegriff absolut nichts zu thun haben, um so mehr aber mit den abscheulichsten

Ausartungen der pia fraus. In dem kirchengeschichtlichen Lehr=
buch des nunmehrigen Kardinals Hergenröther waren freilich
sogar die Marpinger „Wunder" als historisch beglaubigte
Thatsachen erzählt worden. In dem stenographischen Bericht
der Gerichtsverhandlungen über diese Mirakel vor dem Zucht=
polizeigericht in Saarbrücken aber blicken wir in eine moralische
Versumpfung herein, wie man sie in dem Deutschland des
19. Jahrhunderts nicht für möglich halten sollte.¹²) Und
daneben stehen nicht nur die (für jene vorbildlichen) Mirakel von
Lourdes mit dem Wallfahrtsrefrain sauvez Rome et la France,
sondern zugleich die noch tückischeren Madonnenerscheinungen im
Elsaß kurzezeit nach dem deutsch=französischen Kriege.¹³) Wenn
dabei erst einmal die eine oder die andere Sorte dieser Jesuiten=
mirakel unter staatlichen Schutz gestellt ist, so wird dies schon
von selbst seine weitere Anwendung finden auf die in den
„Monatsrosen" zur Verehrung des h. Herzens Jesu förmlich
massenhaft kolportierten Mirakel, auf die bereits durch will=
fährige Staatsbehörden à la Belgien vor unbefangener Prüfung
geschützten Stigmatisationen, auf die in den päpstlichen Kanoni=
sationen mit unfehlbarer Autorität bezeugten „Wunder", und
so manches andere, was in die gleiche Kategorie gehört. Mit
demselben „Recht" wird ferner der Exorzismus und der ihm zu
Grunde liegende Hexenglaube die gleiche Forderung an unsre
Gerichtshöfe richten. Sagen doch die nachvatikanischen Lehr=
bücher ausdrücklich, weil die unfehlbare kirchliche Instanz den
Exorzismus eingeführt habe, so dürfe auch die dogmatische
Voraussetzung desselben nicht in Zweifel gestellt werden. In
einer der letzten Nummern des „Leo" von Dr. Rebbert, in Nr. 11
dieses Jahrgangs, finden Sie denn auch wieder „eine Teufels=
beschwörung" in Rom, die den früheren Belegen für die syste=
matische „Wiederbelebung des Hexenglaubens" in unserer Zeit
fast den Rang abgewinnt.¹⁴)

Alle diese Dinge wollen also abermals mit einander in
Verbindung gebracht werden, um die prinzipielle Bedeutung
unseres Prozesses richtig zu würdigen. Denn es tritt uns in

ihnen allen gleich sehr das systematische Streben der unfehlbaren kirchlichen Instanz entgegen, den Staat aufs Neue zum Büttel der Kurie zu machen. Sie kennen den Sinn des bekannten Wortes: Ecclesia non sitit sanguinem. Nicht die kirchlichen Richter, sondern die staatlichen Vollzugsorgane haben ja die Ketzer verbrannt. Um die päpstliche Absolution wenigstens zeitweilig zu erhalten, hat Kaiser Friedrich II. jene entsetzlichen Ketzergesetze gegeben, die von da ab Jahrhunderte hindurch die Grundlage des öffentlichen Rechts bildeten. Die hochnotpeinliche Halsgerichtsordnung Karls V. leistete für die Kirchengebote des Hexenhammers den gleichen Dienst. Daß auch heute wieder die Unterordnung des staatlichen Rechts unter das kanonische das von Land zu Land durch den Papalismus erstrebte Ziel ist, ist durch unzählige öffentliche Erlasse erwiesen.[15] Es genügt aber hier, auf ein allerseits anerkanntes Werk eines unserer ersten Kirchenrechtslehrer zu verweisen: „Die Propaganda, ihre Provinzen und ihr Recht", von Otto Mejer, dem jetzigen hannoverschen Konsistorialpräsidenten. Da finden Sie die genaue Erklärung davon, was das Wörtchen „Recht" in papalem Sinne bedeutet. Erst neulich habe ich zudem bei anderm Anlaß darauf hinweisen müssen, wie derselbe Kaplan Hohoff, welcher über den berühmten Göttinger Rechtslehrer von Ihering einen so wohlfeilen Triumph davontrug, ausdrücklich für die Inquisitionsprinzipien eintritt, wie er die Verbreitung der Häresie mit den todeswürdigen Verbrechen auf eine Stufe stellt, wie er die Zulässigkeit heterodoxer Religionsübung bloß auf die verkehrte öffentliche Meinung zurückführt. So braucht es wohl gewiß keiner weiteren Nachweise, um das von Herrn Staatsanwalt Pinoff verwandte Sprüchwort von dem Fluch der bösen That an die richtige Adresse zu weisen.

Schon an diesen ersten Prozeß knüpfte sich darum nicht ohne Grund eine lebhafte Bewegung innerhalb der rheinischen Kirche an, eine Bewegung, die in ihrem weiteren Verlauf zugleich mit der Hammerstein'schen zusammengeflossen ist. Die bekannte Barmer Versammlung, die den im Osten ganz anders verstandenen Hammerstein'schen Anträgen die wichtige Unterstützung des Rheinlandes zuführte, ging nämlich zum guten Teil aus der Unzufriedenheit im Wupperthal über die bisherige Haltung des Koblenzer Konsistoriums hervor. Was für Hoffnungen die Jesuitenpresse auf diese in den früheren Stadien unseres Prozesses bethätigte Haltung sogar in seinem weiteren Verlauf baute, haben wir schon früher gesehen. Daß ich damit kein subjektives Urteil gefällt habe, geht aus der gerichtlichen Aussage des Amtsrichters Thümmel (vgl. S. 131 des stenographischen Berichts über den Elberfelder Prozeß) zur Genüge hervor, wie er „mit Entrüstung davon Kenntnis genommen, daß sein Bruder in der Clever Sache, die nach jeder Seite so günstig für ihn lag, einen amtlichen Verweis von seiner vorgesetzten geistlichen Behörde bekommen hatte."

Inwiefern diese „Entrüstung" berechtigt, können Sie selbst prüfen, wenn Sie den gleichen stenographischen Bericht unter dem Gesichtspunkte studieren, wie häufig und wie systematisch dieser Verweis der evangelisch-kirchlichen Behörde gegen einen Mann, welcher auf Veranlassung des Kölner Erzbischofs vor Gericht stand, vom Staatsanwalt nicht nur, sondern sogar vom Gerichtspräsidenten herangezogen wurde. Und das in dem gleichen Wupperthal, wo der Vater Thümmel, dieser verdienstvolle Führer des rheinischen Pietismus, eine der angesehensten Persönlichkeiten war. Es war auch dies allerdings nur eine weitere Parallele dazu, daß in demselben Elberfeld-Barmen, wo das Thümmel'sche Haus als Mittelpunkt der Königstreuen im Jahre 1848 allbekannt war, dem Sohne dieses Hauses eine revolutionäre Haltung vorgeworfen wurde, zu Gunsten der gleichen Tendenz, die in demselben Jahre 1848 in demselben Rheinland zuerst den revolutionären Umsturz und dann die Piusvereine hervorrief. Kann man sich bei solcher Sachlage noch wundern über die gerade vom Rhein am lautesten ertönenden Klagen über jenes schwere Verhängnis der evangelischen Kirchenverfassung, daß nicht kirchliche, sondern staatliche Behörden die höchste Instanz bilden, daß ihre Entscheidungen nicht nach kirchlichen, sondern nach politischen Rücksichten erfolgen? Haben wir doch in dem Löfflad'schen Fall in Braunsberg das Gleiche erlebt. Auch er hatte eine Broschüre drucken lassen über die wahrhaft grauenhafte Art der Zurückdrängung des Protestantismus in Ostpreußen. Gegen ihn erschien dann eine derart rohe und unflätige Schrift von klerikaler Seite, daß ich gestehen muß, daß, obgleich ich von Kind auf an diese Litteraturgattung gewöhnt bin, mir doch selten etwas Roheres vorgekommen war. Trotzdem wurde nicht gegen den letzteren Verfasser, wohl aber gegen Löfflad der Staatsanwalt angerufen. Die Klage wurde in der That angestrengt. Sie endete mit Freisprechung. Der Oberstaatsanwalt erklärte ebenfalls auf die Sache nicht eintreten zu können. Darauf ist von hoher staatlicher Seite dem ostpreußischen Konsistorium nahegelegt worden, den Pfarrer Löfflad zur Strafe von Braunsberg zu versetzen, wo er der Mittelpunkt des evangelischen Lebens gewesen war. Über den Anlaß zu diesem Antrage ist soviel bekannt, daß ein staatlicher Beamter, als er dem Bischof von Ermeland einen Besuch machte, auf die Frage, was derselbe von dem Pfarrer Löfflad halte, die Antwort erhielt, es sei allerdings im Interesse der evangelischen Schwesterkirche recht zu bedauern, daß sie dort einen solchen Vertreter habe.

Aber kehren wir zum Rheinland zurück! Hier hatte also schon der erste, der Clever Prozeß, eine lebhafte Bewegung der Gemüter hervorgerufen. Daß dieselbe auch nach der nachträglichen Freisprechung Thümmels nicht nachließ, ist gewiß nicht zu verwundern. Man fragte mit Recht, wo denn die Bürgschaft liege gegen Wiederholungen des Clever Urteils. Die zufälligen Mitglieder irgend eines Landgerichts bilden in der That die höchste Instanz in den schwierigsten interkonfessionellen Fragen. Denn an ihre thatsächliche Feststellung ist der Revisionsrichter gebunden. Eine Revision durch das Reichsgericht findet daher in der Mehrzahl der Fälle nur aus formellen Gründen statt. Im ersten Prozeß ist aus solchen formellen Gründen die Revision bewilligt, im zweiten Prozesse dagegen verworfen.[16])

Doch bevor wir von dem Ergebnis des zweiten Prozesses reden können, muß zunächst der Anlaß desselben ins Klare gestellt werden. Denn auch der diesmalige Anlaß hat wieder einen allgemeineren Hintergrund: in ihm spielt obenan eine vermögensrechtliche Frage mit. Wo es nur eben angeht, begegnen wir nämlich in den Rheinlanden überall dem Bestreben der römischen Kirche, bürgerliches Vermögen in Anspruch zu nehmen, mit Bezug auf das Armenwesen so gut wie auf die Kirchhöfe, die Glocken u. s. w. Nur müssen wir es uns leider heute versagen, auch hier die zahlreichen Parallelen heranzuziehen. Genug, daß auch in Remscheid ein der bürgerlichen Gemeinde gehöriger Friedhof von römischer Seite zu einem konfessionellen umgestempelt werden sollte. Andere Dinge kamen hinzu, die schon vorher einen der Kollegen Thümmels in einen ähnlichen Prozeß wie nachmals ihn selber hineingezogen hatten. Als er nun, wie es sein Recht und seine Pflicht war, auf jenem bürgerlichen Friedhofe eine Beerdigung vornahm, entlud sich der Groll darüber in den Wupperthaler Volksblättern in einer persönlichen Beschimpfung, die auch innerhalb der herkömmlichen Jesuitentaktik ihresgleichen sucht. Mündlich wurde daneben über Thümmel verbreitet, daß er mit knapper Not am Zuchthaus vorbeigekommen sei. Jener Artikel wurde dann massenhaft in den Häusern seiner evangelischen Pfarrkinder verbreitet. Konnte er da anders als in seiner Verteidigung den früheren Thatbestand richtig stellen? Oder mußte er nicht darauf hinweisen, wie es in Wirklichkeit mit dem früheren Prozeß stand? Dabei hat er nun den Bekenntnisstandpunkt der evangelischen Kirche gegenüber der Messe gewahrt in einer Ausdrucksweise, die ich vom historischen Standpunkt aus nicht so gebrauchen würde, die sich aber durchaus mit derjenigen unserer Bekenntnisschriften deckt.

Nun aber weiter! Am 6. Januar 1886 ist dieser Artikel erschienen. Wenn gegen straffällige Zeitungsartikel vorgegangen wird, pflegt dies sonst sofort zu geschehen. Hier dauerte es länger als zwei Monate, bis die Anklage kam. Und wie es mit der

Veranlassung dieser Anklage zugegangen ist, haben wir erst aus dem dritten Prozeß recht erfahren. Es ist hier ein Punkt, wo ich Sie ganz speziell hinweisen muß auf die Verhandlungen des dritten Prozesses, die gerade bei diesem Punkte eine ganz außerordentliche Bewegung der Gemüter veranlaßten. Die Beschwerde beim Staatsanwalt, die zu der Anklage führte, war nämlich mit dem Namen des Präsidenten des katholischen Kirchenvorstandes, Teitscheid, unterzeichnet, geschrieben dagegen von der Hand des katholischen Pfarrers Bötticher. Vor Gericht stellte es sich nun heraus, daß auch die Unterschrift Teitscheids von Pfarrer Bötticher herrührte. Damit nicht genug. Vorgeladen gab der Zeuge Teitscheid auf seinen Eid die Aussage ab, er hätte das Aktenstück selbst unterschrieben. Er wurde ausdrücklich darauf aufmerksam gemacht, daß die Unterschrift der Handschrift Pfarrer Böttichers auffallend gleiche; er blieb bei seiner eidlichen Aussage. Darauf wurde der Pfarrer Bötticher, der unterdessen von Remscheid versetzt worden war, als Zeuge vorgerufen. Er leistet ebenfalls den Eid, wird darauf seinerseits gefragt: Wer hat das Aktenstück geschrieben und wer hat es unterschrieben? Antwort: Ich habe geschrieben und unterschrieben. Neue Frage: „Auch unterschrieben?" Ja, auch unterschrieben! — Wir blicken da in Zustände moralischer, oder besser immoralischer Art, die es begreiflich machen, daß sich der Remscheider Bevölkerung seither eine so große Bewegung bemächtigt hat. Es ist eine Bewegung, die durchaus in den gesetzlichen Schranken geblieben ist. Die „Germania" war allerdings so in Wut darüber geraten, daß sie das Koblenzer Konsistorium zur Rechenschaft zog und von ihm forderte, das Remscheider Presbyterium zur Verantwortung zu ziehen. Doch ist bisher immer noch nichts darüber bekannt geworden, ob nun endlich die gerichtliche Klage wegen des von dem Kirchenvorsteher Teitscheid geleisteten Meineids eingeleitet worden ist.[17])

Jede Erzählung meinerseits gibt jedoch hier nur einen schwachen Nachklang von der mächtigen Erregung, die der hochdramatische Verlauf jener Enthüllung hervorrief. Es spielt

eben noch allerlei mit, was sich erst zwischen den Zeilen heraus-
fühlt, und es bleibt mir daher in diesem Falle nur übrig, den
einschlägigen Teil der Verhandlungen selbst einzuschalten.

Es wird nun als Zeuge der Vorsitzende des Kirchenvorstandes der
katholischen Gemeinde zu Remscheid, der 46 Jahre alte Handelsmann
Johann Teitscheid aufgerufen.

Präs.: Sie haben die Ermahnung, die ich an die Zeugen gerichtet,
die volle Wahrheit zu sagen, gehört. (Zeuge: Jawohl.) Sie sind gewissermaßen interessiert, weil Sie anscheinend bei Stellung des Strafantrags
beteiligt sind. Es wird dieser Umstand Sie aber nicht abhalten, die reine
Wahrheit zu sagen. (Zeuge: Jawohl.)

Der Zeuge wird hierauf vereidigt.

Präs.: Wollen Sie einmal herauftreten und sehen, ob diese Anzeige
hier, die Ihren Namen trägt, von Ihnen herrührt. Es heißt hier in der
Unterschrift: Der Kirchenvorstand in Vertretung Teitscheid. Haben Sie
die selbst geschrieben?

Zeuge: Die Anzeige habe ich selbst nicht geschrieben, aber unterschrieben.

Präs.: Sie haben es selbst nicht geschrieben, aber die Unterschrift
rührt von Ihnen her. (Zeuge: Jawohl.)

Präs.: Wie sind Sie darauf gekommen, diese Anzeige einzureichen,
resp. sie schreiben zu lassen und demnächst zu unterschreiben? Haben Sie
das aus eigener Veranlassung gethan.

Zeuge: Nein.

Präs.: Hatten Sie den Artikel in der „Remscheider Zeitung" am
6. Januar, welchen Pfarrer Thümmel in Bezug auf den Angriff in den
Wupperthaler Volksblättern eingesandt, gelesen? Kannten Sie den Artikel? Er liegt hier, wollen Sie ihn sich einmal ansehen?

Zeuge: Jawohl, den hatte ich gelesen.

Präs.: Haben Sie Anstoß an diesem Artikel genommen?

Zeuge: Die ganze Geschichte ist so lange her, daß ich mich nicht
mehr erinnere.

Rechtsanwalt Dr. Sello: Herr Vorsitzender ——

Präs.: Ich bitte nicht zu unterbrechen! Ich lasse es absolut nicht
zu, den Zeugen zu beeinflussen.

Rechtsanwalt Dr. Sello: Herr Präsident, den Vorwurf, den
Zeugen beeinflussen zu wollen, weise ich als gänzlich ungerechtfertigt zurück. Ich habe kein Wort von dem verstanden, was der Zeuge ganz leise
mit unvernehmlicher Stimme zu Ihnen gesprochen hat. Den Vorwurf
habe ich nicht verdient.

Der Präsident ersucht darauf den Zeugen vom Gerichtstisch weiter
zurück zu treten und wiederholt darauf kurz die gestellten Fragen.

Präs.: Ich habe gefragt, ob über den Artikel der „Remscheider Zeitung" vom 6. Januar gesprochen worden ist.
Zeuge: Ja.
Präs.: Sie haben als Vorstand über die Angelegenheit gesprochen?
Zeuge: Ja, die ganze Korporation hat darüber gesprochen.
Präs.: Wie kommt es denn, daß von der ganzen Korporation, welche schon am 6. Januar Kenntniß von dem Artikel hatte, erst am 10. März, also erst nach 2 Monaten, Anzeige gemacht worden ist?
Zeuge: Das ist dadurch gekommen, daß wir zuerst nach Köln an das Generalvikariat berichtet haben, und der Bericht lange dort liegen geblieben ist, bis der Kirchenvorstand später nochmals angefragt hat, was er in der Sache thun solle. Darauf ist von Köln aus die Nachricht gekommen, daß dem Kirchenvorstand die Sache anheim gegeben werde. Der Kirchenvorstand hat dann Anzeige bei der Kgl. Ober-Staatsanwaltschaft gemacht.
Präs.: An die Oberstaatsanwaltschaft oder hierher?
Zeuge: Hierher, an den Ersten Staatsanwalt.
Präs.: Das wäre also der Grund, warum die Anzeige so lange gedauert hat. Nun kommt ein Schreiben von Ihnen br. m. an Pfarrer Bötticher 2c. hier —, unterschrieben Joh. Teitscheid 26. Januar 1886. Ist die Unterschrift von Ihrer Hand?
Zeuge: (an den Gerichtstisch herantretend) Ja, das ist von meiner Hand geschrieben.
Präs.: Wie kommt es denn, daß Sie immer nur Ihren Namen unterschrieben, und das übrige nicht selbst geschrieben haben?
Zeuge: Das kommt daher, daß ich schlecht schreiben kann.
Präs.: Ich muß aufrichtig sagen, ich finde absolut keinen Unterschied zwischen der Unterschrift Teitscheid und Pfr. Bötticher. Sehen Sie sich einmal die Unterschrift an, ob sie von Ihrer Hand ist, oder ob sie Pfr. Bötticher auch geschrieben hat? Ich finde hier eine Übereinstimmung der Handschrift, wie sie selten vorkommen wird.
Zeuge (das Schreiben in Augenschein nehmend:) Ja.
Präs.: Also darüber ist kein Zweifel, Pfr. Bötticher hat in Ihrem Auftrage die Anzeige geschrieben und Sie haben sie unterschrieben?
Zeuge: Ja.
Präs.: Die Anzeige ist also sehr spät geschehen, da zunächst an das Generalvikariat in Köln berichtet worden und dort die Sache liegen geblieben ist.
Zeuge: Ja.
Präs.: Und da haben Sie später angefragt, man solle doch gütigst mitteilen, was Sie thun sollten, und darauf ist dem Kirchenvorstand die Sache in die Hände gegeben worden.

Zeuge: Jawohl.

Präs.: Dann ist dieser Umstand ausreichend aufgeklärt, und es scheint nun die Vernehmung des Pfarrers Bötticher in diesem Punkte vollständig unerheblich und überflüssig. Ich frage, ob der Pfarrer Bötticher noch als Zeuge über die Entstehung dieser Anzeige gewünscht wird?

Staatsanwalt: Ich kann verzichten.

Rechtsanwalt Dr. Sello: Ich kann zunächst keine Frage stellen, weil ich von dem Zeugen, dadurch, daß er vorgetreten ist, auch jetzt nicht ein Wort verstanden habe.

Präs.: Dann werde ich die Aussagen nochmals wiederholen.

Der Präs. referiert nun die bereits im vorstehenden wiedergegebene Zeugenaussage. Es stellt im Anschluß daran Rechtsanwalt Dr. Sello noch folgende Frage:

Es ist dem Zeugen noch ein zweites Schriftstück vorgelegt worden und er hat darüber Aufklärung gegeben; ich habe aber nicht gehört, was er erklärt hat.

Präs.: Der Zeuge hat erklärt, die Unterschrift beider Schriftstücke rühre von seiner Hand her, sonst aber seien sie von der Hand des Pfarrer Bötticher geschrieben. Ich habe ihn auf die Ähnlichkeit der Schriftzüge aufmerksam gemacht.

Rechtsanwalt Dr. Sello: Was der Herr Vorsitzende erwähnt hat, habe ich verstanden, aber nur nicht, was der Zeuge erwidert hat.

Präs.: Unter diesen Umständen würden wir wohl auf den Pfarrer Bötticher verzichten können. Der Gerichtshof (zu den Beisitzern gewendet) legt wohl auch keinen Wert darauf.

Rechtsanwalt Dr. Sello: Ich bin nicht in der Lage, auf den Zeugen zu verzichten.

Präs.: Der Zeuge soll über denselben Punkt vernommen werden?

Rechtsanwalt Dr. Sello: Ja.

Präs. (zum Gerichtsdiener): Bitte rufen sie den Pfarrer Bötticher herein.

Zweiter Zeuge Pfr. Bötticher, katholischer Konfession, früher zu Remscheid, jetzt zu Wevelinghoven.

Präs.: Sie haben die Bedeutung des Eides wohl gehört. Sie sind gewissermaßen auch interessiert. Sie gehörten als Pfarrer auch zum Kirchenvorstande. (Zeuge: Ja.) Sie waren aber nicht eigentlicher Vorsitzender, sondern Teitscheid war es damals. (Zeuge: Jawohl.) Das wird Sie aber nicht abhalten, die reine Wahrheit zu sagen. (Zeuge: Gewiß nicht.) Zeuge leistet darauf den Eid.

Präs.: Wollen Sie sich vielleicht diese Anzeige ansehen, ob dieselbe von Ihrer Hand herrührt, und in welchem Auftrage sie geschrieben ist.

Zeuge an den Gerichtstisch tretend: Ja, das ist meine Handschrift.

Präs.: Wollen Sie die Unterschrift prüfen, ob dieselbe auch von Ihrer Hand herrührt oder nicht?

Zeuge: Ja, das habe ich für den Vorsitzenden unterschrieben, ich habe es selbst unterschrieben, nicht Teitscheid. (Bewegung im Publikum). Es ist meine Handschrift.

Präs. (erstaunt): Das haben Sie auch geschrieben?

Zeuge: Ja. Das war damals so: — — —

Präs. (unterbrechend): Darauf kommt es zuvörderst nicht an. Zeuge Teitscheid wollen Sie noch einmal herkommen. Es ist an sich zwar ein nebensächlicher Punkt: aber es ist doch sehr bedenklich. Sie haben eben beschworen, daß die Unterschrift von Ihnen herrühre, der Herr Pfarrer sagt aber, daß er sie geschrieben, auf die Anzeige und auf das andere. (Zeuge schweigt.) Ich habe gefragt, rührt die Unterschrift von Ihrer Hand her, und habe Sie auf die auffallende Ähnlichkeit der Schriften aufmerksam gemacht und darauf haben Sie gesagt, Pfarrer Bötticher hat es geschrieben, und, und ich habe es unterschrieben. Nun befindet sich der Pfarrer in Widerspruch mit Ihnen, indem er sagt, ich habe im Auftrage des Teitscheid auch unterschrieben.

Zeuge Teitscheid (das Schriftstück wieder ansehend): Es scheint mir, daß ich es geschrieben habe.

Präs.: Das scheint Ihnen nur so?

Zeuge: Ich meine, daß ich es geschrieben, es kann sein, ich meine, ich hätte es geschrieben

Zeuge Pfr. Bötticher: Damals hatten wir abgemacht, da Teitscheid nicht immer vorhanden war, daß ich in seinem Namen schreiben dürfe. (Bewegung im Publikum.)

Präs.: Die Sache würde also so sein, daß Sie im Auftrage Teitscheids die Eingabe gemacht und in seinem Namen unterschrieben haben. Es ist allerdings ein etwas ungewöhnliches Verfahren. Wir wollen nun die Sache auf sich beruhen lassen.

Ganz ähnliche Begriffe von Wahrhaftigkeit, bezw. von echt jesuitischer reservatio mentalis, kommen dann weiter zu Tage in den Aussagen des römischen Pfarrers auf die Frage, wieweit er bei dem in den „Wupperthaler Volksblättern" gegen seinen evangelischen Kollegen geschleuderten verläumderischen Angriffe beteiligt gewesen sei. Aber ich muß zum Schlusse eilen und darum überhaupt den ganzen Verlauf des zweiten Prozesses als bekannt voraussetzen. Es thut ja auch heute nicht mehr not, daß der eine oder der andere alle diese Dinge gleich sehr ins Auge zu fassen sucht. Dazu ist die allgemeine Aufmerksamkeit seither viel zu sehr auf die einfach unhaltbar gewordene Rechtslage gerichtet. Mag man über den Verfasser der Broschüre: „Rheinische Richter und römische Priester" noch so streng urteilen, so sind eben doch in seinem Prozesse Dinge ans Tageslicht gekommen, von einer Tragweite, die schon auf der Elberfelder Kreissynode zu dem Bekenntnisse führte, es handle sich hier um etwas Providentielles.

In den beiden ersten Prozessen war beide Male der provozirte Teil, der bei seiner Verteidigung zweifellos berechtigte Interessen wahrte, zu einer beide Male durch das hohe Strafmaß auffallenden Strafe verurteilt. Beide Male aber war ferner in dem Verurteilten zugleich die Substanz der evangelischen Glaubenslehre, der dem Namen nach zu Recht bestehende Bekenntnisstand der evangelischen Landeskirche betroffen worden. In dem einen wie in dem andern Fall habe ich es bereits ausdrücklich ausgesprochen, daß und warum die von Thümmel angewandte Redeweise nicht die meinige sein kann. Ich nehme keinen Anstand hinzuzufügen, daß ich dieselben Grundsätze persönlich auch auf die berühmte 80. Frage des Heidelberger Katechismus anwende, welche die römische Messe als Verleugnung des einigen Opfers Christi und als vermaledeite Abgötterei brandmarkt. Es bedarf aber nur eines kurzen geschichtlichen Rückblicks, um sowohl bei der Entstehung dieser Frage als bei der neuen Hervorkehrung derselben das Verhältnis von Ursache und Wirkung richtig zu stellen.

Die gleiche Wechselwirkung nämlich, von der wir früher mit Bezug auf das 18. und das 19. Jahrhundert zu reden hatten, hat bereits bei der Entstehung der Symbole selbst stattgefunden. Die ersten Bekenntnisschriften, zumal die drei Augsburger von 1530, hatten einen ganz andern Zweck als die späteren: ihre Unterzeichner wollten durch den Inhalt derselben gerade ihre Zugehörigkeit zu der „katholischen" Kirche wahren. Erst seit dem Jahre 1540, seit der Begründung des Jesuitenordens und den bald darauf eingerichteten neuen kirchlichen Instituten und Kon-

gregationen, zumal aber seit dem fast gleichzeitigen Beginn des
schmalkaldischen Krieges und des Tridentiner Konzils, wird die
Kirchentrennung als solche definitiv. Den Tridentiner Kanones,
deren Tendenz wir bereits aus der Vorschrift über die Prozessionen
zur Genüge erkannten, haben zunächst die calvinischen Kirchen
eine Reihe ebenfalls scharf abgegrenzter Symbole entgegenge=
stellt, bei denen wir sogar die Stufenfolge zu erkennen vermögen:
von denjenigen, die der ersten Phase des Konzils angehören,
zu denjenigen, welche sich auf seine Schlußphase beziehen.
Lassen Sie mich einschalten, daß erst nach diesen Präzedenz=
fällen auch das Luthertum seinerseits die frühere gleich sehr
auf Luther und Melanchthon aufgebaute Position aufgab,
und in der Konkordienformel gegen Romanismus, Calvinismus
und Melanchthonismus gleichzeitig Front machte. Es ist also
diese im tiefsten Grunde immer wieder auf die Aggression der
Jesuiten zurückweisende Sachlage, aus welcher auch die nach=
trägliche Verschärfung des Heidelberger Katechismus in der 80.
Frage erwuchs. Über die Beweggründe zu solchem Verhalten
Friedrichs des Frommen können Sie Sich bei dem auch im Kirchen=
recht hoch verdienten, unserer Kirche leider zu früh entrissenen
Wolters, meinem Emmericher Landsmann, zur Genüge orientieren.

Noch einmal: ich wünsche nichts weniger, als daß diese seit
der Erneuerung des Jesuitenordens aufs neue heraufbeschworene
konfessionelle Ausschließlichkeit abermals zur Herrschaft gelange.
Den Flüchen des Papsttums gegenüber liegt unsere beste Waffe
in den Segnungen der Reformation. Noch ist wenigstens für
uns der Papst nicht an die Stelle Christi getreten, der uns
das „Segnet die euch fluchen" gelehrt. Aber wo auch in
diesem Fall wieder die Ursache gesucht werden muß, und wo
die Wirkung, liegt deutlich zu Tage. Nicht genug jedoch mit
dem, was wir schon früher in dieser Beziehung kennen ge=
lernt, müssen wir zudem noch die ganze Verschärfung der
kirchenrechtlichen Gegensätze seit dem Vatikankonzil im Auge
behalten. Für die ungeheure Tragweite dieser kirchenrechtlichen
Revolution hat die Großzahl der Politiker freilich systematisch beide

Augen verschlossen. Den neuen Ansprüchen des Papalprinzips tragen bereits sogar Entscheidungen unserer Gerichtshöfe Rechnung. Aber der den gesetzlich anerkannten protestantischen Bekenntnissen zustehende Schutz hängt ab von dem subjektiven Ermessen einiger ohne Rücksicht auf die Konfession zusammengesetzten Gerichte unterer Instanz.

Sie wissen nun bereits aus den Zeitungen, welche Rolle gerade in den Thümmel'schen Prozessen die Art der Zusammensetzung dieser Gerichte gespielt hat. Thümmel selber ist wegen mehrerer damit zusammenhängender „Beleidigungen" bestraft worden. Auch nicht voreingenommene Personen haben ihm vorgeworfen, daß er sich von dem Gebiet persönlichen Klatsches nicht freigehalten. Wenn wir selber schlechterdings nicht unsern Beruf darin finden konnten, die von ihm bei der Verteidigung der Kirchenlehre gewählte Form unsrerseits zu verteidigen, so gilt dieser Grundsatz natürlich noch mehr hinsichtlich jener Personalfragen. Aber ich möchte Sie doch bitten, die Art, wie dieselben gestreift worden sind, wiederum nicht mit dem allgemeineren Hintergrund zu verwechseln, der auch hier unzweifelhaft vorliegt.

Lassen Sie mich daher wenigstens ein paar einfache Thatsachen einschalten: aus der Zwischenzeit zwischen dem landgerichtlichen und dem reichsgerichtlichen Urteil im zweiten Prozeß. Es war gerade diese Zwischenzeit, in welcher die große Hauptversammlung des Gustav=Adolfs=Vereins zu Düsseldorf stattfand. Schon bei diesem Anlaß ist mir zufällig persönlich von verschiedenen kompetenten Seiten erzählt worden (ich kannte den Pfarrer Thümmel gar nicht, hatte nie die geringste Beziehung zu ihm gehabt), daß neuerdings wieder verschiedene auffällige Versetzungen in den rheinischen Verwaltungs= und Gerichtsbehörden, speziell auch in Elberfeld, stattgefunden hätten. Und sogar bei den Verhandlungen der rheinisch=westfälischen Gefängnisgesellschaft hatte sich die eigentümliche Erscheinung geltend gemacht, daß die Vertreter der Staatsanwaltschaft sich alsbald bei ihrer ersten Beteiligung daran ostensibel als „überzeugungstreue Katholiken" bekundeten.[16])

Wenn somit Pfarrer Thümmel über derartige Personal=
fragen unvorsichtig geredet hat, so darf darüber keinesfalls ver=
gessen werden, daß er, was die zu Grunde liegenden Prinzipien=
fragen betraf, nur an allgemein bekannte Thatsachen angeknüpft
hat. Von der Rolle, welche die erzbischöfliche Behörde in seinen
eigenen Prozessen gespielt, dürfen wir unsrerseits absehen. Die
römischen Bischöfe haben eben bei ihrem Amtsantritt den Eid
geleistet: haereticos pro posse persequi, und die Segesser'sche
und Reichensperger'sche Umdeutung der Häretiker in die Häresie
verrät eine sehr ungenügende Kenntnis des Kurialstils. Wenn
wir dies also als selbstverständlich hinnehmen müssen, so handelt
es sich dagegen um ganz andere Dinge bei den mannigfachen
Einflüssen der hoch über den Staatsbeamten stehenden Bischöfe
auf die höheren gesellschaftlichen Schichten. Es gibt eben allerlei
soziale Fragen und Einflüsse. Dazu dürfte somit auch wohl die
Stellung des sogenannten rheinisch=westfälischen Adels gehören.
Nur sei es nebenbei bemerkt, wie hier ein ebenso passend gewählter
Ausdruck vorliegt, als wenn im Kulturkampfe stets von „der"
Kirche geredet wurde und von ihrem Verhältnis zum Staate.
Daß es eine gleichberechtigte evangelische Kirche gäbe neben der
römischen, wurde dabei geflissentlich übersehen. Genau ebenso aber
ist es, wenn man, von „dem" rheinisch=westfälischen Adel redend,
denselben auf die Familien der geistlichen Würdenträger in den
früher souveränen Bistümern beschränkt, die großen deutsch=natio=
nalen Familientraditionen der Stein, Vincke, Recke, Bodelschwingh,
um von den Wied, Solms, Isenburg, Wittgenstein u. v. a. nicht zu
reden, absichtlich vergessend. Aber ich darf, wie wichtig diese Dinge
auch für die richtige Beurteilung rheinischer Verhältnisse sind,
nicht abschweifen, wollte auch nur in aller Kürze noch daran
erinnern, wie „der" (denn Sie wissen ja jetzt, wie das gemeint
ist), wie „der" rheinisch=westfälische Adel in corpore den Erz=
bischof von Krementz bei seinem Einzuge in Köln erwartete und
demonstrativ vor ihm niederkniete. Denn derartige Äußerlich=
keiten haben einen tiefen sozialen Hintergrund für die weitesten
Kreise. Mehr als eine Rede des Reichskanzlers hat in die

„Friktionen" hineinblicken lassen, die ihm von hochstehenden Hofbeamten bereitet wurden.

Man muß darum auch derartige Dinge und so manches andere, was damit in interkonfessioneller Beziehung zusammenhängt, kennen, um es zu verstehen, wie der unvorsichtige Thümmel dazu kam, zu vergessen, daß es Dinge gibt, über die die Spatzen von den Dächern pfeifen, während die Menschen es vorzuziehen pflegen, darüber zu schweigen.¹⁹)

Soviel über den Hintergrund der in der Thümmel'schen Broschüre gefundenen „Beleidigungen".

Sich ein eigenes Urteil über die Broschüre selber zu bilden, kann ich Sie nun freilich nicht auffordern. Bevor irgend ein theologisches Votum über sie laut werden konnte, ist sie dem wissenschaftlichen Urteil entzogen. So ist es denn allerdings eine leichte Aufgabe gewesen, sie zur „Schmähschrift" zu stempeln. Die Methode, nach welcher auch hier verfahren ist, ist ja durch die schlechthin unfehlbare Instanz ein für allemal sanktioniert. Ist es doch einfach die gleiche Methode, wie sie seit dem Jahre 1870 dem „korrekten" Historiker zur Glaubenspflicht gemacht worden ist, obenan mit Bezug auf die Bullen Leo's X. über die „Schmähschriften" Luthers. Vergessen Sie es nicht: auch diese Bullen sind jetzt infallibel geworden; ihre Darstellung von Luthers Lehre muß der „gläubige" Historiker seiner eigenen Darstellung der Reformationszeit zu Grunde legen; für die unter dem Patronat des Index lebenden Massen aber sind die päpstlicherseits festgestellten Auszüge das einzige, was ihnen von den verbotenen „Schmähschriften" zu lesen gestattet ist. Steht es aber nicht heute genau ebenso mit den aus der konfiszierten Thümmel'schen „Schmähschrift" gegebenen Auszügen?

Mit dieser Parallele sind wir freilich dem konsequent „unfehlbaren" Standpunkte immer noch erst zum Teile gerecht geworden. Denn die Geschichte lehrt uns eine noch konsequentere Anwendung desselben. Wenn nämlich unglücklicherweise bei dem einem päpstlichen Verdammungsurteil zu Grunde gelegten Exzerpten aus der verurteilten Schrift eine kleine Fälschung mitgespielt hat, so nimmt der päpstliche Stuhl den Entscheid nicht nur in der question du droit, sondern auch in der question du fait in Anspruch. So die Kunstausdrücke in dem so viele Jahrzehnte dauernden jansenistischen Streite! Die Prinzipienfrage selbst aber schwebt bis auf den heutigen Tag. Die berühmten fünf Sätze, die aus dem „Augustinus" des Bischofs von Ypern entnommen sein sollen, kommen nun einmal in dem bei der päpstlichen Verdammung gebrauchten Sinne in dem Buche nicht vor. Nach wie vor aber ist die Lektüre des Buches verboten; zugleich wird es als Sache des Glaubens geboten, die in demselben nicht vorkommenden Sätze als in demselben gelehrt zu verdammen; der unfehlbare Kathedralspruch hat auch das eingeschlossen, daß der Papst besser wissen muß was Jansen gelehrt und geschrieben als dieser selber.

Und mit alledem haben Sie noch nicht die volle Höhe des Papstglaubens erreicht. Hat nämlich trotz alledem Jemand das Buch gelesen und sich von dem für den Unfehlbarkeitsstandpunkt so unliebsamen Thatbestand überzeugt, so wird ihm, falls er sich zum Glauben bekehrt, die Erklärung vergönnt, daß er früher zur Strafe für seinen Ungehorsam einer optischen Täuschung verfallen war. Meinen Sie nicht, daß ich hier eine subjektive Schlußfolgerung ziehe! Ich folge einfach der (dieses Bild sogar noch viel weiter ausspinnenden) Argumentation, mit welcher — kurze Zeit nach dem holländischen Friedensschlusse mit Rom, dem Konkordat von 1827 (d. h. gerade 3 Jahre vor der belgischen Revolution) — der liebenswürdige Friedenslegat Capaccini den altkatholischen Erzbischof von Utrecht zu bekehren versuchte.[20]) Aber wieder muß ich fragen: steht es heute anders mit der Thümmel'schen Schrift? Ist nicht auch mit Bezug auf sie den zunächst zum Urteile kompetenten theologischen Fachgenossen eine unbefangene Prüfung geradeso unmöglich gemacht?

Und mit alledem ist die wirkliche Sachlage immer noch unvollständig beleuchtet. Denn woher stammt überhaupt der Begriff „Schmähschrift" in seiner Anwendung auf die Thümmel'-

sche Untersuchung über die Meßkontroversen? Zunächst doch wohl aus den gleichzeitig mit der Beschlagnahme in die „Hallische Zeitung" und den „Hamburger Korrespondenten" eingesandten Artikeln. Als ihr Verfasser hat sich inzwischen der zweite römisch=katholische Redakteur der für so gut protestantisch ausgegebenen „Elberfelder Zeitung" bekannt.[21]) In amtlicher Stellung hat dann zuerst der Herr Staatsanwalt Pinoff das Wort als solches gebraucht. Das Richterkollegium, das bekanntlich vorwiegend katholisch war, außerdem aber auch in eigener Sache Recht sprach, ist ihm gefolgt. Und damit soll also ein für allemal jedem etwaigen selbständig=theologischen Urteil für die Zukunft vorgebeugt sein! Denn die Schrift ist und bleibt konfisziert. Der Appell der als Sachverständige erschienenen evangelischen Theologen an ein Votum der theologischen Fakultät in Bonn ist abgelehnt worden. Auch die wissenschaftliche Theologie soll auf die Auszüge angewiesen bleiben, die von dem Gesamtinhalt ein ähnlich objektives Bild zeichnen, wie der Kirchenhistoriker es aus so ziemlich allen Ketzerprozessen gewohnt ist.

So kann ich denn, wie schon gesagt, auch Sie selber nicht auf eine selbständige sachwissenschaftliche Prüfung von Thümmels Behandlung der Kontroversfragen verweisen. Dafür darf ich Sie aber, wenn Sie aus eigener Erfahrung ein Urteil gewinnen wollen über das, was „Schmähschrift" im gröblichsten Sinne ist, an eine zuverlässige Quelle weisen, an die Sachverständigen des Elberfelder Staatsanwalts. Ich meine nämlich damit die litterarischen Erzeugnisse der Herren Rebbert und Scheeben selber.[22]) Im Vergleich mit ihren Leistungen redet Thümmel Salonsprache.

In der That! es wird für alle Zukunft eine der denkwürdigsten Erscheinungen in diesem Prozeß bleiben, nicht etwa bloß wie die Bank der Angeklagten, sondern mehr noch wie die der Zeugen und Sachverständigen besetzt war. Als denselben Zeugen, auf den sich die Anklage zurückführt, haben wir einen zwar des Schreibens unfähigen, dafür aber des Meineids dringend verdächtigen Kirchenvorsteher kennen gelernt. Die vom Staatsanwalt — ich

füge bei: nicht etwa auf Beschluß des Gerichtshofs, sondern auf
Grund seiner eigenen Sachkenntnis — berufenen Sachverstän=
digen aber bewegen sich in einer Sphäre, mit welcher einfach
Jedem, der noch auf Ehre und Würde der Wissenschaft hält,
jede Art von Gedankenaustausch versagt ist.

Hochgeehrt und siegesbewußt haben die Vertreter einer von
der Großzahl der Protestanten für unglaublich erachteten papalen
Polemik den Gerichtssaal im altprotestantischen Elberfeld ver=
lassen. Der evangelische Pfarrer, der für das Bekenntnis seiner
angegriffenen Kirche eintreten zu dürfen geglaubt hatte, ist mit
neunmonatlichem Gefängnis davongekommen. Ich sage: davon=
gekommen. Denn der Antrag auf sofortige Verhaftung hatte
keine Annahme gefunden. Aber wie zahlreiche hochcharakteristische
Thatsachen sind dafür vor Gericht konstatiert worden! Daß
z. B. die Art und Weise, wie das Druckfehlerverzeichnis ver=
wertet wurde — und zwar einem Manne gegenüber, der nicht ein=
mal die Routine der Fahnen und Kartons kannte, überhaupt
schriftstellerischer Anfänger war (sich somit allerdings mit der
langjährigen Erfahrung der staatsanwaltlichen Sachverständigen
nicht messen konnte) —; daß die ganze Vorgeschichte, mit der
Haussuchung sogar im Hause der Schwester, u. dgl. m. einen
guten Eindruck gemacht, wird heute auch wohl kein Bewunderer der
Pinoff'schen Rhetorik mehr behaupten. Merkwürdiger noch waren
die mehrfachen „Versehen" (um den eigenen Ausdruck des Ge=
richtspräsidenten zu wiederholen) bei Erhebung der Anklage. Die
gesetzliche Vorschrift, daß bei einer Beschlagnahme sofort die in=
kriminierten Stellen einzeln angeführt werden sollen, ist nicht
erfüllt worden. Nachmals wurden dem Angeklagten 41 Seiten
vorgelesen, auf Grund deren die Anklage gegen ihn erhoben
wurde (wobei dann u. a. wörtliche Ausführungen der Hase'schen
Polemik mitinbegriffen). Später, beim Prozeß selber, waren
diese 41 Seiten auf 27 zusammengeschmolzen. Daß dadurch die
Aufgabe der Verteidigung außerordentlich erschwert wurde, be=
darf keines Nachweises. Schon vorher hatte der Justizminister
bereits einmal persönlich einschreiten müssen. Die Ladung,

seine dreiwöchentliche Gefängnisstrafe anzutreten, nachdem das Reichsgericht das Urteil der ersten Instanz bestätigt hatte, hatte der evangelische Pfarrer am ersten Weihnachtstage erhalten. (!) [23] Nun aber war mit ihm auch der Drucker der „Remscheider Zeitung" verurteilt worden; für ihn hatte die Remscheider Gemeinde ein Gnadengesuch eingereicht, nachdem Thümmel dies für sich selbst abgelehnt hatte. So trat Thümmel die Strafe seinerseits an, wurde aber, nachdem er neun Tage abgesessen, auf Befehl des Justizministers aus dem Gefängnisse „ausgewiesen". Zwischen dem Befehl und der Ausführung desselben waren bereits mehrere Tage verflossen.

Auf Grund der Broschüre Thümmels, die im ersten Teile den Hergang erzählt, um im zweiten Teile eine ernstwissenschaftliche Untersuchung anzustellen, ist es dann also schließlich zu dem dritten Prozeß gekommen, über den die Berichte durch alle Zeitungen gegangen sind. Ich wünschte mir wohl sehr die Zeit, auch auf diesen dritten Prozeß selbst noch näher eintreten zu können. Das wichtigste Ergebnis des Gesamtverlaufes für die evangelische Kirche ist ja wohl die ungeahnte Wirkung des Verfahrens des Staatsanwalts Pinoff. Ich fürchte keinem Widerspruch zu begegnen, wenn ich mich auf die einfache These beschränke, daß sich um die Belebung des evangelisch-kirchlichen Interesses in Deutschland seit langer Zeit niemand auch nur annähernd ähnliche Verdienste erworben. Nur daß die Verdienste des Verteidigers auch nach dieser Seite hin ungeschmälert bleiben müssen! Denn was die auf der Höhe ihrer Aufgabe stehende Verteidigung Dr. Sellos sonst noch einschließt, was sie mit Gottes Hilfe zu einem Markstein in der kirchenrechtlichen Entwickelung gemacht hat,[24] das auch nur einigermaßen zu begründen, würde nochmals eine längere Auseinandersetzung über die wichtigsten Prinzipienfragen verlangen.

Heute darf ich aber Ihre Aufmerksamkeit nicht länger in Anspruch nehmen. Wir wollen daher auch auf die Zukunftsforderungen, die sich aus den Erfahrungen im Prozeß Thümmel formulieren lassen, nicht mehr eingehen, sondern nur in aller

Kürze an zwei Dinge erinnern, die unbestreitbare Thatsachen sind. Die eine ist persönlicher, die zweite prinzipieller Natur. Wenn Pfarrer Thümmel früher formell gefehlt, so hat er dafür seine Strafe auf sich genommen; wenn er noch weitere Strafe verdient hat, so wird er dieselbe ebenfalls auf sich nehmen; die Art aber, wie er während des dritten Prozesses seine Sache geführt hat, hat eine früher ihm nichts weniger als günstige Stimmung in das Gegenteil umgewandelt. Denn es kann Rechtslagen geben, die Verurteilungen nach sich ziehen für Dinge, die eine andere Zeit ganz anders ansieht. Ich brauche in dieser Beziehung in unserem Jena nur darauf hinzuweisen, wie so viele Dezennien hindurch die Bestrebungen für Einigung unseres deutschen Vaterlandes als Hochverrat galten. Aber nicht nur die Zukunft, sondern schon die Gegenwart pflegt es dem Senior der theologischen Fakultät der Universität Jena nicht als die geringste seiner hohen Ehren anzurechnen, daß auch er um dieses Hochverrats willen seiner Zeit auf dem Hohenasperg gesessen hat. Genau in derselben Art wie früher für unser Vaterland gilt es nun heute für unsere Kirche einen ihr „göttliches Recht" wahrenden weltlichen Rechtszustand anzustreben. Wir gebrauchen den Ausdruck „göttliches Recht" wohl mit etwas besserem „Recht" für die Kirche des Dienens, als es im Dienste der weltlichen Herrschaftsansprüche des Papsttums geschieht. Zugleich aber können wir das, was auch wir für unsere eigene Kirche anstreben, kaum besser formulieren als mit den Worten des regierenden Papstes selber: bei der im Jahre 1880 gehaltenen Konferenz in Rom mit den Führern der preußischen Zentrumspartei, wo der Kriegsplan für jenen siebenjährigen Krieg festgestellt wurde, von welchem der gleiche Friedenspapst heute bezeugt: „Das Zentrum hat die Schlacht gewonnen". Damals aber hatte er die folgenden Grundsätze aufgestellt: „In kirchenpolitischen Fragen muß das Zentrum stets verlangen, daß die kirchenfeindlichen Gesetze abgeschafft oder im Einverständnis mit dem heiligen Stuhl abgeändert werden".

Wir haben freilich keinen solchen heiligen Stuhl. Umsomehr aber ist es gerade in diesen verschiedenen Prozessen Thümmels, besonders im dritten, wiederholt als eine ebenso berechtigte wie unbefriedigt gebliebene Forderung hingestellt worden, daß doch in solchen Fällen mindestens amtliche Gutachten der theologischen Fakultäten einzuziehen seien. Wir könnten daher den eben angeführten Satz des Papstes einfach dahin formulieren, daß die kirchenfeindlichen Gesetze abgeschafft oder auf Grund von Gutachten der theologischen Fakultäten abgeändert werden müßten. Und wenn der Papst seinerseits schließt mit den Worten: „Dies die Grundrechte der Kirche und die Grundsätze der Gewissensfreiheit für die Katholiken aller Länder", so haben wir wahrlich wiederum ein ganz anderes Recht, die Gewissensfreiheit für die evangelischen Christen aller Länder von unserem eigenen Staate zu fordern.

Anhang.

Ein im Juli 1887, kurz vor Abschluß des Sommersemesters, gehaltener Vortrag über die Thümmelschen Prozesse konnte der Natur der Sache nach nur den damaligen Thatbestand abspiegeln. Seither hat nicht nur der Entscheid des Reichsgerichts auf Revision des Elberfelder Urteils die Lage verändert, sondern es ist auch die durch den Prozeß hervorgerufene geistige Bewegung selbst bedeutsam gewachsen. So sind denn eine Reihe von Ergänzungen nötig geworden, während zugleich die Veröffentlichung des Vortrags benutzt werden konnte, um die Punkte nachzutragen, auf welche der mündliche Vortrag selbst nicht eintreten konnte.

Der wiederholten Aufforderung zum Druck dieses Vortrags hatte der Verfasser bisher aus einem doppelten Grunde nicht Folge geleistet. Der erste lag in der mir selber wenig genügenden formellen Seite der Behandlung. Handelte es sich doch nicht um eine ausgearbeitete und gefeilte Abhandlung, sondern bloß um einen in der Weise geschichtlicher Kollegien frei gehaltenen Vortrag. Ich würde gar nicht in der Lage sein, seinen Inhalt zu veröffentlichen, ohne die stenographischen Nachschriften mehrerer Herren Studierenden, denen ich daher an diesem Orte für ihre Hilfe ausdrücklichen Dank schulde. Zu einer gründlicheren Überarbeitung ließen es leider die Berufsarbeiten nicht kommen, und so kann ich auch heute nur jenen Vortrag samt den wichtigsten Ergänzungen bieten.

Außerdem aber wäre es mir bis dahin illoyal erschienen, durch die Herausgabe meiner geschichtlichen Kritik in die noch schwebenden gerichtlichen Verhandlungen irgendwie einzugreifen. Ich habe daher erst die Kasseler Gerichtsverhandlungen abwarten zu sollen geglaubt, um das gesammelte Material zunächst dem dortigen Gerichtshofe darbieten zu können, bevor es der Öffentlichkeit überlassen würde. Der doppelte Umstand, daß das Elberfelder Gericht meine Ladung als Sachverständiger beschlossen, und daß das Reichsgericht in der Unterlassung eines Schlußentscheids über die damals aufgeschobene Vernehmung den Grund zu seiner Entscheidung für die Notwendigkeit einer Revision des dritten Prozesses gefunden, legte mir ja allerdings besondere Verpflichtungen auf, denen ich mich nicht entziehen zu dürfen glaubte.

Daß ich endlich persönlich ebenfalls ernsten Anlaß zur Beschwerde bei der vorgesetzten Behörde über das von dem Herrn Staatsanwalt Pinoff beliebte Verfahren gehabt hätte, ist aus den der zweiten Ausgabe des stenographischen Berichts beigefügten öffentlichen Erklärungen zu entnehmen. Ich erinnere hier nur an die amtlich abgegebene falsche Mitteilung über amtliche Aktenstücke und an die aus dem irrtümlich dargestellten Inhalt derselben abgeleiteten, für alle Beteiligten gleich ehrenkränkenden Schlußfolgerungen. Von einer weiteren Verfolgung dieser Angelegenheit habe ich meinerseits aus dem einfachen Grunde Abstand genommen, weil mir Zeit und Kraft dazu fehlt. Etwas anderes aber ist es mit der Wahrung der Ehre einer Universitätskörperschaft. Denn daß den vom Gerichtshofe zugezogenen Sachverständigen der Herr Staatsanwalt Pinoff seinerseits Persönlichkeiten gegenüberzustellen für gut fand, wie diejenigen, deren Gebahren in diesem Anhang (vgl. Anm. 22) noch einmal quellenmäßig charakterisiert ist, durfte nicht ohne energischen Protest bleiben.

Im folgenden sind nun die nötig gewordenen Ergänzungen in der Form von Noten zu dem bereits veröffentlichten Vortrage zusammengestellt.

S. 2 ¹): Im Vortrag konnte nur erst von den Verhandlungen der Elberfelder Kreissynode die Rede sein. Seither haben so ziemlich alle seither tagenden rheinischen und westfälischen Kreissynoden den gleichen Beschwerden Ausdruck gegeben. So die Lenneper und Kreuznacher in der Rheinprovinz, die Lüdenscheider, Wittener, Hammer und Hagener Synode in Westfalen. Ein einstimmiger Beschluß der rheinischen Provinzialsynode hat die damit verbundenen Anträge sich angeeignet, und auch die westfälische Provinzialsynode hat den Beschlüssen der rheinischen ihrerseits sekundiert. Die bei allen diesen Anlässen stattgefundenen Verhandlungen sind ebenso reich an belangreichen Einzeldaten, als sie einen tiefen Einblick in die allgemeine Gemütsstimmung in allen kirchlichgesinnten Kreisen bekunden. Der uns hier zur Verfügung stehende Raum gestattet jedoch nur die Wiedergabe der von der Elberfelder Kreissynode bei der Provinzialsynode gestellten Anträge, sowie des von letzterer daraufhin gefaßten Beschlusses:

„Hochwürdige Provinzialsynode wolle bei den staatlichen Behörden darüber Beschwerde führen, daß der in der Prozeßverhandlung wider den Pfarrer Thümmel vom 6. bis 15. Juni a. c. amtierende Vertreter der Kgl. Staatsanwaltschaft nicht nur, wie es sein Recht gewesen, die Messe, die Marienverehrung und den Zölibat als Einrichtungen der katholischen Kirche dargestellt hat, sondern daß er dieselben als Institutionen von idealer Bedeutung und Wichtigkeit hervorgehoben hat, während dieselben als widergöttliche, unchristliche und unbiblische von der Kirche des Evangeliums dargestellt werden müssen."

„Hochwürdige Provinzialsynode wolle, in Erwägung, daß ein evangelischer Pfarrer auf Grund der Bekenntnisschriften unter Umständen verpflichtet ist, gegen die Lehren und Einrichtungen der katholischen Kirche in Wort und Schrift Zeugnis abzulegen; und in der ferneren Erwägung, daß vom rein juristischen Standpunkte aus schwer zu entscheiden ist, in welcher Absicht die betreffenden Äußerungen des Geistlichen gethan sind, resp. ob ein animus iniuriandi anzunehmen ist, bei der Staatsbehörde beantragen, daß aus § 166 des Reichsstrafgesetzbuches eine Anklage gegen einen evangelischen Geistlichen nur dann erhoben werden kann, wenn zuvor, im Sinne der Kabinetsordre vom 29. Januar 1847, die Genehmigung des Kultusministers als Delegaten des höchsten Trägers der evangelischen Kirchengewalt dazu eingeholt ist."

Die dem Beschluß vorhergegangene höchst instruktive Debatte findet sich S. 32 ff. in den „als Manuskript gedruckten" „Verhandlungen der Elberfelder Kreissynode, gehalten am 5. Juli 1887".

Mit Bezug auf die eingehenden Beratungen der rheinischen Provinzialsynode muß ebenfalls auf den Text der offiziellen Protokolle verwiesen werden. Die Synodalbeschlüsse selber lauten in ihren beiden ersten Nummern folgendermaßen:

1) Hochwürdige Provinzialsynode wolle ihr Bedauern darüber aussprechen, daß bei dem genannten Prozesse in der Rede des Königl. Staatsanwaltes die Würdigung der evangelischen Kirche und ihrer Interessen vollständig vermißt wird, daß vielmehr in derselben katholische Einrichtungen idealisiert werden, während ein evangelischer Pfarrer in seiner innersten Persönlichkeit herabgewürdigt wird, so daß durch diese unparitätische Behandlung beider Kirchen das Gefühl der Evangelischen aufs tiefste verletzt werden mußte.

2) Provinzialsynode wolle auf Grund dieser Thatsache unter Vorlage der Beschwerde des Presbyteriums der evangelischen Gemeinde Remscheid vom 10. August d. J. durch das Königl. Konsistorium resp. den evangelischen Oberkirchenrat bei dem Königl. Preußischen Justizministerium darauf antragen, daß die Staatsanwälte darauf angewiesen werden, in konfessionellen Prozessen bei Verteidigung der einen Konfession und ihrer Einrichtungen alles zu vermeiden, was berechtigte religiöse Gefühle der anderen Konfession zu verletzen geeignet ist.

Diese beiden positiven Beschlüsse gewinnen jedoch erst ihre volle Bedeutung, wenn man die vorsichtigen Reserven der beiden folgenden Nummern hinzunimmt: hinsichtlich der fortdauernden Anwendung der Kabinetsordre vom 29. Januar 1847 sowohl wie hinsichtlich der Notwendigkeit einer Abänderung des § 166. Die Provinzialsynode erklärt nämlich, dem darauf bezüglichen Antrage des Lenneper Modemanns sich „für jetzt" nicht anschließen zu können, weil „das befremdlich hohe Strafmaß" vor dem Entscheid über die eingelegte Revision noch nicht als definitiv anzusehen, und weil aus einem einzelnen „ob auch eklatanten" Falle eine Gesetzesänderung dieser Art noch nicht als notwendig erwiesen sei.

Bei einer Sammlung der Aktenstücke dürfen ferner die Verhandlungen und Beschlüsse der obengenannten westfälischen Kreissynoden so wenig fehlen wie die der dortigen Provinzialsynode. Hier beschränken wir uns jedoch wieder auf die Mitteilung der motivierten Tagesordnung der letzteren:

In der Erwägung, daß die Rheinische Provinzialsynode, als die zunächst dabei interessierte, sich bereits ausführlich mit dem Prozeß Thümmel beschäftigt hat, in der ferneren Erwägung, daß unserer Synode die betreffenden Beschwerdepunkte in amtlicher Beglaubigung nicht vorliegen, endlich in der Hoffnung, daß nach den bereits geschehenen Anträgen der Rheinischen Synode die Beschwerde von den zuständigen Behörden gründlich geprüft und eventuell dem gekränkten evangelischen Bewußtsein eine entsprechende Genugthuung gegeben werde, geht die Westfälische Provinzialsynode zur Tagesordnung über.

S. 3 [2]): Daß die infolge der Elberfelder Verhandlungen in den weitesten Kreisen verspürbare „evangelische Bewegung" nur als ein Einzelsymptom dieser Bewegung selber aufgefaßt werden darf, ergiebt sich aus dem — mehrere Monate vor jenen Verhandlungen — erschienenen Artikel „Ein Weg zur Einigung des deutschen Protestantismus" in Nr. 3 der „Kirchlichen Korrespondenz für die deutsche Tagespresse" (Nr. I der Ausgabe für die Mitglieder des Evangelischen Bundes). Wir glauben daher diesen Artikel seinem Hauptinhalte nach hier aufnehmen zu sollen:

Wer das kirchliche Leben des protestantischen Deutschland richtig beurteilen will, darf sich vor allem nicht darauf beschränken, nur die eine oder die andere der gegenwärtigen Kirchenzeitungen zu lesen. Die dogmatischen und kirchenpolitischen Gegensätze, welche in denselben ausgefochten werden, werden noch um vieles leidenschaftlicher behandelt, als die Meinungsverschiedenheiten der politischen Fraktionen. Von einer Duldung, geschweige denn von einer Anerkennung einer abweichenden Anschauungsweise ist hier nicht von ferne die Rede. Wer darum nur das Organ einer kirchlichen Einzelpartei auf sich einwirken läßt, verbaut sich von vornherein den Weg zu dem richtigen Gesamturteil. Die erste Vorbedingung desselben besteht vielmehr darin, die Organe der verschiedenen kirchlichen Parteien mit einander zu vergleichen, also beispielsweise die Luthardtsche und die früher Hengstenbergische, jetzt Zöcklersche Kirchenzeitung, welche die verschiedenen „Nuancen" der konfessionellen Lutheraner vertreten, mit dem neuen Stöckerschen Blatt; die Beyschlagschen Deutschevangelischen Blätter so gut wie die ihr gegenübergestellte Kirchliche Monatsschrift, die Berliner Protestantische Kirchenzeitung neben dem hanseatischen Deutschen Protestantenblatt. Wir nennen hier absichtlich nur die Repräsentanten der Hauptparteien als solcher, obgleich wir vielleicht besser noch der provinziellen Organe der kirchlichen Praxis, sowie der dem Frieden in der Gemeinde dienenden mächtig aufblühenden Gemeindeblätter aus der rheinischen wie aus der sächsischen Kirche gedenken könnten. Bei den letzteren ist ja im Grunde das selbstverständlich, was bei den eigentlichen Parteiblättern auffallend, ja auf den ersten Blick unerklärlich erscheinen mag. Trotz allen Kampfes ums Dasein nämlich zwischen den herrschenden und den unterdrückten Richtungen in der Theologie, trotz aller leidenschaftlichen Stürme, welche der Hammersteinsche Antrag aufgewirbelt, sind sich die innerkirchlichen Gegner doch in einem Punkte merkwürdig nahe gerückt. Es scheint, als ob die Erkenntnis einer gemeinsamen Gefahr instinktiv die sonstigen Gegner zu verwandten Anschauungen bringt. Denn die Art, wie alle innerkirchlichen Fragen der Opportunitätspolitik des auswärtigen Amtes dienstbar gemacht sind, hat nachgerade in allen den obengenannten Blättern Äußerungen zur Folge gehabt, die ebenso gut in den Organen der kirchlichen Gegner stehen könnten. So sehr decken sich jetzt die Urteile in diesen Fragen hüben und drüben. Bei all dem Unheil, das jene Methode einschließt, glauben wir darum wenigstens diese eine erfreuliche Seite nicht mehr so völlig außer Acht lassen zu dürfen, wie es herkömmlicher Weise der Fall ist. Sehen wir doch in der That die sonst so bitter hadernden Protestanten durch die gemeinsame Erregung über die politische Behandlung religiöser Fragen über alle Erwartung geeint. Ja man möchte fast auf den Gedanken kommen, als wenn dem scharfblickendsten aller Politiker diese Folge seiner jüngsten Maßnahmen gar nicht so unerwartet sein könnte, am Ende gar schon mit in seine Zukunftsberechnungen aufgenommen sein müßte. Denn das Gefühl, daß die evangelische Kirche sich die bisherige Behandlung nicht länger gefallen lassen dürfe, ist ja ganz besonders von demselben Süddeutschland aus laut geworden, in welchem der nationale Aufschwung bei den letzten Reichstagswahlen dem Staatsmann Bismarck die treueste und zuverlässigste Unterstützung zugeführt hat. In der preußischen Kirche erscheint der Antrag Hammerstein zum Erisapfel geworden. Von jenem süddeutschen Standpunkte erkennt man nur ein einzelnes Symptom einer Gesamtbewegung darin.

S. 3 [3]): In einer (wohl bald zu erhoffenden) Sammlung der Aktenstücke über den Prozeß Thümmel verdienen die im Text zitierten Artikel der „Germania" in ihrem vollen Wortlaute mitgeteilt zu werden. Hier müssen wir uns mit der Citation der einschlägigen Nummern und einigen knappen Auszügen, als Beleg für das oben abgegebene Urteil, begnügen.

Die vier Leitartikel „Das Grundrecht des Protestantismus" finden sich in den Nummern 142, I. 143, I. 144, II. 145, I; die drei Artikel „Der Evangelische Bund und der Prozeß Thümmel" in den Nummern 147, II. 148, I. 150, II; die zwei Artikel „Ein moderner Hexensabbat" 152, I. 156, II. In die gleiche Kategorie aber fallen weiter auch (abgesehen von den lange vor dem Thümmelschen Prozeß ergangenen gröblichen Beschimpfungen der Gründer des Evangelischen Bundes, sowie solcher Spezialleistungen wie „Der Evangelische Bund in Berlin" in Nr. 117, I, mit dem besonders beherzigenswerten letzten Absatze) die vier Artikel „Die Flugschriften des Evangelischen Bundes" in Nr. 160, II. 161, I. 164, II. 165, II; sowie deren weitere Ergänzung „Die ultramontane Presse vor dem protestantischen Inquisitionstribunal" in den vier Artikeln von Nr. 168, II. bis 172, II.

Gleich in dem Eingang der erstgenannten Serie fungiert das Jesuitenblatt als die höhere Instanz für das rheinische Konsistorium:

> Wir wiederholen hier zunächst unsere schon ausgesprochene bestimmte Erwartung, daß das Konsistorium der Rheinprovinz gegen das von dem Presbyterium in Remscheid gegebene Ärgernis entschieden einschreitet. Vielleicht wäre dies vermieden worden, wenn von zuständiger Seite her schon früher der, wie es scheint, sehr heißblütigen protestantischen Bürgerschaft von Remscheid das, was Rechtens ist, wäre bedeutet worden. (142, I.)

Noch bezeichnender ist die Ausdrucksweise in dem ersten Artikel der dritten Serie mit der Beschwerde, daß noch nicht Ordre pariert sei:

> Ist das von der ganzen katholischen Presse geforderte Einschreiten seitens des Konsistoriums der Rheinprovinz gegen dieses Ärgernis bereits erfolgt? Ist die im Interesse des gefährdeten konfessionellen Friedens so nötige Remedur von der genannten zuständigen Stelle schon erfolgt? Bisher ist uns darüber nichts bekannt geworden. Wir meinen, wenn je, dann muß jetzt von oben her solchem unvernünftigen und anstandswidrigen Gebahren der unteren Regionen ein kräftiges Halt! zugerufen und den Katholiken wie der beleidigten Sitte und Wahrheit überhaupt die geforderte Sühne geboten werden. Es ist die höchste Zeit dazu! Hätte das Rheinische Konsistorium frühzeitig genug dem Remscheider Pres-

byterium sein Quos ego zugerufen, so würden vermutlich die weiteren Hexentänze auf dem modernen Brocken, in der guten Stadt Remscheid, unterblieben sein. (152, I.)

Dem gleichen Zwecke wie die unverhüllte Drohung muß aber auch der elegische Ton dienen:

Unerklärlich ist es, wie die vorgesetzte Behörde dem modernen Märtyrer die falsche Gloriole ohne ein Wort des Widerspruchs bislang belassen hat, daß sie einen solchen Mann eben dort ruhig weiter seines Amtes walten läßt. (156, II.)

Nur geschieht dies in sehr bezeichnender Weise in derselben Nummer, welche „die gut protestantische Schlesische Zeitung" ins Gefecht führt (will sagen: die von einem bekannten rheinisch-römischen Einsender herrührenden Inspirationen derselben), und welche zugleich den jeder direkten Wendung entbehrenden Artikel der „Norddeutschen Allgemeinen Zeitung" vom 14. Juli so mustergültig jesuitisch verwertet. Denn nicht genug mit der in der „Norddeutschen Allgemeinen Zeitung" selbst nirgends angedeuteten Anwendung ihres Artikels auf den Prozeß Thümmel: „Gegen die Thümmelei ist nun endlich etwas eingetroffen", und mit dem der bekannten Fabel von Wolf und Lamm entsprechenden Selbstzeugnis: „Die katholische Presse hat dazu nicht im mindesten Anlaß gegeben, sondern sich lediglich defensiv verhalten", schließt auch diese dem Leitartikel sekundierende Mitteilung:

Wir wollen sehen, ob diesem ersten offiziösen Wink auch ein thatsächliches Einschreiten nachfolgt und den Hetzern und Störern gründlich von der Behörde das Handwerk gelegt wird.

S. 3 [1]): Dem unverhüllten Einmischungsversuch in die amtliche Sphäre einer, wenn auch staatlichen, so doch immerhin den evangelischen Interessen dienenden Behörde stellen wir einige von den persönlichen Bedrohungen mit dem Staatsanwalt zur Seite. Nur muß ausdrücklich beigefügt werden, daß wir auch hier nur weniges aus vielem geben. Diese Anrufungen der Staatsanwaltschaft haben sich nämlich so häufig und so systematisch wiederholt, daß, nachdem denselben trotzdem keine Folge gegeben wurde, wohl sicher konstatiert werden kann, daß bei den in dieser Weise denunzierten Artikeln eine etwaige Anklage keinerlei Aussicht auf Erfolg gehabt haben muß. Immerhin sprechen alle solche Einschüchterungsversuche auch heute noch laut genug für die Hintergedanken bei dem von dem erzbischöflichen Ordinariat in Köln „genehmigten" Prozesse. So heißt es in Nr. 147, II:

> Wenn die Sympathie des Organs des Evangelischen Bundes mit der Person und dem Treiben des Remscheider Pfarrers, rücksichtlich der in dem Pamphlete desselben, namentlich S. 17, verübten Beschimpfungen der katholischen Kirche und der Beleidigung „Rheinischer Richter" zur Solidarität sich verdichten sollte, dann würde ja der Staatsanwalt noch schöne, aussichtsvolle Arbeit an der Redaktion der „Kirchlichen Korrespondenz" und deren Hintersassen bekommen.

Desgleichen lesen wir alsbald in Nr. 148, I:

> Das ist sicher: Hätte der Schreiber obiger Korrespondenz vor dem ordentlichen Richter sich zu verantworten, so würde ihm mit gleicher Münze heimbezahlt werden wie Herrn Thümmel; und der Vorwurf, hier in „leichtsinniger und unverfrorener Weise verfahren" zu sein, würde dem Insinuanten nicht erspart bleiben.

Es thut dem Zweck solcher Drohungen denn auch keinen Abbruch, wenn dabei die Privaturteile des Herrn Staatsanwalts Pinoff mit den amtlichen Aussprüchen des Gerichtshofs verwechselt werden, wie in Nr. 150, II:

> Nach S. 54 der öfters genannten Prozeß-Verhandlungen äußerte sich der Staatsanwalt über den Pfarrer Thümmel also: ... Sind denn die Männer des Evangelischen Bundes so lüstern nach diesen goldenen Lorbeeren, die der Staatsanwalt dem Remscheider Prediger um die Schläfe gewunden? Wollen denn auch sie diese selbe vernichtende Charakteristik über sich ergehen lassen?

Kann man doch zugleich die von dem Gerichtsausspruche erhoffte Abschreckungstendenz nach erfolgtem Ergebnis triumphierend kundgeben:

> Die Organisten des Evangelischen Bundes spielen die sehr deutlich gesetzte Melodie zu Herrn Thümmels Liedlein von der bösen „ultramontanen" Staatsanwaltschaft, das ihm freilich gar teuer zu stehen gekommen. Ob nicht hinterdrein, nachdem das Urteil neunmonatlicher Strafe gesprochen, auch sie noch einige Angst beschleicht?

Am bezeichnendsten von allem aber ist wohl die neue Definition von „nicht denunzieren". Vgl. darum wenigstens noch den letzten Absatz des eben angeführten Schlußartikels:

Wir wollen nicht denunzieren! . . . Es scheint uns hohe Zeit, daß einmal von berufener Seite diesen Wühlereien kräftig Einhalt gethan wird, die unter religiöser Maske den Bestand der Sitte, des Rechts, der edlen Duldung und des konfessionellen Friedens im deutschen Vaterlande völlig untergraben. Herrn Thümmel und den Genossen vom Evangelischen Bund wäre damit allerdings ein arger Strich durch ihre Rechnung gemacht und die erwünschte Gelegenheit genommen, im Trüben zu fischen.

Auf die zahlreichen verwandten ähnlichen Ergüsse in der gesamten klerikalen Presse können wir an dieser Stelle nicht eintreten, verweisen aber wenigstens auf den das staatliche Einschreiten gegen den Hallischen Professor D. Jacobi fordernden Artikel der „Eichsfeldia" vom 16. April, Nr. 42 (abgedruckt in der „Kirchl. Korr." Nr. 6 bezw. Nr. 11); sowie auf die aus dem Prozeß Vögtle in Baden gezogenen Schlußfolgerungen, daß die Staatsanwälte neuerdings mit der ausdrücklichen Anweisung versehen seien, gegen „Beleidigungen des Papstes und der Bischöfe" einzuschreiten.

S. 4 [5]): Der Versuch dieser (gleichzeitig mit der ersten Nachricht über die Beschlagnahme der Thümmel'schen Schrift nach Halle, Hamburg und Breslau — das „Frankfurter Journal" wurde erst etwas später versorgt — expedierten) Artikel, öffentliche Meinung gegen den Angeklagten zu machen, dessen eigene Äußerungen ja durch die Beschlagnahme seiner Schrift der selbständigen Prüfung nicht nur der Zeitungsleser, sondern vor allem auch der theologischen Sachkenner entzogen waren, ist freilich über dem nachmaligen öffentlichen Auftreten des Elberfelder Staatsanwalts Pinoff so gut wie vergessen. Aber die Nachahmung der von der päpstlichen Indexkongregation befolgten Methode seitens preußischer Staatsbeamter verlangt nach wie vor die ernste Beachtung des Kirchenhistorikers.

Mit welchem Maß von Sorgfalt dabei vom Anbeginn an in der Prüfung des Inhalts der konfiszierten Schrift vorgegangen worden ist, geht schon aus dem einfachen Datum der zum Zweck ihrer Diskreditierung geschriebenen Artikel zur Genüge hervor.

Die Thümmelsche Schrift wurde am 9. März abends ausgegeben. Am 10. März nachmittags erfolgte die Beschlagnahme. Am 11. März erschien bereits in Hamburg der erste, „Vom Nieder= Rhein 10. März" datierte Artikel, der inzwischen nicht nur die Drucklegung, sondern vorher schon den Weg von Elberfeld nach Hamburg passiert hatte. Und wie ist der Inhalt? Was ist hier sowohl aus der Vorgeschichte wie aus dem Inhalt der Thümmel= schen Verteidigung geworden? Um der Wichtigkeit dieses Erst= lingsversuches der nachmals vom Staatsanwalt in amtlicher Stellung fortgesetzten Methode willen glauben wir wenigstens den ersten Teil des Artikels hier aufnehmen zu sollen:

„Rheinische Richter und römische Priester."
Vom Niederrhein, den 10. März.

Unter diesem absonderlichen Titel ist im Verlage der konservativen „Westdeutschen Zeitung" zu Barmen eine 111 Seiten starke Broschüre des Remscheider Pastors W. Thümmel erschienen, in welcher der am 11. August v. J. von der Elberfelder Strafkammer wegen Beschimpfung des Altarsakraments und des Meßopfers der katholischen Kirche zu drei Wochen Gefängnis verurteilte Verfasser nach einer sehr erschöpfenden Darstellung dieser Prozeßgeschichte in Wahrung seines Standpunktes die Gleichheit zwischen dem heidnischen Götzenopfer und dem römischen Meß= opfer darzuthun sucht. Der letztere Teil der Schrift kann hier als ein rein geologischer Streit auf sich beruhen bleiben, obschon die maßlose Form, in welche Thümmel seine Angriffe gegen die katholische Kirche zu kleiden für gut befunden, eine sehr erbitterte Polemik in der Presse mit Zuversicht vorhersehen läßt. Nicht gleichgültig aber ist der erste Teil des Büchleins, in welchem der geistliche Autor in einer alle Grenzen überschreitenden Kritik des rheinischen Richterstandes im allgemeinen sich ergeht. Zum Verständnisse des Auftretens des Herrn Pastors muß wenigstens mit kurzen Worten die Geschichte seiner Verurteilung voraus= geschickt werden. In einer bedauerlichen Zeitungspolemik anläßlich eines in der Gemeinde des Verfassers zwischen den Katholiken und Protestanten ausgebrochenen Begräbnißstreites war in einem ultramontanen Blatte auch eines Prozesses Erwähnung geschehen, in welchen Herr Thümmel in seinem früheren Wirkungsorte Geldern durch eine abfällige Äußerung über die römische Transsubstantiationslehre verwickelt worden war. Er hatte dort gelegentlich der Fronleichnamsprozession mit Bezug auf das Altarsakrament der Katholiken einen Ausdruck gebraucht, den selbst der überzeugteste Verächter der römischen Transsubstantiationslehre mindestens

taktlos nennen muß — der Reichsanwalt bezeichnete ihn bei der Revisions=
verhandlung in Leipzig als „unqualifizierbar" —, und in Anspielung
hierauf wurde von Herrn Thümmel behauptet, daß er in Geldern wegen
Verhöhnung der katholischen Kirche nur „mit knapper Not dem Gefäng=
nisse entgangen" sei. Hierdurch gereizt, erließ Thümmel in der „Rem=
scheider Zeitung" einen abwehrenden Artikel, in welchem er aber keines=
wegs auf die bloße Aufklärung jenes damaligen Falles sich beschränkte,
sondern seine ehemalige Kritik des Altarsakraments und des Meßopfers
der katholischen Kirche in einer Weise weiter ausführte, die ihn aufs
neue mit dem Strafgesetz in Konflikt brachte. Wir halten die Freiheit
der theologischen Wissenschaft und jede erlaubte Kritik religiöser Ein=
richtungen in hohen Ehren, aber das, was Herr Thümmel schrieb, ver=
ließ nach dem Urteile eines jeden Unbefangenen so sehr den Rahmen
einer zulässigen Kritik, daß es wunderbar hätte zugehen müssen, wenn
der Herr nicht verurteilt worden wäre. Die Elberfelder Strafkammer
erkannte denn auch ihn sowohl als den verantwortlichen Redakteur des
Remscheider Blattes der Beschimpfung öffentlicher Einrichtungen der
katholischen Kirche für schuldig und verurteilte beide, indem sie rücksichtlich
des Herrn Thümmel im besonderen betonte, daß derselbe vermöge seiner
Stellung als Geistlicher Frieden und Eintracht zu stiften berufen, an=
statt dessen aber in einer Weise vorgegangen sei, welche nur geeignet
erscheine, den konfessionellen Gegensatz und Haß in höherem Grade zu
verschärfen, zu je drei Wochen Gefängnisstrafe. Die von den Ver=
urteilten gegen dieses Erkenntnis eingelegte Revision wurde vom Reichs=
gericht zurückgewiesen. Einem von seiner Gemeinde beabsichtigten Gnaden=
gesuch aber versagte Herr Thümmel selbst seine Zustimmung, und so trat
er dann am 20. Januar d. J. seine Strafe an, hatte jedoch erst acht Tage
in der Gefangenschaft verbracht, als er auf Befehl des Justizministers,
„das Strafverfahren gegen den Pfarrer Thümmel einzustellen", aus dem
Gefängnisse „ausgewiesen" wurde. Irgend welche Begründung dieses
Ministerialbefehles ist nicht bekannt geworden. Dafür tritt nun Herr
Thümmel mit besagter Broschüre hervor, über deren Inhalt nur eine
Stimme des tiefsten Bedauerns herrschen kann. Nachdem der Verfasser
eine auffällige „Eintracht zwischen der römischen Priesterschaft und den
Juristen in Deutschland", denen „pfäffische Eigentümlichkeiten" vor=
geworfen werden, im allgemeinen konstruiert hat, wendet er sich im be=
sonderen gegen die katholischen Juristen des Rheinlandes, spricht von
einem „ultramontanen Ring", der die Rheinprovinz einschnüre, und
geht nach diesen Vorbemerkungen zur Kritik der Geschichte seines
Prozesses selber über, die er in den Tadel endigen zu lassen er=
klärt: nicht, daß seine Richter, der Mehrzahl nach römische Katholiken,
aus römischem Fanatismus ihr Urteil gethan, wohl aber, daß sie

in Unkenntnis der vorliegenden Materie ihr Amt geführt hätten. Diese kluge Selbstbeschränkung scheint dem Verfasser aber nur bezüglich der Richter geboten, obwohl er auch deren ultramontane Parteistellung mehr als nötig betont; gegen den Elberfelder ersten Staatsanwalt, sowie gegen den inzwischen in den Ruhestand getretenen und bald darauf verstorbenen Kölner Oberstaatsanwalt hingegen, namentlich bezüglich des ersteren, entledigt er sich dieser Reserve fast ganz, ja er schreibt, es habe unter allen bei der Verhandlung anwesenden Protestanten große Empörung darüber geherrscht, „von der Stelle eines preußischen Staatsanwaltes die Stimme eines römischen Papstanwaltes vernommen zu haben". Aber auch aus dem Urteile des Gerichts sieht Herr Thümmel überall den „Ultramontanismus des Verfassers" hervorschauen, und zum Schlusse, nachdem er im Vorbeigehen die Frage aufgeworfen, ob wir schon so „verkatholisiert" seien, daß man die Bibel verbieten wolle, nennt er die ganze Geschichte des Prozesses ein „kulturgeschichtliches Genrebild aus der Zeit der ärgsten römischen Verseuchung der öffentlichen Anschauung". Die Verurteilung ist erfolgt aus § 166 des Strafgesetzbuches, und ihre Begründung wird gegenüber den Einwendungen des Herrn Thümmel vielleicht noch eine eingehendere Würdigung erheischen.

Indem wir die in den letzten denkwürdigen Worten zugestandene Revisionsbedürftigkeit des Urteils im zweiten Prozesse wenigstens notieren, fügen wir ihnen an dieser Stelle nur noch den unmittelbar folgenden Satz bei:

Vorläufig aber fragen wir: Wohin sollen wir kommen, wenn selbst der Priesterstand anfängt den Stand der Juristen in den Augen des Volkes herabzusetzen?

Bei diesem letzteren Satze ist in dem, sonst so gut wie wörtlich übereinstimmenden, ebenfalls „Vom Nieder-Rhein den 10. März" datierten Artikel der „Hallischen Zeitung" vom 13. März eine kleine, aber immerhin beachtenswerte Veränderung vorgenommen. Er lautet an der letzteren Stelle:

Vorläufig aber darf der Jurist fragen: Wohin sollen wir kommen, wenn man den Stand der Juristen in den Augen des Volkes so herabwürdigt?

Für die Universitätsstadt Halle mit ihrer starken evangelisch-theologischen Fakultät scheint eben doch die Wendung vom „Priesterstand" einen zu deutlichen Hinweis auf den römischen Konfessionsstand des Verfassers enthalten zu haben und darum modifiziert worden zu sein. Außerdem ist gleich zu Anfang in dem zweiten Satze der „geologische Streit" in einen „theologischen" umgewandelt. Ebenso ist nach der kritischen Bemerkung: „Irgend welche Begründung des Ministerialbefehls ist nicht bekannt geworden" der noch folgende Satz über die „nur eine Stimme des tiefsten Bedauerns" dahin verändert:

Wir berichten möglichst objektiv, dürfen jedoch einige Bedenken uns nicht versagen.

Endlich tritt auch am Ende wieder eine formell ebenso geringfügige als materiell bedeutsame Verschiedenheit zu Tage. Beide Artikel geben nämlich weiter noch eine Reihe von Sätzen Thümmels, die dabei vollständig aus dem Zusammenhang herausgerissen sind. Darauf aber schließt der Hamburger Artikel:

Das sind nur einige Proben aus der höchst bedauerlichen Broschüre, in welcher Herr Thümmel die evangelische Ansicht über die Transsubstantiationslehre und seine juridischen Einwendungen gegen das Elberfelder Urteil nach Gefallen hätte vortragen können, ohne daß ein Mensch darüber mit ihm hätte rechten wollen; daß Herr Thümmel in seinem menschlich begreiflichen Grimme über seine Verurteilung aber zu einer Herabsetzung des ganzen deutschen Juristenstandes im allgemeinen, und zur Verdächtigung des rheinischen im besonderen sich hat hinreißen lassen, verwirkt ihm die Sympathieen auch derjenigen Kreise, die sonst mit seinem Standpunkte sich hätten einverstanden erklären können. Den konfessionellen Frieden der Remscheider Bevölkerung mochte Herr Thümmel keines Opfers in dem Ausdrucke seiner persönlichen Gesinnung für wert erachten; gegen den ganzen Richterstand am Rhein durfte er die protestantische Bevölkerung nicht aufhetzen, wenn er anders als würdiger Diener Gottes und seiner Kirche auch fernerhin zu gelten noch beansprucht.

Von einer Beschlagnahme enthält dieser Artikel noch nichts. Der Verfasser scheint daher bereits in den wenigen Stunden zwischen dem 9. März abends und dem 10. März nachmittags eine für genügend erachtete Kenntnisnahme der über 100 Seiten starken Schrift vorgenommen zu haben. Der gleichfalls vom 10. März datierte Artikel der „Hallischen Zeitung" dagegen hat den ganzen eben mitgeteilten Passus auf den kurzen Satz reduziert:

Das sind nur einige Proben aus der Broschüre, in welcher Thümmel gegen den ganzen Richterstand am Rhein die protestantische Bevölkerung aufregt.

Dafür konnte denn aber der Schlußsatz beigefügt werden:

Es ist daher erklärlich, daß der Staatsanwalt, wie ein Telegramm uns meldet, die Broschüre beschlagnahmt hat.

Bezeichnender aber noch für das, was den Hintergrund des ganzen Prozesses bildet, als jene — den wichtigsten Teil der Vorgeschichte „unterdrückenden" — Artikel, ist ein von anderer Hand stammender im „Frankfurter Journal" vom 29. März (b. b. 27. März). Der zunächst zu Tage tretende Zweck ist der gleiche, den fanatischen Pfarrer bei den Lesern in Verruf zu bringen. Der bekannten Tendenz des „Frankfurter Journals" schien es dabei am besten zu entsprechen, ihn als Vertreter derjenigen Tendenzen hinzustellen, die heute als „Muckerei und Stöckerei" bezeichnet zu werden pflegen. Man vergleiche in dieser Beziehung nur den drastischen Schlußsatz:

> Kurz, es ist die ganze Broschüre in einem Geiste gehalten, der wenigstens unserem Geschmacke nicht entspricht und uns nur einen neuen Beweis für die alte Wahrheit zu liefern scheint, daß eine gewisse protestantisch-orthodoxe Clique im Wupperthal wie anderwärts an Gehässigkeit und Intoleranz hinter den extremsten Ultramontanen in keiner Weise zurückbleibt.

Es hat diese feine Wendung denn auch so viel Beifall gefunden, daß wir ihr schon bald auch in einer Reihe anderer Blätter begegneten. Aber der weitere Zweck des Artikelschreibers, den man sofort als geschulten Juristen erkennt (als Urheber gilt ein einem der Richter im zweiten Prozesse nahe verwandter, ebenfalls im amtlichen Justizdienst stehender Mann), liegt tiefer. Ihm handelt es sich in erster Reihe darum, die in den letzten Jahren gewonnenen neuen Etappen gerichtlicher Entscheidungen über den verhängnisvollen § 166 für weitere Entscheidungen zu verwerten. Darum besonders die Fruktifizierung der reichsgerichtlichen Erkenntnisse von 1880 und 1883:

> Der Verfasser, welcher auf alle Juristen schlecht zu sprechen ist, standalisirt sich über diese Verurteilung, indem er dem Gericht vorwirft, daß es verkannt habe, daß er zwar die Lehre der katholischen Kirche von dem Meßopfer in statthafter Weise kritisiert, aber keine „Einrichtung" jener Kirche beschimpft habe, wie dies zum Thatbestand des § 166 des Reichsstrafgesetzbuchs erforderlich sei. Diese Ausstellung entbehrt jedoch der Begründung, da das Reichsgericht durch die beiden Erkenntnisse vom

8. November 1880 und vom 28. Juni 1883 anerkannt hat, daß herabwürdigende Äußerungen über kirchliche Lehren, sofern sie als gegen die fragliche Religionsgesellschaft selbst gerichtete Angriffe sich darstellen, unter den § 166 des Strafgesetzbuches fallen und daß dies z. B. bei einer Beschimpfung des Marienkultus zutreffe; es kann somit auch keinem Zweifel unterliegen, daß der katholische Gottesdienst und insbesondere auch die Messe in gleicher Weise zu den „Einrichtungen" der katholischen Kirche gehören.

S. 5 [6]): Diesmal gingen die Artikel der „Schlesischen Zeitung" voran (in der „Germania" Nr. 152, I noch mit „selbst die protestantische „Schles. Ztg." eingeführt, während sie in Nr. 156, II gar zu der „gut protestantischen „Schles. Ztg." befördert ist). In zweiter Reihe folgte der „Hamburger Korrespondent", in dritter sogar die „Nationalliberale Korrespondenz". Auch diesmal läßt sich aber unschwer dieselbe Quelle erkennen. Der neue Artikel des „Hamb. Korr." bezieht sich sogar ausdrücklich auf die frühere Einsendung zurück:

> Gleich nach dem Erscheinen der beschlagnahmten Broschüre haben wir in einem längeren Artikel auseinandergesetzt, daß uns die rein theologische Seite der Angelegenheit in sehr viel geringerem Maße interessieren könne, als die bedauerliche Thatsache, einen Geistlichen, der berufen ist, mit den Staatsbehörden Hand in Hand den Sinn für Gutes und Böses, für Recht und Unrecht, die Anerkennung von Gesetz und Recht und Autorität bei seinen Gläubigen heranzuziehen, auszubilden und zu stärken, statt dessen in echter Demagogenweise die Achtung vor dem Richterstande untergraben, das Vertrauen des Volkes in die Unparteilichkeit der zur Hütung des Gesetzes berufenen Behörden erschüttern zu sehen.

War hiermit von vornherein der Text gegeben, welchen die Reden des Staatsanwalts in der bekannten Tonart über den Angriff auf „die Autorität, die in der Organisation der katholischen Kirche mit eine ihrer Hauptsäulen hat", kommentiert haben, so nimmt der Verfasser weiterhin auch keinen Anstand, sich zwar selbst zu der Lektüre der unzugänglich gemachten Schrift zu bekennen, zugleich aber das Urteil derer, die sie selber nicht zu lesen imstande sind, sogar über den wissenschaftlichen oder unwissenschaftlichen Charakter derselben zu beeinflussen:

Wer auch nur einen kurzen Blick in das Buch selbst geworfen hat, wird uns beipflichten müssen, daß für dasselbe unmöglich ein wissenschaftlicher Wert reklamiert werden kann. Es ist eine Streitschrift der vulgärsten Art in Ton und Inhalt.

Es ist überhaupt in hohem Grade beachtenswert, es im einzelnen zu verfolgen, in welcher Weise ein derartiges Urteil über eine Schrift, deren Beurteilung den theologischen Fachgenossen nach wie vor entzogen blieb, „gemacht" wurde. Denn auf Grund einer so systematisch durchgeführten Bearbeitung der öffentlichen Meinung läßt es sich wenigstens einigermaßen erklären, wenn nicht nur die Mitglieder des Elberfelder Landgerichts, sondern auch der Reichsanwalt in Leipzig sich ein Urteil aneignen konnten, das nur dadurch möglich geworden war, daß der wissenschaftlichen Theologie die Prüfung der „Schmähschrift" unmöglich gemacht war.

Von noch größerem pathologischen Interesse ist es, daß jener Artikelschreiber für die mit den Remscheider Verhältnissen unbekannten hanseatischen Leser die maßlosen Provokationen römischerseits, durch welche der evangelische Pfarrer zur Verteidigung gedrängt wurde, völlig „eskamotirt" und es als Pflicht des Patriotismus hinzustellen wagt:

mit dem Ausdruck des tiefsten Bedauerns es anzusehen, wie ein noch in der Sturm= und Drangperiode stehender Geistlicher, dessen Person zunächst ganz und gar gleichgiltig sein konnte, mit taktloser Hand in das Versöhnungswerk fällt und in eine Stadt, welche selbst von den höchsten Wogen des Kulturkampfes unberührt geblieben war, nun mit einemmale eine konfessionelle Erbitterung trägt.

Daß der Artikel überhaupt auf Leser rechnet, welchen die rheinischen Verhältnisse völlig unbekannt sind, geht noch klarer aus der von diesen Verhältnissen gegebenen allgemeinen Charakteristik hervor:

Weiter als bis zu der mehr oder weniger versteckten Verrufserklärung gegen die katholischen Geschäftsleute ... ist es kaum zu treiben!

Der seit einer Reihe von Jahren eifrig thätige katholische kaufmännische Verein hat bekanntlich sein eigentliches Prinzip in der „Verrufserklärung gegen die evangelischen Geschäftsleute", während man evangelischerseits bisher noch immer von jeder Verteidigungsmaßregel abgesehen hat, auch von ähnlichen Waffen hoffentlich immer absehen wird. Dagegen unterliegt es freilich keinem Zweifel, daß eine derartige Behauptung, wie sie sich allenfalls in Hamburg wagen ließ, am Rhein als einfache Verkehrung der Wahrheit in ihr Gegenteil erschienen sein würde.

Neben den direkt in die verschiedenen Zeitungen eingesandten Berichten verlangt die „Nationalliberale Korrespondenz" um so mehr unsre Beachtung, als dieselbe speziell für eine ausschließlich politische Beurteilung des kirchlichen Prozesses verwertet wurde. Um der Wichtigkeit des in dieser Weise mißbrauchten Organs willen glauben wir den betreffenden Artikel hier in seinem wesentlichen Zusammenhang aufnehmen zu sollen:

Mehr als in den Westprovinzen scheint in den kirchlichen Kreisen der Ostprovinzen der Ausgang eines Prozesses dauerndes Aufsehen zu erregen, welcher vor etwa einem Monat in Elberfeld vor der Strafkammer des Landgerichts zur Verhandlung und Aburteilung kam. Ein evangelischer Pfarrer von Remscheid, Herr Thümmel, schon vorher wegen „öffentlicher Beschimpfung von Einrichtungen der katholischen Kirche" zu einer Gefängnishaft durch die Ferienkammer des Landgerichts verurteilt, wurde in eine neue Gefängnisstrafe von neun Monaten genommen, auf Grund einer Anklage der Staatsanwaltschaft, in einer, übrigens sofort nach ihrem Erscheinen beschlagnahmten Broschüre, betitelt: „Rheinische Richter und römische Priester. Eine trostreiche Belehrung über die Messe," aufs neue Einrichtungen der katholischen Kirche beschimpft und gleichzeitig die Richter der Ferienkammer beleidigt zu haben.

Der Fall verdient unzweifelhaft Beachtung wegen der Führung der gerichtlichen Verhandlung, der Anklagerede des Vertreters der Staatsanwaltschaft und wegen der unerwarteten Höhe des Strafmaßes. Aber es dürfte niemanden geben, der nach Kenntnisnahme der dem Urteilsspruch zu Grunde liegenden Teile der Broschüre die Anklage für ungerecht erhoben erklären könnte. Man kann, bei vollständiger Kenntnis der Sache, welche ihren Anfang in schwerer Reizung des nach seiner Charakteranlage solcher Reizung leicht zugänglichen Herrn nahm, diesem viele Milderungsgründe zugestehen, und der Ausgleich dürfte in einem Gnadenakt Sr. Majestät gewiß gefunden werden, falls das Reichsgericht in Leipzig als Revisionsinstanz das Urteil rechtskräftig belassen sollte. Es dürfte aber kein Grund vorhanden sein, alle aus Eifer und Pflicht=

auffassung herangezogenen Ausführungen des Vertreters der königlichen Staatsanwaltschaft als unumstößliche Rechtsauffassungen der preußischen Gerichte über Zölibat, Marienkultus oder Messe aufzufassen, oder in diesen Auffassungen die authentische Interpretation des § 166 des Reichsstrafgesetzbuchs zu finden. Alle Ziele, welche der evangelische Pfarrer mit der Veröffentlichung seiner Schrift verfolgte, hätten bei voller Geltung dieses § 166 ebenso errreicht werden können, hätte der Verfasser sich innerhalb der durch diesen Paragraphen und durch die Preßgesetzgebung gezogenen Schranken der Polemik gehalten.

Die schweren und, wie der Verlauf des Zeugenverhörs bewiesen, absolut haltlosen Vorwürfe gegen Staatsanwaltschaft und Richter, wie sie in der Broschüre enthalten sind, und die Art des Angriffs auf katholische Einrichtungen hatten in den weitesten Kreisen der eigenen evangelischen Glaubensgenossen auf das Empfindlichste berührt. Dem Verfasser war es unverwehrt, und das wird ihm auch für die Folge unverwehrt bleiben, die evangelische Sache, wie er sie versteht, zu führen, die katholische Lehre über die Messe und gleichzeitig das ihn aufs neue betroffene richterliche Urteil zu kritisieren und von seinem Standpunkt aus anzugreifen, sobald er sich in den Schranken der gebildeten Polemik hält. Und deshalb glauben wir dagegen Verwahrung einlegen zu müssen, als ob die ganze evangelische Bevölkerung der westlichen Provinzen, wie man es im Osten anzunehmen scheint, den Formen der von Herrn Pfarrer Thümmel beliebten Polemik schützend zur Seite stehen wolle.

Eine ärgere „Verkehrung der Wahrheit in ihr Gegenteil" — denn hier ist dem Historiker ebenfalls kein anderes Wort gestattet — ist doch kaum denkbar als die, daß der Ausgang des Prozesses in den Ostprovinzen größeres Aufsehen errege als in den Westprovinzen, daß man sich im Osten über die Stimmung der evangelischen Bevölkerung im Westen täusche. Es müßte denn sein, daß der Herr Verfasser die Voten der Kreis= und Provinzialsynoden nicht mehr zu denen rechnet, die bei seiner „evangelischen Bevölkerung" mit in Betracht kommen. Ebenso keck springt der Hinweis auf den Ausgleich durch einen königlichen Gnadenakt mit der Wahrheit um, nachdem der Verurteilte sich so ausdrücklich jedes Gnadengesuch zu seinen Gunsten verbeten.

Einer derartigen Darstellung der Vorkommnisse gegenüber ist freilich überhaupt jede historische Kritik überflüssig. Denn auch das freiwillige Zeugnis für „Eifer und Pflichtauffassung" des Staatsanwalts steht auf gleicher Höhe mit der Behauptung, daß der Verlauf des Zeugenverhörs die schweren Vorwürfe gegen Staatsanwaltschaft und Richter als „absolut haltlos" erwiesen. Nach der ernsten Beschwerde der rheinischen Provinzialsynode bei den staatlichen Behörden dürfte eine derartige Darstellung denn auch wohl für immer gerichtet sein.

S. 6 [7]): In dem erwähnten Rundschreiben ist die Aufgabe der „Kirchlichen Korrespondenz" speziell auf drei Punkte zurückgeführt, von denen der zweite speziell hierher gehört (wie denn auch der Beitritt des katholischen Grafen Adelmann zum Evangelischen Bunde auf demselben beruhte):

2. Ebenso vaterländische, wie christliche Handreichung an alle diejenigen Bestrebungen, die das Band des Friedens mit unsern katholischen Volksgenossen zu wahren und zu kräftigen geeignet sind. Es wird daher unser ernstes Bestreben sein, nicht nur alle gemeinsamen „interkonfessionellen" Liebeswerke der gründlichsten und sorgsamsten Beachtung zu unterziehen, sondern ebenso alles das, wodurch der katholische Teil unseres Volkes dem gesamten Volksleben positiv christliche Güter zuführt. Wir werden nicht nur niemals ermüden dürfen in ernstem Widerspruch gegen die immer lecker auftretenden Versuche, den neujesuitischen Fetischismus an die Stelle der frommen Volkssitte im deutschen Katholizismus zu setzen und überhaupt Katholizismus und Jesuitismus zu identifizieren; sondern es wird uns auch stets zu besonderer Freude gereichen, wenn wir deutscher Katholiken gedenken können, auf die unsere Geschichte mit ähnlich berechtigtem Stolze zurückblickt, wie auf die Geisteshelden der Reformation und der klassischen Litteraturperiode. Und es gilt dies gleich sehr von der treuen seelsorgerischen Arbeit edler Bischöfe und Priester (von Sailer und Wessenberg und Spiegel an bis auf die Scheidung der Geister durch das vatikanische Konzil), wie von den gediegenen gelehrten Forschungen unserer katholischen Theologen und Historiker (von Möhler, Hermes und Hirscher bis zu Döllinger, Reusch und ihren zahlreichen Genossen); von den sinnigen Schöpfungen gottbegnadeter Dichter (von Max von Schenkendorff und Christoph von Schmid, von Annette von Droste-Hülshoff und Levin Schücking bis zu Oskar von Redwitz und Graf Adelmann, zu Stieler und Pape), wie von den erhebenden Werken genialer Künstler (von Cornelius und Overbeck bis zu Ludwig Richter und Defregger). Daß dabei nicht am wenigsten die „himmlischen Güter und geistlichen Gaben", welche durch das glaubensstarke Martyrium unserer deutschen Altkatholiken auch der evangelischen Volkshälfte zugeführt werden, volle Beachtung finden müssen, wird kaum einer besonderen Bemerkung bedürfen.

S. 15 °): Für den Standpunkt des „Sachverständigen" Dr. Rebbert war allerdings auch in Geldern alles in Ordnung, und hatte das Lamm das Wasser getrübt. Vgl.: „In Sachen Thümmel. Ein aufklärendes Wort für Christgläubige", S. 18. Die hier von ihm aus der „Germania" entnommene „Richtigstellung" der Thatsache ist zu spezifisch jesuitisch, um sie ignorieren zu dürfen. Dadurch, daß die Bäume vor das Haus gesetzt wurden, soll nämlich dieses gar nicht mit betroffen worden sein. Denn „die Maien standen auf der Bezirksstraße, hinter den Maien ist die Rinne, dann das Trottoir und dann erst das Haus des Herrn Thümmel". Aber nicht genug hiermit. Es wird auch diese Art von Behandlung des evangelischen Pfarrhauses von Dr. Rebbert selbst als „herkömmliche Observanz" bezeichnet, und in dem von ihm übernommenen Artikel der „Germania" finden wir die noch genauere Definition: „Die Straßen entlang stehen Maien, und zwar, wie man sagt, mit althergebrachter ausdrücklicher oder stillschweigender Genehmigung der Behörde". Was für Observanzen beziehungsweise Gewohnheitsrechte mit einer solchen „stillschweigenden Genehmigung der Behörde", zumal, wenn sie sich auf ein „wie man sagt" stützt, in Szene gesetzt werden können, hat sich in den letzten Jahrzehnten in hunderten von Gemeinden herausgestellt. Und durchweg handelt es sich dabei um den ausgesprochensten Terrorismus. So die Sachlage, von welcher die auf den Prozessionsunfug bezügliche Resolution der konstituierenden Generalversammlung des Evangelischen Bundes ausgegangen ist. Nur die dem evangelischen Christen zur zweiten Natur gewordene Rücksicht auf seine römisch=katholischen Volksgenossen hat vorerst davon abgehalten, die naturgemäße Abhilfe zu fordern, nämlich die gerade in den meisten katholischen Ländern gesetzlich eingeführte Beschränkung der Kultushandlungen auf das Innere der Kirchen. Inzwischen wird sich Gelegenheit finden, die verschiedenen Formen der, „wie man sagt, althergebrachten ausdrücklichen oder stillschweigenden Genehmigung der Behörde" Ort für Ort ins Auge zu fassen.

S. 15 °): Für die Kenntnis der in den Rheinlanden nicht etwa durch den sogenannten Kulturkampf, und auch nicht etwa durch den Kölner Kirchenstreit, sondern bereits seit dem Beginn der preußischen Herrschaft herrschenden Zustände gibt es kaum eine „korrektere" Quelle, als die 1887 in der Paulinusdruckerei in Trier erschienene Laurent'sche Biographie („Leben und Briefe von Joh. Th. Laurent, Titularbischof von Chasones, apst. Vikar von Hamburg und Luxemburg"). Mit Bezug auf die im Text angedeutete Schreckensherrschaft sei hier nur — als auf eine von vielen ähnlichen Partieen — auf die S. 457 gegebene Schilderung der Zustände in Geilenkirchen verwiesen:

Aber ich muß Ihnen noch etwas von Geilenkirchen erzählen. Der Kaplan Heinrichs dort, einer der Guten, hatte vom Erzbischof gepredigt. Der Landrat von ...., ein sehr schlechter Katholik, hatte ihn verklagt, und drei Gensdarmen kamen ihn zu holen. Da liefen aber die Bauern von allen Seiten zusammen, mehrere Hunderte an der Zahl, mit allerlei nicht musikalischen Instrumenten, und die Gensdarmen waren sehr froh, mit heiler Haut und ohne ihren Arrestanten davon zu kommen. Der Landrat wäre aufgehenkt worden, wenn nicht einer der Vornehmsten des Orts, Flemming, sich für die Sicherheit des Kaplans verbürgt hätte; darum wurden jenem bloß die Scheiben eingeworfen. Als man darauf einige arretiert, erneuerte sich der Auflauf, und man mußte sie freigeben, und weiter ist nichts erfolgt. Auch der Pastor Zell zu Wels in derselben Gegend sollte arretiert werden, weil er am Klemenstag ein feierliches Amt gehalten, dabei das Porträt des Papstes und des Erzbischofs ausgestellt und über sie gepredigt hatte; man hat aber für gut befunden, ihn in Ruhe zu lassen. Im ganzen Jülicher Lande sollen die Preußen sich nicht unterstehen, einen gutgesinnten Priester zu holen.

Der Ausdruck „die Preußen" ist nicht nur der herkömmlich gebrauchte, sondern Laurent redet auch geradezu von „der über uns verhängten politischen Unterwerfung unter ihre Botmäßigkeit" und erklärt, „zwischen uns und den Preußen keine Art von Verband zu kennen und zu glauben als den der Muttersprache". Von dem gleichen Standpunkte aus hat er an Görres gerügt, daß derselbe dem Protestantismus zu viele Konzessionen gemacht. Wir beziehen uns für das Nähere auf die „Kirchliche Korrespondenz" Nr. 8 und 9, möchten uns aber bei diesem Anlaß gleichzeitig der warmen Empfehlung der Laurent'schen Biographie durch die „Historisch=politischen Blätter" (1887, Bd. 99, Heft 8—10) nachdrücklich anschließen. Die Rolle, welche Laurent und seine Freunde bereits bei Lebzeiten von Erzbischof Spiegel und Professor Hermes, dann aber bei der von Belgien aus in die preußische Rheinprovinz herübergetragenen klerikalen Spionage und Revolte gespielt haben, bildet in der That (nach dem zweiten Titel der Möller'schen Biographie) einen „Beitrag zur Kirchengeschichte des 19. Jahrhunderts".

S. 16 [10]): Der Wortlaut des einstweilen für die ganze Rechtslage präjudizierlichen Entscheides des dritten Strafsenats vom 28. Juni 1883 lautet: „Nicht rechtsirrtümlich ist es, wenn in den Auslassungen über das Dogma der Unfehlbarkeit und seine Annahme als eines Glaubenssatzes seitens der katholischen Christen eine Beschimpfung nicht sowohl einer einzelnen Einrichtung oder eines Gebrauchs, als vielmehr der römischen Kirche selbst gefunden wird, da das Dogma und seine Geltung als allgemeiner Glaubenssatz ein Teil und eine unbedingte Folge der ganzen kirchlichen Lehre ist". Für die Rechtsprechung ist diese Erweiterung des § 166 nicht minder belangreich, als die in dem tendenziösen Artikel des „Frankfurter Journals" neben derselben gleichfalls herangezogene ältere Entscheidung vom 8. Novbr. 1880. Wie es dagegen mit der historischen Begründung dieses Urteils steht, hat der öffentliche Protest der altkatholischen Synodalrepräsentanz zur Genüge dargethan.

Indem wir für den Wortlaut des ernsten Mahnwortes einstweilen auf das „Amtliche altkatholische Kirchenblatt" vom 5. Dezbr. 1883 (VI. Jahrgang, Nr. 5) verweisen, glauben wir auch bei diesem Aktenstück den Wert einer neuen Veröffentlichung desselben für weitere Kreise nicht unterdrücken zu dürfen. Doch seien wenigstens einige von seinen allgemein beherzigenswerten Ausführungen über das gegenwärtige Chaos auf kirchenrechtlichem Gebiete herangezogen:

Kein Gericht, auch nicht das Reichsgericht, hat als solches die Aufgabe und die Fähigkeit, theologische oder solche Fragen, welche nur durch historische Untersuchung oder überhaupt auf rein wissenschaftlichem Wege gelöst werden können, zu entscheiden. Wenn das von einem Gerichte geschähe, würde dem Urteil gar keine Kraft für diese Dinge zukommen; ein Urteil macht nur jus inter partes. Dessen Gründe oder Motive haben nur Wert für andere analoge Fälle, wenn sie wirklich richtig sind. Dazu gehört aber unbedingt und vor Allem, daß das Gegenstand richterlicher Beurteilung sein kann und unzweifelhaft ist, was in den Gründen ausgeführt wird. Diese unbestreitbaren Sätze verletzt das Urteil vom 28. Juni 1883 . . . .

Gegen die im Urteile geschriebenen Gründe müssen wir lauten Protest erheben.

Wie kann ein reichsgerichtlicher Straffenat sich die Fähigkeit und das Recht beilegen, zu erklären, daß die päpstliche Unfehlbarkeit unbedingte Folge der ganzen kirchlichen Lehre sei? Ist diese Behauptung nicht schon an sich sinnlos? Oder wie kann die römisch-kirchliche Lehre von dem Fegefeuer, vom Rosenkranz oder von der Transsubstantiation oder von der Rechtfertigung dazu beitragen, daß aus der Summe aller Lehren die persönliche Unfehlbarkeit des Papstes unbedingt folge? Doch lassen wir dies bei Seite. Die oberflächlichsten Studien setzen jeden in die Kenntnis davon, daß man vor 1870 die Behauptung der Protestanten, die Katholiken glaubten, daß der Papst unfehlbar sei, katholischerseits sogar für Verleumdung erklärte; daß der irische katholische Episkopat, als es sich um die Katholiken-Emanzipation handelte, diese Lehre als nicht katholische erklärte; daß der Papst von Päpsten, Konzilien und der Wissenschaft des ganzen Mittelalters als der Ketzerei fähig und wegen Ketzerei absetzbar angesehen wurde. Wer nur die geringste Kenntnis von dem Zustandekommen des Unfehlbarkeitsdogmas hat, kann eine solche Behauptung nicht wagen. In jenen Worten liegt eine Verwechselung von römisch, jesuitisch, päpstlich und katholisch vor, die absolut unzulässig ist. In dem Glaubensbekenntnisse, welches das allgemeine auch in der römisch-katholischen Kirche ist, dem sog. apostolischen, kommt der Papst gar nicht vor, ebensowenig in dem in der Messe gebrauchten. Ist es nicht geradezu ungeheuerlich, ein im Jahre 1870 unter Umständen, welche das Ärgernis von Hunderttausenden erregten und gegen den Widerspruch der fast die Mehrheit der Katholiken vertretenden Bischöfe, die allerdings den Mut nicht behalten haben, ihren Nichtglauben zu bekennen, von Pius IX. geschaffenes „Dogma" als „unbedingte Folge der ganzen kirchlichen Lehre" zu erklären? Keines der sieben Mitglieder des Reichsgerichts, die unter dem Urteile stehen, ist auch nur entfernt als eine wissenschaftliche Autorität bekannt, der ein Urteil darüber zustände, was zum katholischen Glauben wesentlich gehört oder nicht nach Lehre der Geschichte . . . .

Das Infallibilitätsdogma steht gar nicht unter dem Rechtsschutze weder des preußischen Staats noch des deutschen Reichs....

Der Begriff „Beschimpfung" ist sehr dehnbar. Welcher echte Päpstling würde z. B. nicht in der Erklärung oder Ausführung, daß das oder jenes Dogma absurd, mit den historischen Thatsachen im Widerspruche stehe, also erlogen sei, wenn das in recht derben Ausdrücken geschähe, eine Beschimpfung erblicken?

Es ist gewiß ziemlich bekannt, mit welchen derben, ja wohl beschimpfenden Worten der Papst, die Messe und noch andere Einrichtungen der katholischen Kirche in reformatorischen Schriften, selbst symbolischen Charakters, belegt werden. Wenn nun ein Protestant, der doch ebensogut als der Römische an seinem Glauben halten kann, sich über die betreffende Einrichtung in den Worten jener Schriften ergeht, diese drucken läßt, dann hätte er die römisch-katholische Kirche beschimpft und fiele unter § 166 des Str.-G.-B.... Konsequent müßte fortan Jeder, der Pius IX. beschimpft, weil er die Anmaßung hatte, in dem Briefe an Kaiser Wilhelm vom 7. August 1873 den Satz der Bulle Unam sanctam, daß Jeder bei Verlust des Seelenheils dem römischen Papst untergeben sein müsse, als praktisch geltend zu machen, Jeder, der die dogmatisch von der päpstlichen Kirche behauptete Lehre von der päpstlichen Allgewalt über Fürsten und Völker, die mit der modernen Staatsgestaltung unverträglichen Sätze des Syllabus, die Stuhlsprüche über die Ketzer u. s. w. beschimpfte, nach § 166 Str.-G.-B. behandelt werden.... Natürlich hat daran der dritte Senat des Reichsgerichts nicht im Traume gedacht. Aber dahin kommt man logisch, wenn sein „Grund" richtig wäre, mag derselbe nun wirklich das Dogma abstrakt nehmen, oder nur dieses allerneueste „Dogma" der persönlichen Unfehlbarkeit des jeweiligen Papstes, also jetzt des Papstes Leo XIII., vorher Herrn von Pecci, den das deutsche Reich als solches gar nicht kennt, im Auge gehabt haben. Und in dieser kolossalen Tragweite liegt der Grund, weshalb man vom Standpunkte der Wissenschaft, der alten unverfälschten katholischen Kirche, der Liebe zum deutschen Vaterlande, laut Einspruch zu erheben berechtigt ist, wenn ein Gericht, und sei es auch ein einzelner Senat des höchsten, in der Begründung eines Urteils Ansichten ausspricht, welche vor dem Forum der wissenschaftlichen Forschung nicht bestehen können, aber geeignet sind, bei den zerfahrenen Zuständen Verwirrung anzurichten.

Das vorliegende Urteil würde wohl anders motivirt worden sein, wenn der Verfasser der Gründe, der vielleicht beim Niederschreiben einem ganz harmlosen Gedanken Ausdruck gegeben zu haben glaubte, sich der Tragweite bewußt gewesen wäre, die es hat, wenn von einem höchsten Gerichte Aussprüche über ein Objekt gefällt werden, das nie und nimmer vom staatlichen Richter festgestellt werden kann.

S. 18 [11]): Die außerordentliche Tragweite des restaurierten thomistischen Systems für Naturforschung und Philosophie ist — im Anschluß an die bereits in meiner Geschichte des Katholizismus S. 157 ff. gegebenen Nachweise — in meiner Prorektoratsrede „Infallibilismus und Geschichtsforschung" (Jahrbücher für protestantische Theologie 1888, I S. 29 ff.) näher erörtert. Das Gleiche gilt von Renans religionsgeschichtlichem „Gesetz", von der Kontroverse Jhering-Hohoff, sowie von den „unfehlbaren" Grundlagen des Hexenglaubens. Auch sonst aber bietet diese (die verschiedenen Formen des Infallibilismus auf ihren gemeinsamen Gattungsbegriff zurückführende) Rede die allgemeine wissenschaftliche Grundlage, von welcher aus die Beleuchtung der Thümmelschen Religionsprozesse die Anwendung auf den Einzelfall macht.

S. 19 [12]): Die stenographische Aufnahme der vom 3. März 1879 an stattgefundenen Gerichtsverhandlungen über die seit dem Juli 1876 aufgetauchten „Marpinger Wundererscheinungen vor dem Königl. Zuchtpolizeigerichte Saarbrücken" ist Saarlouis, 1879 bei Franz Stein erschienen. Eine neue Ausgabe derselben ist in hohem Grade wünschenswert. Das Gleiche gilt von der gleichzeitigen Beleuchtung des „Wunderschwindels" durch Jürgen Bona Meyer. Neuerdings ist „der Wunder- und Dämonenglaube der Gegenwart" von G. Längin zusammenhängend dargestellt worden (Leipzig, Wigand 1887). Ganz besonders aber kommen die streng quellenmäßigen Nachweise von Reusch, Die deutschen Bischöfe und der Aberglaube, und Friedrich, Der Mechanismus der vatikanischen Religion, für einen Jeden, der den Unterschied der jesuitischen Mirakelfabrikation von dem biblischen Wunderbegriff kennen lernen will, in Betracht.

S. 19 [13]): Die Madonnenerscheinungen im Elsaß nach dem Kriegsjahre hat Schricker, Im neuen Reich 1874, Nr. 14 ff. zusammengestellt. Auch von dieser Arbeit ist ein Wiederabdruck in hohem Grade zeitgemäß. — Nicht minder verlangt dies wenigstens ein Teil der sonst so massenhaft vertriebenen, heute (nachdem die Heilige von Bois d'Haine schon vor ihrem Tode auch von ihren früheren Anhängern desavouiert worden) so gut wie verschollenen Litteratur über die Stigmatisation der Louise Lateau. Wir erinnern hier einerseits an die (von dem damaligen „Germania"-Redakteur Majunke excerpierte) Schrift von Prof. Dr. Rohling „Louise Lateau, die Stigmatisierte von Bois d'Haine nach authentischen medizinischen und theologischen Dokumenten für Juden und Christen aller Bekenntnisse" (Paderborn 1874), andererseits an die Untersuchungen der beiden katholischen Gelehrten Dr. B. Johnen „Louise Lateau, Kein Wunder, sondern Täuschung", 1874, und Prof. Th. Schwann, „Mein Gutachten über die Versuche, die an der Stigmatisierten Louise Lateau am 26. März 1869 angestellt wurden," 1875. Zur besseren Orientierung für die zukünftigen Nachfolger des Staatsanwalts Pinoff mit Bezug auf die Personalien in den bergischen Landen sei hier zugleich an ein denkwürdiges Vorspiel der Polemik, in die neuerdings Pfarrer Thümmel hineingezogen wurde, erinnert. Sein Solinger Nachbarpfarrer Schürmann hatte sich nämlich, kurze Zeit nach dem Kullmann'schen Attentate, erkühnt, den damals am Rhein mit einer Keckheit ohne Gleichen gegen die Staatsregierung ausgespielten Mirakeln von Bois d'Haine u. v. a. (die auf die diokletianische Kirchenverfolgung in Preußen gedeutet wurden) entgegenzutreten (Wie stehen wir Evangelische zum Kampfe der Gegenwart? Solingen, 1874). Sofort wird er genau in derselben Weise, wie heute Thümmel, persönlich verarbeitet in der Broschüre: „Herr Pfarrer Schürmann als Kulturkämpfer beleuchtet von einem Schwarzen (Opladen, J. Beck, 1874). Dem gegenüber tritt dann seine Verteidigungsschrift: „Petrus und Papsttum im Lichte der Bibel, mit einem Anhange: Louise Lateau, Roms neuester Triumph" (Barmen, Klein, 1875). Vielleicht empfiehlt sich dieselbe auch zur nachträglichen Konfiskation, nachdem inzwischen bereits der Anlauf dazu genommen war, sogar die Schrift des evangel. Botschaftspredigers Rönnecke in Rom über „Rom und die Bibel" unter dieselbe Loupe zu nehmen wie die Thümmel'sche Verteidigungsschrift.

S. 19 ¹⁴): Die Verantwortlichkeit für diese neueste „Teufels=
beschwörung" trifft freilich Herrn Dr. Rebbert wiederum nicht
allein. Er bringt sie mit der Randglosse: „Der „Leo" ent=
nimmt diesen Aufsatz wörtlich dem vortrefflichen und sehr em=
pfehlenswerten „Missionär, Organ der katholischen Lehrgesell=
schaft für das Volk", Nr. 2 vom 30. Januar und Nr. 3
vom 13. Februar 1887." Überhaupt bekundet sich der seit
dem Jahre 1870 eingetretene „Fortschritt" in der Einimpfung
des wüstesten Aberglaubens kaum irgendwo so deutlich als gerade
hinsichtlich desjenigen Stückes, welches den alten und neuen
Hexenprozessen und Teufelsbeschwörungen zu Grunde liegt. Vgl.
bereits die im Jahre 1875 erschienene Schrift über „Die gegen=
wärtige Wiederbelebung des Hexenglaubens. Mit einem litterarisch=
kritischen Anhang über die Quellen und Bearbeitungen der
Hexenprozesse" (Heft 57/8 der Holtzendorff=Oncken'schen „Zeit=
und Streitfragen"). Dieselbe war zunächst noch durch eine dem
Buchhandel entzogen gebliebene Schrift des Salzburger Prof.
Andreas Gaßner veranlaßt: „Modus juvandi afflictos a daemone.
Separatabdruck aus seinem Handbuch der Pastoral"
(Salzburg 1869, im Selbstverlage des Verfassers, Druck von
Endl & Penker). Aber schon in der 1877 erschienenen Mono=
graphie über „Die römisch=katholische Kirche im Königreich der
Niederlande" (Leipzig, Weigel) mußte ein wichtiger Nachtrag
gegeben werden: über die durch den Pater Joy in Hastings her=
vorgerufene gleichartige Kontroverse in England. (Vgl. a. a. O.
speziell S. 495—500.) Desgleichen enthielt die von Heppe
herausgegebene zweite Auflage der gründlichen Soldan'schen
Geschichte der Hexenprozesse (Stuttgart, Cotta 1880. 2 Bde.)
zahlreiche wichtige Ergänzungen über die stets zunehmende Ver=
breitung ähnlicher Produkte in den Priesterseminarien. Seitdem
aber hat die systematische Wiedereinimpfung der Grundsätze der
durch das Vatikankonzil unfehlbar gewordenen Bulle Summis
desiderantes vom 5. Dezember 1484 bald hier bald dort zu
akuten Ausbrüchen geführt. Sogar eine Reihe von Lokalblättern
– von Wertheim im Süden bis Emden im Norden — sind in

darauf bezügliche Kontroversen verwickelt worden. Die „Emder Zeitung" wurde wegen ihrer Behandlung dieser Frage durch Abonnementsaufkündigung der katholischen Leser gestraft (in der gleichen Zeit, in welcher der Magistrat der altevangelischen Stadt vom Ministerium des Innern den Befehl erhielt, dem durchreisenden römischen Bischof seine amtliche Aufwartung zu machen). In der „Wertheimer Zeitung" brachte der März 1887 eine Reihe von Artikeln pro und contra, die schon lange einen besonderen Abdruck verdient hätten (vgl. Nr. 63 u. 66; 67 u. 69; 73 u. 78). Überhaupt hat auch bei der Darstellung der Hexenprozesse, genau so wie bei derjenigen der Inquisition, die „Umkehr der Geschichtslügen" mit großem „Applomb" begonnen. Als besonders charakteristisch für die Methode, auch hier die sichersten Thatsachen der Geschichte in ihr Gegenteil zu verwandeln, müssen wir speziell Diefenbachs „Hexenwahn vor und nach der Glaubensspaltung" (Mainz, Kirchheim, 1886) empfehlen. Obenan wird hier der Leser belehrt, daß es vor allem die Reformation gewesen ist, auf die sich die Hexenprozesse zurückführen. Die Kirchengebote des Hexenhammers sowie die Bulle Innocenz VIII. aber treten dem gegenüber völlig in den Hintergrund. Doch nein! Auf S. 228 Z. 17 ff. ist aus dieser Bulle der Satz angeführt „Wir haben gehört, daß in Oberdeutschland viele Personen ... mit dem Teufel Bündnisse eingegangen". Und auf derselben Seite (Z. 3 v. u.) heißt es: „In dieser Bulle ist keine Rede ... von Teufelsbündnis".

Die mit jener Schrift errungenen Triumphe haben den Verfasser inzwischen veranlaßt, auch die protestantische Kanzel des 17. Jahrhunderts nach derselben Janssen'schen Methode zu behandeln. Indem ich auf beide Leistungen eines der zahlreichen jüngeren Schüler des Frankfurter „Prälaten" unter dem gleichen Gesichtspunkte hinweise wie auf die Laurent'sche Biographie, komme ich zugleich einer Verpflichtung nach, die der nachfolgende (durch die nachgerade unqualifizierbare Art der Reklame für derartige Werke mir aufgenötigte, an die Kirchheim'sche Verlagsbuchhandlung in Mainz gerichtete) Brief einschließt:

Jena, 17. November 1887.

Das als eingeschriebene Kreuzbandsendung beifolgende Werk ist dem Unterzeichneten heute unter dem Poststempel Frankfurt a. M. mit dem Vermerk „Rezensionsexemplar" zugegangen. Da der Absender sich nicht genannt hat, bleibt mir nur der Weg, es an die Verlagshandlung zurückzusenden. Es ist von keiner Seite bei mir angefragt worden, ob ich in der Lage sei, ein derartiges Geschenk an= und die Verpflichtung einer Rezension auf mich zu nehmen. So weit überhaupt die Sitten der litterarischen Welt gelten, pflegt entweder seitens der Redaktion einer Zeitschrift oder seitens des Verfassers bezw. Verlegers vorher Erkundigung eingezogen zu werden, welche Fachmänner zu einer Besprechung geneigt und imstande sind. Die Konsequenzen des wenigstens mir persönlich bis dahin unbekannten Gebrauchs, vielbeschäftigte Forscher ohne vorher eingegangene Erlaubnis mit Rezensionsexemplaren zu bedenken, brauchen keiner Darlegung. Im Übrigen will ich nicht verfehlen, für Ihren geschätzten Verlag die Notiz beizufügen, daß ich bereits das erste in demselben erschienene Werk des gleichen Verfassers alsbald nach der Zusendung durch eine Sortimentsbuchhandlung gekauft habe und jede Gelegenheit benutze, in geschichtlich gebildeten Kreisen darauf aufmerksam zu machen. Dasselbe wird, ohne daß es eines Anstoßes dazu bedurft hätte, auch bei dem neuen Werke geschehen. Zugleich aber glaube ich diesen Anlaß Ihrer Firma gegenüber zu der Bemerkung benutzen zu sollen, wie es (abgesehen von dem Inhalt des Buchs, wofür natürlich den Verleger keine Verantwortlichkeit trifft) doch nicht unberücksichtigt bleiben kann, daß der (meines Wissens als römischer Geistlicher fungierende) Verfasser auf dem Titel der ersten Schrift in einer — freilich auch nur für den Kundigen verständlichen Weise — als „Inspektor an der Deutsch=Ordens=commende zu Frankfurt a. M." bezeichnet ist, während er in der jetzigen Schrift — gewiß nicht zur besseren Orientierung der Leser — nur noch „Inspektor" heißt.

S. 20 [15]): Die Rechtsnormen der Zukunft, wie der korrekte Papalismus sie versteht, stehen bei Schulte, Die Macht der römischen Päpste (Prag 1871); bei Weber, Staat und Kirche nach der Zeichnung des Ultramontanismus (Breslau 1875); sowie in Baumann's Monographie über die Staatslehre des Thomas von Aquin (Leipzig 1875), völlig in Übereinstimmung mit der durch ein eigenes Breve Pius' IX. belobten (aus dem Holländischen übersetzten) Schrift von Joan Bohl, Die Religion, vom politisch=juridischen Standpunkte (in deutscher Übersetzung, Paderborn 1874), und mit der Schrift des durch seine Selbstbiographie bekannten Jesuitenpaters Hammerstein über Staat und Kirche.

Wie daneben die allgemeine Rechtslage selber dort ist, wo der „kirchliche Friede" im Sinne des Friedenspapstes wirklich hergestellt ist, läßt sich am besten in den süd- und zentralamerikanischen Republiken studieren. Übrigens war das Konkordat in Ecuador nur konsequenter auf denselben Grundsätzen aufgebaut wie das österreichische. Daß auch dem heutigen Österreich noch das ABC eines wirklichen Rechtsstaats in Bezug auf die gleichen bürgerlichen Rechte der Mitglieder der verschiedenen Kirchen fehlt, beweisen zahlreiche Daten der jüngsten Zeit aus der Behandlung der Altkatholiken und Griechisch-Unierten. Eine Zusammenstellung der in dieser Beziehung sich aufhäufenden authentischen Thatsachen aus Galizien wie der Bukowina, aus Bosnien sogut wie aus Böhmen, ist längst ein dringendes Bedürfnis und zugleich für die kirchliche Seite der bulgarischen Krisis vom höchsten Belang. An dieser Stelle aber erwähnen wir nur, was die Prinzipienfrage betrifft, die staatliche Behandlung der Ehen evangelischer Christen, die früher dem römischen Priesterstand angehört hatten, und beschränken uns daneben auf den Hinweis auf Belgien und Holland. Die Rechtslage in Belgien ist nämlich neben der Behandlung der Schulfrage wohl besonders durch den päpstlichen Befehl charakterisiert, welcher es den Richtern zur kirchlichen Pflicht macht, gegen die staatlichen Ehegesetze zu handeln. Fast noch ärger sind seit dem Justizministerium Boret die Zustände in den holländischen Provinzen Nordbraband und Limburg, teilweise aber auch schon in Gelderland geworden. Vgl. meine vorerwähnte Monographie über die römisch-katholische Kirche im Königreich der Niederlande S. 433ff. Die zu Grunde liegenden Gesamtansprüche aber, in Bezug auf die Unterwerfung des bürgerlichen Rechts unter das kanonische, sind am deutlichsten in den Erlassen Pius' IX. bekundet, die zuerst österreichische und dann preußische Kirchengesetze für null und nichtig erklärten.

S. 22 ¹⁰): Daß die reichsgerichtliche Entscheidung auch im dritten Prozeß absichtlich nur die Kategorie der Formfehler ins Auge faßte, und jede prinzipielle Entscheidung — sogar mit Bezug auf die Rechtsgültigkeit der Kabinetsordre von 1847 — vermied, beweist der Schlußsatz ausdrücklich:

> Bei dieser Sachlage kann der Wert der übrigen Angriffe auf das erstinstanzliche Urteil, insbesondere was die heute erst behauptete Anwendbarkeit der K. Kabinetsordre von 1847 betrifft, dahingestellt bleiben, da auch dieser Revisionsgrund, insofern er nur die Anschuldigung aus § 166 betrifft, also nicht die Amtsbeleidigung der Richter berühren würde, nicht weiter führen könnte, als daß die Sache zurückverwiesen würde.

Daß die stenographische Aufnahme der „Westdeutschen Zeitung" über „den Prozeß Thümmel=Wiemann vor dem Reichsgericht" von der hier gegebenen Darstellung ebensosehr als Quelle vorausgesetzt wird, wie die im gleichen Verlag erschienene über die Elberfelder Verhandlung, bedarf wohl keiner besonderen Bemerkung. Von den Kasseler Verhandlungen gilt das Gleiche umsomehr, wo unsere eigene Darstellung noch nicht darauf eintreten kann.

S. 24 ¹⁷): Zu den wichtigsten Aktenstücken aus der Nachgeschichte der Thümmel'schen Prozesse gehört die von über 3000 Remscheider Bürgern an den Justizminister Friedberg gerichtete Petition um Einleitung der gerichtlichen Untersuchung gegen Teitscheid. Nur die Rücksicht auf den Raum nötigt uns hier von der Aufnahme dieses hochbedeutsamen Dokuments abzusehen.

S. 31 ¹⁸): Nur aus dem gleichen Grunde und mit lebhaftem Bedauern ist hier abstrahiert von der vollständigen Wiedergabe der am 4. November 1886 in Düsseldorf stattgefundenen Verhandlungen der rheinisch=westfälischen Gefängnisgesellschaft, über die plötzlich in diese Verhandlungen hineingeworfenen tendenziösen Anträge des Herrn Erster Staatsanwalt Jaenisch, unterstützt durch den Herrn Oberstaatsanwalt Hamm. Umsomehr haben wir Anlaß, auf den 59. Jahresbericht der Gefängnisgesellschaft über das Vereinsjahr 1885/6 (Düsseldorf, L. Voß)

S. 17 26 hinzuweisen. Ein Separatabdruck dieser Verhandlungen sowohl wie der ebenso denkwürdigen Fortsetzung, welche sie im folgenden Jahre gefunden, würde für weiteste Kreise aufklärend wirken.

S. 33 [19]): Auch im Zusammenhang dieses Vortrages ist es bereits mehrfach zum Ausdruck gekommen, welches schwere Verhängnis gerade für die deutsch=nationale Entwickelung darin gesehen werden muß, daß die schönsten Segnungen der Refor=mation, Gewissensfreiheit und Duldung, genau ebenso wie die im fridericianisch=josephinischen Zeitalter daraus aufgeblühte Milderung der konfessionellen Gegensätze, mehr und mehr durch die restaurierten jesuitischen Maximen verdrängt worden sind. Aber ein Gegenstand, dem zwei Drittel eines größeren Werkes immer nur erst eine unvollständige Würdigung angedeihen lassen konnten (vgl. das II. und III. Buch meiner „Einleitung in die Kirchengeschichte des 19. Jahrhunderts") läßt sich an diesem Orte nur in aller Kürze streifen. Daher nur so viel, daß auf deutsch=protestantischem Boden immer noch das Erbe der friberi=cianischen Zeit, einen Jeden nach seiner Façon selig werden zu lassen, nachwirkt. Die Konfession, in die Jemand hineingeboren ist, ist das Allerletzte, wonach in Handel und Wandel, wonach bei wissenschaftlichen Berufungen oder amtlichen Anstellungen, wonach überhaupt bei der Beurtheilung des moralischen Charak=ters eines Menschen gefragt wird. Aber während die Großzahl der Protestanten ihre Toleranz bis dahin ausdehnt, bei der Wahl zwischen sonst gleichwertigen Menschen dem Katholiken vor dem Protestanten den Vorzug zu geben — denn das Vorbild des Freundes der Zöllner und Samariter ist ihnen eben in Fleisch und Blut übergegangen —, ist auf römisch=katholischem Boden die alte Jesuitenpraxis auch nach dieser Seite hin wieder zur Herrschaft gekommen. Die Zugehörigkeit zur alleinseligmachen=den Kirche ist das Erste und Letzte, wonach in immer ausge=dehnteren Kreisen gefragt wird.

Von da denn auch die — lange Zeit völlig unbemerkt vor

sich gehende — Beeinflussung des Beamtenstandes. Was in dieser Beziehung in Württemberg von langer Hand vorbereitet worden ist, um der erhofften römisch-katholischen Thronfolge ein gut zubereitetes Land entgegenzubringen, ist in der von dort ausgegangenen Broschürenreihe mit einer Fülle authentischem Materials dargethan worden. Durch welche Faktoren Rudolstadt der Mittelpunkt für die Propaganda in Thüringen geworden ist, dürfte demnächst mit merkwürdig verwandten Daten belegt werden. Nirgends aber sind diese Einflüsse derart mächtig geworden wie in der preußischen Rheinprovinz. Der ersten Niederlage des Staates im Kölner Kirchenstreite, der zweiten Niederlage in dem Jahre der allgemeinen Revolution, der dritten Niederlage im Kulturkampfe ist hier eine jedesmal umfassendere Reaktion gefolgt. Wie beispielsweise in den fünfziger Jahren einer der wichtigsten Bezirke so gut wie völlig in die Hand zweier durch ihren ultramontanen Eifergeist weithin bekannter Oberregierungsräte gegeben war, so ist der kurzen Episode des Falk'schen Regimentes eine um so größere Siegesgewißheit der die verschiedensten Kreise umspannenden klerikalen Nebenregierung gefolgt. Aber schon während der Blüteperiode jenes Regimentes mußte ein Oberpräsident klagen, er fühle sich oft wie verraten und verkauft (er sprach von seinen eigenen Beamten). Ein Regierungsrat in einem andern Bezirke hatte, nachdem auch er lange Lehrgeld gegeben, die Thatsache zu konstatiren, daß die heimischen Sekretäre ihren aus dem Osten berufenen Chefs allerlei tendenziös zugeschnittene Erlasse vorlegen durften.

Die wirkliche Geschichte des Kulturkampfs kann ja überhaupt nur derjenige schreiben, welcher die hemmenden Einflüsse in allen Theilen der Staatsmaschinerie selbst kennt. An dieser Stelle können wir jedoch weder der Enthüllungen des Ministers v. Mühler über die Rolle, welche die katholische Abteilung während seiner eigenen Verwaltung spielte, noch der Mitteilungen seines Nachfolgers Falk über die aus den Akten verschwundenen Dokumente näher gedenken, und ebensowenig der seit dem Puttkamer'schen Doppelministerium angebahnten Purifikation des

Beamtenstandes von denjenigen Elementen, die sich im Kultur=
kampf als Vertreter des Staates „kompromittiert" hatten. Wir
begnügen uns daher, die aktenmäßige Darstellung von Emmerich
Gladbach, Der Mainzer Katholikenverein in der preußischen
Rheinprovinz, einer erneuten Beachtung zu empfehlen, daneben
aber zugleich auf die zahlreichen Fälle hinzuweisen, in welchen
eine der bekannten parlamentarischen Denunciationen und
Drohungen gegen verdiente Staatsbeamte genügte, um sofort
Wandel zu schaffen. Daß nach alledem die hinlänglich bekannte
Liebedienerei gegen die gefürchteten Kaplansblätter, von der ein
großer Teil der durch alle solche Erfahrungen hindurchgegangenen
jüngeren Beamtengeneration erfüllt ist, kaum noch Verwunderung
erregen kann, hat die „Kirchliche Korrespondenz" durch eine Menge
bezeichnender Thatsachen dargethan.

Als das vatikanische Dogma proklamiert wurde, war wohl noch
die Mehrzahl der katholischen Geistlichkeit auch am Rheine dem=
selben abhold. Aber sie hatten zugleich die auf traurigen Er=
fahrungen beruhende Überzeugung, daß die dagegen Opponierenden
von dem Staate bald wieder ebenso im Stiche gelassen werden
würden, wie in allen früheren ähnlichen Krisen. Zum Überfluß
warnte noch die Behandlung des edlen Pfarrer Tangermann
durch den rheinischen Oberpräsidenten. Ist es zu verwundern,
daß sich heute auch des Beamtenstandes vielfach eine ähnliche
Stimmung bemächtigt hat?

Und die Erscheinungen, die sich im ganzen Beamtenstande ver=
spüren lassen, sollten allein bei dem richterlichen Teile desselben
nicht eingetreten sein? Die bemerkenswerte Vorliebe, mit welcher
in den einzigen kompakt evangelischen Teil des Rheinlandes „über=
zeugungstreue Katholiken" berufen wurden, war doch schon längst
aufgefallen. Aber wer ist im Stande es zu kontrolieren, an welchen
Orten die Forderungen des katholischen Juristenvereins in Be=
zug auf die Zusammensetzung der Gerichte gehorsame Schüler
gefunden haben? Und ist es nicht geradezu Frevel, einem Manne,
der den Finger auf eine offene Wunde legt, solche Vorwürfe zu
machen, wie wir sie im Thümmel'schen Prozeß kennen gelernt

haben, nachdem die staatsauflösenden Tendenzen jenes Vereins jahrelang ungestraft verbreitet werden konnten? Doch wir fügen heute ein Gottlob! hinzu. Denn selbst wenn der Thümmel'sche Prozeß noch keine unmittelbare Nachwirkung auf die Rechtsungleichheit der verschiedenen Kirchen haben sollte, so sind doch wenigstens die bis dahin völlig unbeachtet gebliebenen Tendenzen des katholischen Juristenvereins offenkundig geworden. Hinsichtlich der Vergangenheit aber ist dadurch zugleich das wohl jeder richterlichen Stellung gleich wenig angemessene Verhalten zahlreicher Mitglieder der Zentrumsfraktion in Erinnerung gerufen, und ebenso ist mit Bezug auf die Zukunft das Prognostikon unzweideutig enthüllt, welches die juristischen Mitglieder der konfessionellen Studentenverbindungen dem interkonfessionellen Staatswesen stellen.

Daß der Hinweis auf eine derartig prinzipiell zugespitzte Sachlage keinerlei moralischen Vorwurf für den Einzelnen einschließt, sei zum Überfluß noch ausdrücklich bemerkt. Zumal die älteren katholischen Richter sind noch unter den gleichen irenischen staatsfreundlichen Gesinnungen aufgewachsen, wie die älteren Kleriker. Aber darf der „überzeugungstreue Katholik" im neupäpstlichen Sinne wohl noch anders, als seinem durch die Kirche gebundenen Gewissen zufolge „Gottes Gebote über der Menschen Gebote stellen?" Wir verwahren uns jedoch selbst in diesem Falle dagegen, mit der Konstatierung dieser prinzipiellen Sachlage den Einzelnen irgendwie zu beleidigen. Dagegen dürfte die heutige Rechtsungleichheit für Katholiken und Protestanten durch wenig Dinge so deutlich beleuchtet worden sein, als durch zwei in derselben Nummer enthaltene Artikel der „Wupperthaler Volksblätter" (Nr. 171, vom 1. August). Vorn einer der üblichen Ausfälle gegen Thümmel und seine Verteidiger wegen „schwerer Beleidigung einer preußischen Behörde"; hinten eine Korrespondenz aus Göttingen über das Urteil in dem dortigen Prozeß über die von der katholischen Studentenverbindung Palatia provozierten Skandale, worin es wörtlich heißt: „Der höchst auffallende Spruch wird erklärlich, wenn man bedenkt, daß der

Universitätsrichter früherer Korpsstudent ist." Durch die Hervorhebung der Thatsache, daß ihre religiös-konfessionelle Anschauung auch auf Richter von Einfluß ist, wird deren persönliche Integrität nicht im mindesten verletzt. Das ultramontane Blatt dagegen durfte einem Richter die gemeinste Art von Parteilichkeit vorwerfen. Wie der erstere Fall von einem preußischen Staatsanwalt aufgefaßt wurde, haben die Elberfelder Verhandlungen gezeigt. In dem zweiten Fall ist kein Staatsanwalt eingeschritten.

Gerade eine derartig zugespitzte Sachlage wird jedoch einem „korrekt" papalen Urteil über „Rheinische Richter" ein erhöhtes Interesse verleihen. Wir tragen daher aus der Fülle ähnlicher Enthüllungen der vorerwähnten Laurent'schen Biographie wenigstens noch die folgende (S. 450) nach:

Vergangenen Freitag bin ich in Köln gewesen. Den Präsidenten des Appellhofes habe ich für Binterim's Sache sehr geneigt gefunden, noch mehr den Appellationsrat Degref, einen frommen braven Katholiken, der mir versicherte, alle katholischen Räte am Appellhof und mehrere protestantische seien für die Sache der Kirche sehr gut gestimmt.

In dem gleichen Briefe findet sich die nachstehende Charakteristik eines „korrekten" Advokaten:

Der Advokat Bauerband ist ein rühriger, sehr gescheuter Patron, der sich seiner katholischen Klienten mit Leidenschaft annimmt.

Daß sogar die Mittel zur Einschüchterung der Presse damals bereits gleich „korrekt" waren wie heute, zeigt a. gl. O. noch die auf die „Kölnische Zeitung" bezügliche charakteristische Notiz:

Dumont will mit der Angabe nicht herausrücken; Bauerband ist aber wie ein Feuer hinter ihm her und droht ihn zum armen Mann zu machen, wenn er den Einsender nicht angebe.

S. 34 [20]): Die Unterhaltung des Erzbischofs von Santen mit dem Nuntius Capaccini ist in meiner Monographie über die altkatholische Kirche des Erzbistums Utrecht (Heidelberg, 1872), S. 78—82 in wörtlicher Übersetzung mitgeteilt.

S. 35 [21]): Ungern verzichten wir an diesem Orte darauf, wenigstens eine Auswahl der politischen, wissenschaftlichen und belletristischen Organe scheinbar protestantischer oder wenigstens konfessionsloser Haltung zu geben, in welchen im Laufe der letzten Jahre allerlei spezifisch jesuitisch-geschulte Elaborate zu Tage getreten sind. Das zuerst in England durch Manning angeordnete Rezept ist ja auch in Deutschland in einer von den Wenigsten geahnten Ausdehnung zur Geltung gekommen. Was aber hier selbst in Kürze nicht angeht, läßt sich hoffentlich demnächst in größerem Maßstabe nachholen.

S. 35 [22]): Auch mit Bezug auf diese Sachverständigenfrage muß für diesmal ein knapper Ausschnitt aus einer Überfülle von Stoff genügen. Die Qualifikation des Herrn Scheeben zur Beurteilung historischer Fragen ist ja schon vor dem Vatikanum in katholischen Gelehrtenkreisen sprichwörtlich gewesen. War sie doch zur Genüge konstatiert in der klassischen Sentenz, daß Janus (bekanntlich Döllinger) „eine häretische Darstellung der alten Kirchenverfassung" gegeben habe. In der That ein Ausspruch, würdig, in die zur Verdrängung von Büchmann's geflügelten Worten bestimmten „Geistesblitze" aufgenommen zu werden, für welche Scheeben's Mitsachverständiger Rebbert bereits von sich aus den von ihm aufgebrachten „Geistesblitz": Thümmelei empfiehlt. Der würdigen These entspricht jedoch zugleich die übliche Antithese in der Besudelung der Vertreter der Wissenschaft. Dem oben angeführten Schlußvotum der dem Jahre 1869 entstammenden Scheeben'schen Schrift „Der Papst und seine neuesten Verleumder" (in dem von Janssen, Thissen und Haffner herausgegebenen Frankfurter Broschürenzyklus) geht nämlich eine nicht minder denkwürdige Erörterung voraus, die sich gerade heute zwiefach der Beachtung empfiehlt.

Daß es hier von „Verleumdungen", „Verführungen", „Beschimpfungen" regnet, daß „die Künste der sogenannten Wissenschaft zur Verblendung und Bethörung der Leser aufgedeckt werden sollen", ist den klerikalen Schriftstellern freilich so sehr zur zweiten Natur geworden, daß es kaum der Erwähnung bedarf. Daß von den gründlichen Geschichts=

werfen des vorigen Jahrhunderts als von dem „schmutzigen Wasser der Aufklärung" geredet und rühmend berichtet wird: „Um so mehr haben sich alle großen katholischen Gelehrten später jener Zeit geschämt, und soweit die Wissenschaft es vermag die letzten S p u r e n derselben so vernichtet, daß man hätte glauben sollen, fortan könnten nur noch tendenziöse Romanschreiber und protestantische Fanatiker à la Pastor Andreae den Schmutz aus jenen Kloaken wieder auf den Markt bringen", interessiert ebenfalls nur als ein offenes Geständnis über die Mittel, wodurch „das Wiedererwachen des geschichtlichen Sinnes auf katholischem Boden" erstickt wurde. Aber schon das Urteil über Döllinger-Janus im Jahr 1869 ist als Wegweiser für die Zukunft charakteristisch: „Die Art und Weise, wie Janus die Bedingungen wissenschaftlicher Untersuchung erfüllt, und die Lügenhaftigkeit, womit er seine wahren Ansichten und Absichten verhüllt, läßt schon schließen, daß wir keinen Geschichtsforscher vor uns haben ... daß es in der Theologie und Geschichte ebensogut Pfuscher und Schwindler gibt wie im Handel und Wandel".

Ob das Wort „Schmähschrift" in einem solchen Fall zutrifft oder nicht, glaube ich dem eigenen Urteil jedes Lesers überlassen zu können, füge daher nur bei, daß der diese Methode kennzeichnende Passus meiner „Geschichte des Katholizismus" S. 196/97 entnommen ist.

Herr Dr. Rebbert seinerseits hat uns die Aufgabe noch mehr erleichtert, indem wir bei ihm gar nicht einmal auf seine früheren Leistungen zurückzugreifen brauchen, sondern uns auf seine aus den Elberfelder Verhandlungen selber erwachsenen jüngsten Nachweise über den Begriff einer „Schmähschrift" beschränken können. Schon die erste diesen Verhandlungen entsprossene „Bonifaziusbroschüre" nämlich (1888 Nr. 1: „In Sachen Thümmel. Ein aufklärendes Wort für Christgläubige": dieselbe, welche S. 22 das „geflügelte Wort" „Thümmelei" für die zweite Auflage der „Geistesblitze" des „wackeren Herrn Ferdinand Knie" empfiehlt) macht S. 28—29 eine weitere Reklame für die nachfolgende Nummer, welche den „giftigen" „Christusleugner" Hase „als Heranbildner protestantischer Prediger — zu einer Art Rabbiner im Predigertalar — näher beleuchten" solle. Diesem Versprechen kommt dann die zweite Bonifaziusbroschüre pro 1888, „Das Wort sie sollen lassen stahn. Lebende Bilder für protestantische Christgläubige", Seite 13—21 in einer längeren Ausführung nach, die wir unseren eigenen Lesern um so nachdrücklicher zur zusammenhängenden Lektüre empfehlen, da wir hier nur den Anfang aufnehmen können:

3. Exzellenz Hase, Kirchenrat und — Christusleugner.

... Der jetzt 87jährige Kirchenrat Karl August Hase, geb. 25. Aug. 1800 in Steinbach), gehört in der That zu den namhaftesten protestantischen Theologen und fruchtbarsten und einflußreichsten Schriftstellern. Mitunter hat er auch der Wahrheit Zeugnis gegeben, z. B. in dem Satze seiner Gnosis: „Die katholische Kirche hat die geschichtliche Entwicklung und die geistige Einheit des Christentums gesichert, das außerdem in unzählbare Sekten zerfallen und seiner Denkmale beraubt die Kraft zur Wiederherstellung verloren haben würde." Im übrigen hat wohl kein protestantischer Theologe in unserm Jahrhundert so verderblichen Einfluß auf die weitesten Kreise geübt, wie Hase durch Wort und Schrift. Schon im Jahre 1876 beging er sein 50 jähriges Jubiläum als akademischer Lehrer der protestantischen Theologie. Wer zählt die Prediger, die als Schüler zu seinen Füßen gesessen, um aus seinem Munde zu hören, es sei mit der Gottheit Jesu — nichts? — nur möchten sie das dem „Volke" nicht so sagen. Wo mögen sie auf den Kanzeln weit und breit stehen, die Komödianten, die Hase zu Christusleugnern im Predigertalar herangebildet hat? Schrecklicher Gedanke!

Als Hase im Jahre 1876 sein 50 jähriges Dozentenjubiläum beging, veröffentlichte er eine sog. „Geschichte Jesu", hervorgegangen aus den Vorlesungen, die er „hundert Semester" hindurch vor den zukünftigen Predigern unter großem Anklange gehalten. Wir haben, wo wir dieses schreiben, das gottlose, 612 große Seiten starke Buch vor uns liegen, eine lange Blasphemie auf den Sohn Gottes, eine lange Persiphlage auf das Wort Gottes in der heiligen Schrift. Wir verspüren keine Lust, wörtliche Citate zum Beweise unserer Behauptung beizubringen. Zwei Proben werden auch schon vollauf genügen.

Die versprochenen „zwei Proben" (ohnedem nach dem gleichen Rezept wie die Auszüge aus der Thümmel'schen Schrift zugeschnitten) gestalten sich nun allerdings mehr zu einer Reklame für die Bischöfe Eberhard und Kopp. Dafür folgt ihnen aber alsbald die weitere Reklame für die „sechzig große Seiten füllende Besprechung" des „gründlich gelehrten Dr. th. F. X. Wildt"; für die Gottlieb'schen „Briefe aus Hamburg":

für das die Haſe'ſche Polemik „völlig vernichtende" (aus den vornehmen Randgloſſen Haſe's zur Genüge bekannte) Speil'ſche Buch: „Die Lehren der katholiſchen Kirche gegenüber der probaten Polemik"; ſowie für die „vier Bände des Lehrbuches der Religion" vom Jeſuitenpater Wilmers, „vor denen Haſe in ſeiner bodenloſen Hohlheit verſchwindet".

Daß die Konfiskation und Verurteilung einer derartigen „Schmähſchrift", und das nicht bloß auf Grund von § 166, mit ganz anderem Rechte erfolgen würde, wie die der Thümmel'ſchen Schrift, bedarf keines Nachweiſes. Es will uns aber unſererſeits bedünken, daß ein Haſe denn doch ein bischen zu hoch ſteht, um von ſolchen „Sachverſtändigen" „beleidigt" werden zu können. Wie die Frankfurter Verſammlung des Evangeliſchen Bundes die Lutherbeſchimpfungen einfach ignorieren zu können erklärte, ſo werden Leſſing und Goethe, Wilhelm von Oranien und Guſtav Adolf, Eliſabeth und Friedrich der Große auch in Zukunft der jeſuitiſchen Behandlung gewachſen ſein. Auch ein Mann wie Haſe dürfte daher ſolcher Genoſſen ſich tröſten können, oder wohl die Paderborner „Gelehrten" eher noch daran erinnern, daß ihre „Vernichtungen" ſeiner Werke nicht einmal vollzählig ſind. — Denn die „litterariſche Haſenjagd" von Ludwig Clarus (deſſen Schriften ja unter Anderen in dem langjährigen ſchwarzburg-rudolſtädtiſchen Staatsminiſter von Bertrab einen eifrigen Kolporteur hatten) hätte doch billiger Weiſe neben jenen paradieren ſollen. — Desgleichen dürfte die thüringiſche Landesgeiſtlichkeit, die ſich hier ſo gut wie ausnahmslos von Dr. Rebbert nicht nur zu „Komödianten", ſondern auch zu „Chriſtusleugnern im Predigertalare" gemacht ſieht, ebenſowenig zur gerichtlichen Klage geneigt ſein, wie die rheiniſche bei den ſo viele Jahre hindurch Jahr um Jahr erſcheinenden ähnlichen Leiſtungen jenes Dr. Rütjes, der ſeinem nur durch den Rhein getrennten Nachbar Janſſen ein Vorbild unverfälſcht papaler Reformationsgeſchichte gegeben hat. Zu einer um ſo wehmütigeren Betrachtung ſtimmt es dann freilich, daß es auch im katholiſchen Rheinlande wenigſtens bis heute noch nicht an Hiſtorikern gefehlt haben würde

deren wissenschaftliche Ergebnisse auch von den protestantischen
Genossen ohne Weiteres anerkannt werden würden. Aber gerade die Auswahl des dritten der Pinoff'schen Sachverständigen,
des Professor „Prälat" Simar in Bonn, kann nicht umhin,
auch daran zu mahnen, welche Stellung noch im Jahre 1870
von vier unter den fünf Mitgliedern der Bonner katholisch-
theologischen Fakultät eingenommen wurde. Dieringer und
Hilgers, Reusch und Langen standen in gleicher Gewissenhaftig-
keit neben einander; wie es dagegen mit der moralischen Qualifikation des einzigen Dissentierenden (Floß) aussah, ist kein
Geheimnis. Aber Zug um Zug ist die Bonner Fakultät abermals preisgegeben. Die paar Professoren kamen gegenüber den
hunderttausenden von Wahlstimmen, über die die Kaplanspresse
verfügte, nicht in Betracht. So ist aus dem damaligen Extra-
ordinarius Simar inzwischen der heutige „Prälat" und der dritte
Sachverständige des Staatsanwalts Pinoff geworden.

S. 37 [23]): Der Mangel an Überlegung bei einem jugendlichen Assessor hinsichtlich der Datierung des Strafantritts für
einen evangelischen Pfarrer ist leider ebenfalls nichts weniger als
ein alleinstehendes Faktum. Es scheint vielmehr zur Regel zu
werden, für die dem römischen Klerus gegenüber erlittenen De-
mütigungen durch eine möglichst geringschätzige Behandlung des
evangelischen Pfarramts sich schadlos zu halten. Auch in dieser
Beziehung hat sich eine größere Zahl bezeichnender Thatsachen
angesammelt.

S. 37 [24]): Eine auch nur einigermaßen erschöpfende Darstellung der allmähligen Entstehung der heutigen Rechtslage,
d. h. der unleugbaren Rechtsungleichheit der verschiedenen Kirchen,
würde eine eigene Schrift erfordern. Das in dieser Beziehung
angesammelte Material, zumal über die Zurückdrängung der noch
in den dreißiger Jahren unter den katholischen Juristen vor-
herrschenden „febronianischen" (d. h. einfach geschichtlichen) Anschauungen, sowie über die damit Hand in Hand gehende fremd-

ländische Importierung der neujesuitischen Rechtsdoktrinen muß
darum einstweilen zurückgestellt bleiben. Dagegen glauben wir
die gegenwärtige Sachlage nicht besser zeichnen zu können, als
durch die Nebeneinanderstellung eines theologischen und eines
juristischen Votums. Das erstere ist in eine öffentliche Anfrage
an den Elberfelder Staatsanwalt gekleidet:

In seinem „Rundschreiben" vom 3. März 1880 „an alle Patri=
archen, Primaten, Erzbischöfe und Bischöfe" hat der „glorreich regierende"
Papst Leo XIII. die evangelischen Missionare nicht bloß als „trügerische
Männer und Verbreiter von Irrtümern" bezeichnet, sondern sie gerade=
zu beschuldigt: „die Herrschaft des Fürsten der Finsternis auszubreiten",
d. h. er hat sie für Diener des Teufels erklärt, vergl. „Katholische Mis=
sionen" 1881 S. 27. — Nun hat Herr Staatsanwalt Pinoff zur Be=
gründung seiner Anklage gegen den Pfarrer Thümmel wörtlich gesagt:
„Wenn man dazu übergeht, die Kirche, die geradezu auf ihre Fahne
schreibt: die Bekämpfung, die Unterdrückung, die Vernichtung des Teufels,
geradezu als eine Macht dieses Prinzips zu bezeichnen, so liegt darin
doch wohl die schwerste Beschimpfung, die man der Kirche, wenn man
ihre Aufgabe beleuchten will, in das Gesicht schleudern kann."

Wir richten an den Herrn Staatsanwalt die öffentliche Anfrage, ob
er auch gegen den Papst Leo XIII. (resp. die seine Bullen druckenden
und verbreitenden Verleger und Redakteure) die Anklage auf Beschimpfung
der evangelischen Kirche erheben wird, da dieser in unmißverständlichen
Worten und in einem amtlichen Aktenstücke genau das gethan, worin
der Herr Staatsanwalt die „schwerste Beschimpfung" erblickt, die man
der Kirche ins Gesicht schleudern kann. Oder ist es dem römischen Papst
erlaubt, die evangelische Kirche in einer Weise zu beleidigen, die ein
Staatsanwalt für die schwerste einer Kirche ins Gesicht geschleuderte Be=
schimpfung bezeichnet?

Das zweite ist dem Briefe eines höheren Staatsbeamten
entnommen:

Die katholische Kirche hat eine Menge Dinge für Dogmen der Kirche
erklärt, welche uns höchst gleichgültig, ja lächerlich erscheinen. Wir
können aber die Anbetung der heiligen Bilder nicht mit dem Namen
„Götzendienst" belegen, wir dürfen Prozessionen, unbefleckte Empfängnis der
Jungfrau Maria, Unfehlbarkeit des Papstes, und was dergleichen Dinge
mehr sind, nicht öffentlich mit dem richtigen Namen bezeichnen, wenn wir
nicht den § 166 verletzen und uns strafbar machen wollen. Ganz anders
steht die katholische Kirche im Kampf gegen die Evangelischen. Wir haben
viel weniger Dogmen, alle Äußerlichkeiten fallen fort, aber vieles von

diesen Äußerlichkeiten ist uns lieb und wert. So ist uns allen gewiß das Andenken an Luther lieb und wert, ja ehrwürdig, und doch bleibt die ultramontane Presse straflos, wenn sie ihn in der ärgsten Weise beschimpft.

Wollte man mit gleicher Münze dienen und den Herren die Dinge entgegen halten, welche die bei Luther ab und zu vorkommenden Menschlichkeiten reichlich aufwiegen, so würde der Staatsanwalt gleich bei der Hand sein, den § 166 anzuwenden. Ja selbst wenn die Unflätereien der Prozessionen, die bei derselben gäng und geben Unsittlichkeiten zur Sprache gebracht würden, dürfte wohl das Schicksal nicht ausbleiben wegen des gewissen § bestraft zu werden.

Drastischer als alles früher schon Dagewesene ist jedoch ebenfalls die von dem Kasseler Staatsanwalt konstatierte Thatsache, daß Luther's Schriften heute zweifelsohne dem § 166 verfallen würden, während die Schmähungen der Päpste über Alles was dem evangelischen Christen heilig ist, über dem Gesetze stehen. An und für sich haben ja die Kasseler Verhandlungen einen ganz anderen Charakter getragen als die Elberfelder, und speziell läßt sich kaum ein größerer Kontrast denken als in dem jedesmaligen Verhalten der Staatsanwaltschaft. Nur um so greller aber ist die prinzipielle Rechtsungleichheit zu Tage getreten: in der Rechtlosigkeit der Reformation und des evangelischen Bekenntnisses auf der einen, der Machtlosigkeit des Staates gegenüber den päpstlichen Verfluchungen auf der andern Seite. Und wie lange wird es dauern, daß auch mit Bezug auf den Staat selbst die Taktik Leo's XIII. durch die seines Vorgängers wieder abgelöst wird, daß ein neues päpstliches Jubeljahr die heute auf Italien angewandte Sprache wieder auf Deutschland anwendet?

Ob der § 166 in solcher Lage noch die heutige Anwendung finden wird?

Druck von Fr. Richter in Leipzig.

Die Thümmel'schen Religionsprozesse

vom kirchengeschichtlichen
und kirchenrechtlichen Standpunkte beleuchtet.

Von

D. Fr. Nippold,
Professor der Theologie in Jena.

Zweites Heft.
Die Kasseler Verhandlungen
und die Zwischenfälle in Weimar und Herne.

Man wird zu überlegen haben, wie man ihn
am wirksamsten unschädlich macht.
Westfälische Volkszeitung Nr. 25 (25. Jan. 1888):
„Der Thümmel in Herne."

Halle 1888.
Verlag von Eugen Strien.

So lange die stenographischen Berichte über die Kasseler Verhandlungen nicht vorlagen, ließ sich nur ganz im allgemeinen der Eindruck derselben auf den ruhigen Beobachter fixieren; ein historisches Fazit daraus zu ziehen, war einfach unthunlich. Hat sich doch die bequeme Methode, sich auf Grund von Zeitungskorrespondenzen sein Urteil zu bilden, wohl selten so ungenügend erwiesen als in diesen Religions=prozessen, über deren Gegenstand die große Menge der Tages=schriftsteller, welche die sogenannte sechste (gegenwärtig übrigens wohl dann die achte) Großmacht bilden sollen, sich hoch erhaben fühlt. Sogar nach den scheinbar so luftreinigenden Kasseler Tagen ist sofort abermals die gleiche denkwürdige Beeinflussung der öffentlichen Meinung versucht worden, wie bei den Anfangs=prozessen und mit Bezug auf den Inhalt der konfiszierten Broschüre. Schon das ist gewiß ein denkwürdiges Zeichen der Zeit, daß wir unter den Berliner Blättern „Börsenzeitung"[1]) und „Kreuzzeitung"[2]) in der feindlichen Stellungnahme gegen die (das gesamte evangelische Rheinland=Westfalen auf's Tiefste bewegende) Sache mit einander wetteifern sehen. Immerhin mag man hier vielleicht noch in der bekannten gegenseitigen Anziehungskraft der Extreme eine Art von Erklärung suchen, und zumal in der Rivalität bei der Umwerbung des Zentrums, in welcher der politische Freisinn und die mit dem Kartell un=zufriedene Gruppe der Konservativen sich fortdauernd gefallen. Um so mehr zu denken gibt dagegen die weitere Thatsache, daß sogar warme Vertreter des nationalen Gedankens es für „opportun" halten, auch der Thümmel=Prozesse mit jener zur Gewohnheit gewordenenen „Desavouierung" evangelisch=kirchlicher Fragen zu gedenken, welche zu der üblichen Unkenntnis derselben seit lange die Folie bildete. So gern wir die Entschuldigung gelten lassen würden, daß man eben um der nationalen Einigung willen keine neuen kirchlichen Streitfragen aufkommen lassen dürfe, so ernst müßten wir eben dann auch die Forderung stellen, daß diejenigen, welche sich berufen fühlen, über die Lebensinteressen der evange= lischen Kirche ein parlamentarisches Urteil zu fällen, sich vorher der kleinen Mühe getrösten, die besprochenen Dinge doch einiger= maßen kennen zu lernen und sich ihr Urteil nicht bloß auf Grund der Tagespresse zu bilden. Es sind auf ihrem eigenen Gebiet verdienter Maßen hochgeachtete Männer, gegen deren Wahl=[3]) und Parlamentsreden[4]) wir diesen Vorwurf zu erheben genötigt sind. Eben darum darf wenigstens für die Zukunft eine so wohlfeile Entschuldigung, wie sie in den Berichterstatt= ungen der Tagespresse (sei es dieser sei es jener Partei) gesehen wurde, nicht mehr stattfinden. Nachdem daher inzwischen auch die Kasseler stenographischen Berichte selbst allgemein zugänglich geworden, läßt sich die Pflicht nicht länger abweisen, auch dieses weitere Stadium in dem großen Prinzipienkampfe auf seine all= gemeine kirchenrechtliche und kirchengeschichtliche Bedeutung zu prüfen.

Schon das ist von vornherein als ein großer Gewinn zu erachten, daß jener Prinzipienkampf als solcher nunmehr deutlich heraustritt. Von all den widerwärtigen Zuthaten des Elberfelder Prozesses fand sich in Kassel gottlob keine Spur. In der ganzen dortigen Behandlung der Dinge ist es klar zu tage getreten, daß der Angeklagte nicht so sehr wegen persönlicher Delikte, als um seiner religiösen Anschauung, um seines kirch= lichen Bekenntnisses willen vor dem weltlichen Gericht stand. Wie der Präsident (vgl. S. 236 des stenographischen Berichts) jede Beifallsbezeugung des wirklich hochansehnlichen Publikums zu gunsten des Angeklagten alsbald inhibierte, so ist andererseits diesem selber freier Raum zur Darlegung seiner Überzeugung vergönnt worden. Die Vertretung der Anklage hat sich durch die strengste Wahrung der staatlichen Neutralität gegenüber den streitenden Kirchen charakterisiert. Desgleichen stand die Verteidigung durchweg auf der Höhe ihrer ungewöhnlich ernsten Aufgabe. Der ganze Ton der Verhandlungen ist ein der Wichtigkeit der Sache angemessener, im besten Sinne des Wortes vornehmer gewesen.

Aus guten Gründen hat daher die Kaplanspresse diesmal völlig alleingestanden in ihren Ausfällen über das (von dem rheinischen Gerichtshofe allerdings gründlich abweichende) Urteil gegen den Verfasser der Broschüre: „Rheinische Richter und römische Priester".[5]) In der offiziösen Presse war nur eine Verwarnung der Kölnischen Zeitung bemerkbar gegen jene (den Kasseler Richtern konfessionelle Parteilichkeit (!) zum Vorwurf machenden) Ausfälle. In der That läßt sich kaum ein höherer Grad von Selbstentäußerung von der eigenen konfessionellen Auffassung denken, als ihn Staatsanwalt und Richterkollegium in Kassel gemeinsam bekundeten. Umsomehr ist die Klärung der Sachlage, d. h. einer einfach moralisch unmöglich gewordenen Sachlage, gefördert: in bezug auf die nunmehr über jeden Zweifel erhabene Rechtsungleichheit der verschiedenen Kirchen.

War daher die Prüfung der neuen Ergebnisse schon an und für sich eine notwendige Ergänzung für die historische Darstellung der früheren Prozesse, so nötigt der ganze Charakter der Verhandlungen zwiefach dazu. Wir sind nämlich in der merkwürdigen Lage, auf der einen Seite die Verteidigung des Staatsanwalts übernehmen zu müssen, gegenüber einer unbilligen Kritik seines durchaus im Einklang mit der gegenwärtigen Rechtslage stehenden Verfahrens; während wir auf der andern Seite diese Rechtslage und den Gesamtzustand der derzeitigen Gesetzgebung selber einer noch viel ernsteren Kritik zu unterziehen haben als vordem.

Da unsere Erörterungen überdies auch die weiteren Inzidenzfälle von Weitmar und Herne mit in ihren Bereich ziehen müssen, so setzen wir durchweg die Kasseler stenographischen Berichte in der Hand unserer Leser voraus. Jedes einzelne unsererseits daraus abgeleitete Urteil wird darum durch genaue Citate belegt werden, während wir bloß die bezeichnendsten Wendungen im Wortlaut anführen. Außerdem sei noch, da den stenographischen Berichten selber kein Register hinzugefügt ist, vorweg bemerkt, daß der erste Teil des stattlichen Bandes bis S. 164 die Untersuchung des Thatbestandes durch das Gericht vorführt, während der zweite Teil die hochdramatische Redeschlacht zwischen Anklage und Verteidigung in ihrem Gesamtverlauf zu verfolgen gestattet. Den ganzen ersten Teil können wir hier so gut wie völlig außer betracht lassen, um zunächst dem Verfahren des Staatsanwalts und sodann der Methode der Verteidigung uns zuzuwenden.

Der Antrag der Staatsanwaltschaft, welcher die Bestätigung des von dem Elberfelder Gerichtshofe ausgesprochenen Urteils verlangte, ist auch von Fachjuristen, die jenes Urteil bekanntlich ganz anders scharf kritisierten, als unser historisch=theologischer Standpunkt es mit sich brachte, ebenfalls scharf angegriffen. Unsererseits vermögen wir hier ebenso wie in der durchgängigen Zurückstellung der eigenen konfessionellen Überzeugung nur den Beweis ernstester Pflichtauffassung zu sehen. Denn es scheint uns durchaus der Aufgabe der Staatsanwaltschaft entsprechend, für das von einem andern staatlichen Gerichtshofe gesprochene Urteil ihrerseits einzustehen. Indem ich sodann ausdrücklich vorherschicke, daß ich überhaupt nur als Laie in der Jurisprudenz rede, füge ich von diesem Laienstandpunkte aus weiter hinzu, daß auch die neuen Motive, durch welche der Kasseler Staatsanwalt das Elberfelder Urteil zu stützen versuchte, mir durchaus mit dem Charakter seines Amtes im Einklang zu stehen scheinen. Die Verteidigung mochte ihrerseits mit vollem Recht darauf hinweisen, daß die von den Beleidigten selber nicht als Beleidigung aufgefaßten Stellen der Broschüre auch seitens des Gerichtes nicht mit in betracht zu ziehen seien (vgl. S. 203). Der entgegengesetzte Versuch des Staatsanwalts kann dem Laienstandpunkte nur als ein neuer Beweis seiner hohen Loyalität als Anwalt des Staates und der staatlichen Einrichtungen erscheinen. Im weiteren mag es ja nicht mehr bloße Loyalität, sondern geradezu Hyperloyalität genannt werden können, wenn ein persönlich evangelischer Staatsanwalt die Publikation des Urteils in einem der unsaubersten Kaplansblätter, ja sogar in demselben Blatt, welches den ganzen Elberfelder Prozeß provoziert hatte, beantragte (vgl. S. 199, sowie dem gegenüber die Replik der Verteidigung S. 202). Aber die Duplik für den scharf zurückgewiesenen Antrag zeigt doch abermals eine solche Auffassung der Berufspflicht, wie sie gerade dem bekannten Ideal des altpreußischen Juristenstandes eigentümlich ist. Ja sogar jene Übertreibung der Objektivität, welche die Verteidigung der staatsanwaltlichen Deduktion nachsagte (vgl. S. 206), dürfte immer noch (wie es übrigens auch Dr. Sello in der gleichen Ausführung bekundete) unter den gleichen Sehwinkel eines hochernsten Pflichtgefühls gestellt werden müssen.

Doch ich will dem Urteil des Lesers nicht vorgreifen, mache darum neben den eben angeführten Stellen nur noch einfach auf die unbewußte Selbstcharakteristik aufmerksam, die Herr von Ditfurth selber von dem durch ihn eingenommenen Standpunkte gegeben hat. Einmal nämlich gleich im Anfang seines Plaidoyer, wo er sein Bedürfnis, objektiv zu verfahren, ebenso nachdrücklich bezeugt (S. 165), wie er kurz vorher die Unmöglichkeit klarstellt, ohne eigene Kenntnis der Thümmel'schen Schrift ein zutreffendes Urteil über ihren Inhalt zu gewinnen (S. 164). Können wir auch nicht umhin, alsbald einzuschalten, daß er gegenüber der in Verbindung mit der Elberfelder Beschlagnahme angewandten Methode uns hier selber ein Argument in die Hand gibt, das an Schärfe alle unsere eigenen früheren Argumentationen überbietet, so müssen wir doch zugleich andererseits auch in dieser Äußerung wieder ein schönes Zeugnis dafür anerkennen, wie ernst der Kasseler Staatsanwalt persönlich im vollen Gegensatz zu jener traurigen Taktik seine eigene Aufgabe erfaßt hat. Den gleichen Eindruck aber macht schließlich auch noch seine Schlußerwiderung auf die von der Verteidigung gegen die von ihm eingenommene Position gerichteten Angriffe. Genug, — in wieviel Einzelpunkten man seine Aufstellungen bekämpfen und sich den entgegengesetzten Ausführungen der Verteidigung anschließen mag, so wird doch jeder Unbefangene sich gewiß auch darin den beiden Verteidigern anschließen, wenn sie die Loyalität des ganzen Verfahrens wiederholt nachdrücklich bezeugten (S. 205, 267, 289, 290).

Bekundet sich somit der von der Staatsanwaltschaft eingenommene Standpunkt als ein von jeder außerstaatlichen Tendenz freier, so begegnen wir dafür andererseits auch in ihren Ausführungen oft genug jener formell juristischen Behandlung theologischer und kirchlicher Fragen, welche uns in den früheren Stadien des Prozesses ein energisches principiis obsta aufzwang. Allerdings darf an sich weder die theologische Wissenschaft noch die kirchliche Praxis an die Jurisprudenz die Forderung stellen, die theologisch-kirchliche Terminologie aus sich heraus zu verstehen. Aber wenn die Nichtunterscheidung des spezifisch juristischen Sprachgebrauchs von dem sonst in der gebildeten Welt angenommenen ein so denkwürdiges Element in den Elberfelder Verhandlungen bildete, so kann die juristische Unkenntnis der biblisch-theologischen Ausdrucksweise noch weniger unbeachtet bleiben, sobald sie auf die Rechtsprechung Einfluß gewinnt. Gerade in dieser Beziehung bieten nun aber die Kasseler Verhandlungen abermals ein denkwürdiges Gegenstück der Elberfelder.

Wir lassen einstweilen das Urteil selbst auch in dieser Beziehung noch ganz außer Betracht, um uns auf die der Anklage anhaftenden Verstöße zu beschränken. Denn in diese Kategorie gehört doch zweifellos nicht nur die (übrigens auf Herrn von Ditfurth wieder durch seinen Elberfelder Kollegen Pinoff vererbte) Verwechslung der Begriffe Satan und Antichrist (S. 196), die Umdeutung des aus der biblischen Redeweise in die Kanzelsprache übergegangenen „erfunden" (S. 185), sowie die Mißdeutung anderer im theologischen Gedankenkreise völlig unverfänglicher Ausdrücke (S. 176), sondern auch die Klage über die

Anwendung eines Citates von Spurgeon (S. 195), das doch nur beweist, wie die übrige zivilisirte Welt nirgendwo derartige (die evangelische Kirche in ihrer aufgedrungenen Vertheidigung gegen die römischen Angriffe lahmlegende) Gesetzesanwendungen kennt. Um vieles bedenklicher noch als das mangelhafte Verständnis evangelisch=kirchlicher Verhältnisse erscheint jedoch die auffallende Harmlosigkeit, in welcher sich die Kasseler Vertretung der Staatsanwaltschaft mit der Elberfelder begegnet: in Beziehung auf die Bedeutung des kanonischen Rechts für den Staat so gut wie für die sämtlichen papstfreien Kirchen. Begegnen wir doch beide Male nicht nur der gleichen Unkunde über die Tendenzen des (jenes kanonische Recht zur Grundlage seiner Bestrebungen machenden) katholischen Juristenvereins, sondern wir hören sogar in Kassel in allem Ernst damit argumentieren, daß dieser — das staatliche Recht also gerade in seinen Grundfesten auflösende — Verein keinen Strafantrag gestellt habe (S. 197, vgl. S. 179). Das geht ja fast noch über die Auffassung des Elberfelder Staatsanwalts hinaus, der in dem Verein eine Art von Vergnügungsgesellschaft zu erblicken schien, welcher baldige Nachahmung zu wünschen wäre.

Diese durchaus nicht etwa persönliche, sondern bei den heutigen Juristen nur zu häufige Nichtbeachtung der theologisch= kirchlichen Probleme kann ja natürlich — wir wiederholen dies nachdrücklich — so wenig einen persönlichen Vorwurf für den Nichttheologen begründen, als der Verfasser dieser Zeilen sich dadurch verletzt fühlen dürfte, wenn ihm seinerseits Unkenntnis der spezifisch juristischen Phraseologie nachgewiesen würde. Aber wie jene Sachlage in ihren Konsequenzen für Gesetzgebung und Rechtsprechung durchweg zu den verhängnisvollsten Fehlgriffen führt, so ist sie auch in diesem Fall wieder der Anlaß dazu gewesen, daß die zu unseren Prozessen führenden Einzelvorfälle so grundschief aufgefaßt werden konnten. Wer aus Erfahrung weiß, was die neujesuitische Prozessionstaktik bezweckt, kann sich kaum genug wundern, wenn er nicht nur von den „unschuldigen Maien" reden hört, nicht nur von den Vorfällen in Geldern eine das Verhältnis zwischen dem angreifenden und dem angegriffenen Teil einfach umkehrende Darstellung liest, sondern sogar die Richtigstellung der Thatsachen ausdrücklich dementiert sieht (S. 167/69). Dürfen denn — muß hier doch nachgerade in der ernstesten Weise gefragt werden — die berufenen Wächter der Staatsgesetze nach wie vor ihr Auge verschließen gegen die Anmaßung der Nachbarn, ihre Zäume auch vor die Häuser der Andersgläubigen aufzupflanzen? gegen die landläufigen Wuthausbrüche gegenüber denen, welche der Glaubensverleugnung Widerstand bieten? gegen die gewaltthätigen Angriffe auf die ruhig ihres Weges Gehenden? Nur auf diesem systematisch großgezogenen Nichtsehenwollen baut die Wiederholung des Vorwurfs gegen das „taktlose" Verfahren des Pfarrers von Geldern sich auf (S. 180, auch S. 284 aufrechterhalten). Man darf sich ja gleichzeitig freuen, daß eben dieser Umstand zu der gründlichen Klarstellung der seit dem Clever Urteil immer wieder vertuschten wirklichen Zustände durch die beiden Verteidiger geführt hat. Nur um so mehr aber glauben wir für die Zukunft nicht etwa bloß die Hoffnung, sondern die entschiedene Forderung aussprechen zu müssen, daß auch die Staatsbehörden dem an der evangelischen Diaspora geübten Terrorismus gegenüber nicht länger die Augen verschließen.

Die verkehrte Beurteilung der Geldern'schen Vorfälle hat alsbald ihre weitere Parallele in der über die ersten Anlässe des Remscheider Streites gegebenen Darstellung. Wer die Antworten des Elberfelder Ersten Staatsanwalts auf die seitens des evangelischen Pfarramts und des römischen Gemeindevorstandes erhobenen Beschwerden mit einander vergleicht, wird die gleichmäßige Behandlung beider Teile, welche sein Kollege in Kassel hier findet (S. 284), vergeblich suchen. Wir wollen hier nicht noch einmal auf das zurückkommen, was hinter der Unterschrift Teitscheid-Bötticher steckt, wollen auch keinen besonderen Wert darauf legen, daß amtliche Erlasse eines Ersten Staatsanwalts immerhin mit den Titulaturen „Hochehrwürden" oder „Hochwürden", „Hochwohlgeboren" oder „Wohlgeboren" keine

Konfusion machen sollten.⁶) Dagegen dürfte es allerdings auch für die Folgezeit bleibende Beachtung verlangen, daß die Meinung des Pfarrers Thümmel, Herr Bötticher sei von Remscheid strafversetzt worden, von dem letzteren alsbald desavouirt worden ist. Da derselbe dabei ausdrücklich bemerken durfte, es habe sich eher um das Gegenteil gehandelt, so erscheint die seitens des erzbischöflichen Ordinariats der Remscheider Meineidsprozedur gegenüber eingenommene Haltung als ein doppelt charakteristisches Gegenstück zu dem Verfahren des Koblenzer Konsistoriums.

Doch wir dürfen uns nicht länger bei den Einzelheiten aufhalten, schließen daher unsere Betrachtung der staatsanwaltschaftlichen Darstellung der Vorgeschichte mit den kurzen Bemerkungen, daß auch die Ladung des evangelischen Pfarrers zum Antritt der Gefangenschaft auf das Weihnachtsfest korrekt gefunden, die derselben seitens dieses Pfarrers gegebene Auslegung als eo ipso unmöglich dargestellt, ja daß sogar die Versäumnis des die Schrift konfiszierenden Richters, sich vorher mit dem Inhalt derselben genügend bekannt zu machen, in Kassel abermals als ebenso irrelevant aufgefaßt wurde (S. 175 und dem gegenüber S. 242/43), als die (an sich freilich nicht bestrittene) Nichtmitteilung der angeklagten Stellen an die Beschuldigten. Aber gerade wenn wir alle diese Rechtfertigungsversuche der Elberfelder Prozedur auf die schon im Anfang hervorgehobene strenge Auffassung des Staatsanwaltes von den seinem Amte obliegenden Pflichten zurückführen, werden wir zugleich von unserem historischen Standpunkte aus an einer solchen Verteidigung eine nicht minder ernste Kritik zu üben haben, wie an jener Prozedur selbst. Denn schwerlich werden wir uns dabei beruhigen dürfen, daß die ganze Argumentation des Kasseler Staatsanwalts durch den unwillkürlichen Vergleich mit derjenigen seines Elberfelder Kollegen immerhin zugleich noch andere Schlußfolgerungen erlaubt. Wir überlassen jedoch diese Schlußfolgerungen einer fachjuristischen Feder und begnügen uns — abgesehen von der ausdrücklichen Zurückweisung der dem Druckfehlerverzeichnis imputierten diabolischen Absicht (S. 186) —

mit dem Hinweis auf die zwischen den Zeilen liegende bewußte Abweichung von der in Elberfeld geübten Methode (S. 170/71).[7])

Mit der staatsanwaltschaftlichen Beurteilung der Vorgeschichte haben wir es überhaupt nur ganz nebenbei zu thun. Die Ursache, welche den Thümmel'schen Prozessen ihre ungewöhnliche prinzipielle Bedeutung gegeben hat, liegt ja durchaus nicht darin, wie man die Handlungsweise eines einzelnen Mannes oder das gegen ihn geübte Verfahren beurteilt, sondern in dem Gesamtergebnis für die heutige Rechtslage. Immer wieder fühlt man sich obenan vor die Grundfrage gestellt: welchen Inhalt und welche Bedeutung, welche Absicht und welche Folgen schließt denn eigentlich der vielgenannte § 166 in Wirklichkeit ein? Wir betonen hier wieder nachdrücklich, daß die Staatsanwaltschaft unserer Auffassung nach die amtliche Pflicht hat, auch diesen Paragraphen seiner größtmöglichen Ausdehnung nach zur Geltung zu bringen. Wenn wir aber nach wie vor, in Kassel wie in Elberfeld, zwei schnurstracks entgegengesetzte Weltanschauungen im Kampf mit einander sehen, so führt sich das doch nicht bloß darauf zurück, daß Anklage und Verteidigung selbstverständliche Gegensätze sind, sondern auf die innere Unklarheit der Sache selbst. Welche „Proteusnatur" diesem Paragraphen innewohnt, geht schon aus dem einfachen Vergleich von S. 170/71. 190 mit S. 242/43. 293 hervor.[8]) Noch deutlicher freilich aus dem schroffen Gegensatz der Ausführungen von S. 278 und S. 285/86.[9]) Und was schon vom Inhalt im Allgemeinen gilt, gilt noch um vieles mehr von den einzelnen Ausdrücken. Denn was ist mit der subjektiven Erklärung: „Ich halte das für eine Beschimpfung" (S. 195) gewonnen? Wie grundverschieden können, ja müssen nicht die „Gebräuche" und „Einrichtungen" einer Kirche aufgefaßt werden? (Vgl. S. 188/90 mit S. 246/47).[10])

Eine förmliche Berühmtheit haben endlich die Äußerungen des Kasseler Staatsanwalts über die Anwendung des § 166 auf Luther und die Bekenntnisschriften erlangt. (Vergleiche S. 193 ff. und die nochmalige Erklärung S. 288).[11]) Schon die ersten Berichte bekundeten die bei diesem Anlaß bemerkbar gewordene besondere Erregung der Zuhörer. Die Verteidiger haben nicht versäumt, die darin liegende Klarlegung der Deutungsfähigkeit von § 166 festzunageln. (Vergl. Dr. Sello S. 253/55, sowie Dr. Klasing S. 276/77 und die Schlußbemerkung S. 290/91).[12]) Die Zeitungspresse hat in der darob entstandenen „Heiterkeit" förmlich geschwelgt. Seither sind wiederholt bestimmte Forderungen mit bezug auf jene Äußerungen seitens einer Reihe angesehener Männer zum Ausdruck gekommen. Sogar bei dem Zentralvorstande des Evangelischen Bundes sind (ich halte hier diese Indiskretion für geboten) direkte Anträge auf ein zu forderndes Einschreiten des Justizministeriums gegen eine solche Auffassungsweise eines Staatsanwaltes eingelaufen. Dem gegenüber liegt mir hier wieder ganz besonders die Pflicht ob, es rückhaltlos zu konstatieren, daß der gegen den Kasseler Staatsanwalt persönlich gerichtete Vorwurf mich mittreffen würde. Ich muß ihm nicht etwa bloß nachträglich darin zustimmen, daß gerade die grundlegenden Schriften des deutschen Reformators denselben heute auf Grund des § 166 zweifellos ins Gefängnis bringen würden. Ich rechne es mir vielmehr zur Ehre an, daß meine Jenenser Prorektoratsrede ein halbes Jahr vorher genau das gleiche gesagt hat. Es unterliegt für mich keinem Zweifel, daß der § 166 die Reformation leichter vernichtet haben würde als das Wormser Edikt.[13])

Ein vollständiges Fazit aus den neuen Prozeßverhandlungen für die allgemeine Rechtslage läßt sich aber erst dann ziehen, wenn wir auch den Argumenten der Verteidigung die gleiche Aufmerksamkeit zugewandt haben, wie denen der Anklage. Auch hier können wir freilich nur wieder auf die Hauptpunkte hinweisen, welche in dem stenographischen Bericht in ihrem eigenen Zusammenhang nachgelesen sein wollen. Aber auch aus dem dürftigen Register, in welches so der in sich geschlossene Zusammenhang der Sello'schen wie der Klasing'schen Rede sich wandelt, wird sich immer noch ihr warmer Pulsschlag herausfühlen lassen.

Aus der Sello'schen Verteidigungsrede erwähnen wir zunächst

den schlagenden Nachweis, wie sich kaum ein anderer Fall denken lasse, in welchem es sich so sehr um die Wahrung berechtigter Interessen gehandelt wie hier (S. 205), um ihm dann darin zu folgen, wie er Punkt für Punkt der staatsanwaltlichen Darstellung zunächst der Vorgeschichte nachgeht. So mit bezug sowohl auf den Anlaß zu der Geldern'schen als auf denjenigen zu der Remscheider Streitfrage (S. 206/8, 208/11), nicht minder aber hinsichtlich der vergeblichen Anrufung des (der Teitscheid'schen Klage Folge leistenden) Ersten Staatsanwalts wegen der gröblichen Herausforderung des evangelischen Pfarramts (S. 211/12). Nach einem allgemeinen Hinweis auf die Notwendigkeit, stets den Gesamtverlauf im Auge zu behalten (S. 212), schließt sich eine mehrfach neu aufgenommene Beweisführung an: für das Nichtbeleidigende des bei den Richtern als Beleidigung gedeuteten, von der eigenen Partei aber längst zur ehrenden Selbstbezeichnung gewählten Ausdrucks „ultramontan" (S. 213, vgl. S. 233/35, wobei wir nur die Erinnerung daran vermissen, daß der nunmehr der Redaktion der Kreuzzeitung angehörige, früher den Westfälischen Merkur leitende Redakteur Hoffmann in seiner bekannten Kontroverse mit dem Germania-Redakteur Kühnemund in den Spalten der Kreuzzeitung selber das sich selbst berühmende „ich bin und bleibe ultramontan" niedergelegt hat).

Es folgt der Nachweis für die unbedingte Notwendigkeit der in Elberfeld immer wieder außer Acht gelassenen Unterscheidung der juristischen und nichtjuristischen Redeweise (S. 214/15), der zugleich in einem lebensvollen Charakterbilde der Persönlichkeit der beiden Angeklagten seinen Ausgang findet (Thümmel S. 219/20; Wiemann S. 221). Auch von den anderen Einzelfragen aber, bei welchen der Staatsanwalt seine Milderungsversuche angestellt hatte, wird keine einzige außer betracht gelassen: weder die Ladung zum Weihnachtsfest (S. 215/16), noch der Umstand, daß der beschlagnahmende Richter die sogenannte „Schmähschrift" selber nicht kannte (S. 217); weder der verschiedene Gebrauch des Wortes „erfunden" (S. 223),

noch die auch in Kassel wieder als straffällig erachteten Druck=
fehler (S. 224/26); noch endlich die — zwar objektiv unrichtige,
aber subjektiv durchaus berechtigte — Schlußfolgerung, daß, da
der frühere Staatsanwalt Meese noch zwei Monate nach dem
Erscheinen des Thümmel'schen Verteidigungsartikels in der
Remscheider Zeitung von keiner Anklage daraufhin gewußt habe,
der inzwischen neu eingetretene Erste Staatsanwalt Hupertz diese
letztere veranlaßt haben müsse (S. 229/30).

Schließlich finden wir dann aber auch in dieser (seinem
Elberfelder Plaidoyer überhaupt würdig zur Seite tretenden)
Rede Sello's den Schwerpunkt auf die Undefinierbarkeit des
§ 166 gelegt (S. 237), unter dessen Rubrik der „Einrichtungen"
folgerichtig auch die Inquisition fällt (S. 247); wobei übrigens
zwischeninne zugleich noch die Natur der religiösen Fragen
überhaupt (S. 241) und der allein von hier aus richtig zu
würdigende wahre Charakter der den zuerst berufenen sach=
genössischen Richtern entzogenen sogenannten „Schmähschrift"
(S. 245) gestreift wird. Die aus der einseitig juristischen Be=
handlung theologisch=kirchlicher Aufgaben hervorgehenden falschen
Konsequenzen werden dabei gewissermaßen in ein Korrelatver=
hältnis zu der mit Recht berüchtigten, aber doch zugleich auf
ihre tieferen Ursachen zurückzuführenden rabies theologica
gestellt (S. 256/57). Die Anwendung davon auf den Spezial=
fall aber ergiebt sich bereits aus der Verwechslung von Teufel
und Antichrist (S. 249), von Messe und Abendmahl (S. 250);
vor allem aber aus den verhängnisvollen Folgen der ganzen
Methode für die historische Wissenschaft einer= (S. 248), den
Bekenntnisstand der evangelischen Kirche (S. 253/55) andererseits.
Durch all das vorbereitet wird dann schließlich die gewichtige
Prinzipienfrage klar und reinlich gestellt (S. 259/60).[14])

Auf die große Sello'sche Rede folgte — um dies wenigstens
nebenbei zu erwähnen — noch einmal ein kurzes Zurückgreifen
auf die thatsächlichen Feststellungen, wobei speziell die Hupertz'schen
Briefe verlesen wurden (S. 260/62). Dann erhob sich der
zweite Verteidiger zu jener gewaltigen Philippika, die — während

sein Berliner Kollege den Schwerpunkt seiner Beweisführung in der scharfen Herausstellung des Prinzipienkampfes gefunden hatte — ihrerseits auf genauer persönlicher Bekanntschaft des Kampfplatzes sich aufbaute. In der That fühlt man sich bei jeder neuen Lektüre durch das mächtige, sittliche Pathos ergriffen, mit dem es durchgeführt wird, warum es sich hier um keine Schmähschrift handelt (S. 264); was der (auch in Kassel wieder völlig verkannte) Prozessionsterrorismus in Wirklichkeit ist (S. 265/66); was die Ladung des evangelischen Pfarrers auf das Weihnachtsfest einschließt (S. 267). Von mächtigem Eindrucke auf alle Hörer, zugleich aber der bleibendsten Nachwirkung auf die Folgezeit sicher, ist ferner das aus dem Leben gegriffene Konterfei des herkömmlichen Bildungsganges jüngerer rheinischen Juristen (S. 270/71).[15]) Der Nachweis für die Ursachen der konfessionellen Befangenheit in diesen (die übliche provinzielle Selbsteingenommenheit gegenüber den altpreußischen Landesteilen auf die Spitze treibenden) Kreisen (S. 271) dürfte ebenso unwiderleglich sein, wie die demselben gegenüberstehende Ausführung, daß gerade die Angeklagten in völlig gutem Glauben gehandelt (S. 273).

Wir verweisen daneben weiter auf die von dem edelsten Konservatismus getragene Verteidigung „der" Autorität, in Verbindung mit dem vernichtenden Votum über die Pinoff'sche Verwechslung „der" und „einer" Autorität (S. 274). Dr. Klasing faßt aber auch direkt den Stier bei den Hörnern, indem er die in dem Ausdruck „gebackener Gott" gesehene Beschimpfung nicht in diesem Ausdruck, sondern in der behaupteten Sache selbst sieht. Denn der Ausdruck mag uns ungewohnt geworden sein. Noch ist nirgends der Beweis geführt worden, daß er auch unwahr sei. Das aber würde notwendig zum Begriff einer wirklichen Beschimpfung gehören. Mit nicht geringerem Interesse verfolgt man (neben dem auch von Dr. Klasing geführten Nachweis über den, wenn auch noch nicht für die Praxis, so doch innerhalb der Wissenschaft gerichteten § 166) gerade bei dem Angehörigen einer westfälischen Synode die tief ethische Würdigung der evangelischen Bekenntnisse, die auch dem Vertreter einer sogenannt freieren Richtung den Schatz, welchen die evangelische Kirche in ihren Bekenntnissen thatsächlich besitzt, zu Gemüte zu führen versteht (S. 276/77), und durch das nachträgliche Scharmützel über diesen Punkt mit dem Staatsanwalt (vergl. auch hier Note 12) noch erhöhte Bedeutung gewinnt. Das Gleiche gilt schließlich von der weiteren Replik Dr. Klasing's über die dem Pfarrer Thümmel in Geldern amtlich obliegende Pflicht (S. 292) einerseits, über das mit wahrhaft flammenden Worten gekennzeichnete Verfahren des staatlichen Konsistoriums in innerkirchlichen Fragen (S. 292/93) andererseits;[16] sowie von dem Schlußurteil über die frühere Prozedur überhaupt (S. 293).

Damit wäre unsere erste Aufgabe, der Staatsanwaltschaft und der Verteidigung in ihrer beiderseitigen Argumentation nachzugehen, wenigstens in aller Kürze erfüllt. Denn die Schlußrede des Pfarrers Thümmel selber ist natürlich weniger für die Prinzipienfrage als solche, als für die richtige Beurteilung seiner vielverschrieenen Persönlichkeit von Belang. Da wir aber ohnedem auf diese Personalfrage noch zu reden kommen müssen, treten wir auch auf sein Verhalten in Kassel an dieser Stelle nicht ein und begnügen uns ebenso hinsichtlich des Kasseler Urteils selbst mit einigen kurzen Thesen.

Während nämlich die allgemeine Motivierung des Urteils (S. 304 ff.) sich ganz besonders durch den wahrhaft vornehmen Charakter kennzeichnet, welchen wir den Kasseler Verhandlungen überhaupt nachrühmen müssen, wird die spezielle Auffassung über den § 166 einer- (S. 311/12), über die evangelischen Bekenntnisschriften andererseits (S. 313), vor allem als wertvolles Material für diese wichtigsten aller kirchenrechtlichen Kontroversfragen anzusehen sein. Direkt angreifbar aber müssen uns die Ausführungen über die objektive Strafbarkeit des Ausdrucks „gebackener Gott" (S. 315)[17], die Aufrechterhaltung der Vernichtung der ganzen Schrift (S. 317)[18], statt der einzelnen wirklich verurteilten Stellen, sowie die Bezugnahme auf die Vorstrafen (S. 316) erscheinen. War doch von diesen Vorstrafen die einzige rechtskräftig gewordene durch den Justizminister in einer Form inhibirt worden, welche die Schlußfolgerung nahelegte, daß bei zeitigerer Kenntnisnahme des Chefs der preußischen Justizverwaltung auch diese Strafe überhaupt nicht zur Ausführung gekommen wäre. Wenn somit gerade dieses Urteil nach wie vor als Anlaß dient zur Verschärfung der nachfolgenden, so kann es um so weniger Verwunderung erregen, daß die „Gerechtigkeit" desselben immer lauter in Frage gestellt wird.[19])

Lägen uns nicht noch eine Reihe weiterer Spezialuntersuchungen ob, wie besonders über die neue „Preßkampagne" auf Grund der Zwischenfälle von Weitmar und Herne, so würde es sich nun freilich in hohem Grade lohnen, die Fülle von Aufsehen erregenden Einzelenthüllungen, welche der Kasseler Prozeß außerdem indirekt brachte, Punkt für Punkt zu verfolgen. Da dies jedoch nicht angeht, so seien wenigstens in aller Kürze noch die neuen Daten über die Verwertung des evangelischen Konsistoriums im Kampfe gegen den evangelischen Pfarrer auf der einen, über die Taktik des katholischen Juristenvereins auf der anderen Seite berücksichtigt.

Die Statuten des letztgenannten Vereins sind im Wortlaut vorgelegt (S. 111/12), zugleich mit der Motivierung derselben durch den (seither den Zeitungen zufolge selbst in die Gesellschaft Jesu eingetretenen, aber schon lange im engsten Verkehr mit den belgisch-niederländischen Jesuiten stehenden) Münchener Domkapitular — nicht Domkaplan — von Obercamp.[20]) In Verbindung damit stehen ferner noch die Daten (S. 113) über das Kölnische Denunziationskomitee für die Anklagen auf Grund von § 166. Umgekehrt wird jedoch nicht nur das (schon in Elberfeld eine so verhängnisvolle Rolle spielende) Schreiben des Koblenzer Konsistoriums vom 29. Oktober 1883 systematisch zu Ungunsten des Angeklagten verwertet (vgl. S. 17. 166. 283), sondern wir vernehmen auch von einer zweiten, ihm zu teil gewordenen Rüge, die um ihres allgemeineren Hintergrundes willen eine noch größere „symptomatische" Bedeutung beansprucht.

Der Anlaß zu dieser zweiten Rüge lag nämlich in einem sogar in der Ära des „Kulturfriedens" mit der römischen Kurie auffälligen Erlaß der Düsseldorfer Regierung. Die Eingabe des evangelischen Pfarramts, auf welche dieser Erlaß Bezug nahm, war hier als Schreiben „des Thümmel" bezeichnet worden. Muß man da sich nicht in der That fragen, ob nicht ein solches Verfahren geradeswegs dazu herausfordert, wenigstens die theoretische Stellung des evangelischen Pfarramts zu wahren?

Bekanntermaßen haben alle evangelischen Kirchen deutscher Zunge, die lutherischen wie die reformierten, mit dem Titel „Bischof" gebrochen. In den vornehmen weltlichen Herren, welche in der Reformationszeit den mächtigsten Stand bildeten, und in deren Gesamtverhalten die Hauptursache dafür zu suchen sein möchte, daß auch die anderen weltlichen Herren sich für ihr eigenes Summepiskopat mindestens ebenso qualifiziert erachten durften als jene, haben die deutschen Reformatoren mit vollem Recht das gerade Gegenteil der neutestamentlichen und altkirchlichen Bischöfe erblickt. Man denke nur neben den allbekannten biblischen Stellen an die Bischöfe aus der Zeit des Ignatius und Irenäus, des Cyprian und selbst noch des Augustin. Es sind ja bekanntlich gerade diese den Einzelgemeinden vorstehenden, um des Glaubens willen arm gewordenen Bischöfe, auf deren Gesamtheit die alte Kirche das erst später auf den Papst gedeutete Wort vom Petrusfelsen bezieht. In voller Übereinstimmung hiermit führte die Reformation (wenn sie auch den Namen preisgeben mußte) das Bischofsamt auf seine ursprüngliche Bedeutung, die des Gemeindepfarrers, zurück. Ebenso durfte die evangelische Christenheit unserer Tage mit warmer Sympathie die Wiederherstellung des „altkatholischen" Bischofsamtes, im Unterschiede von dem päpstlichen Neucäsarismus, begrüßen. Wer dagegen die geistige und moralische Bildung des evangelischen Pfarrhauses etwa mit derjenigen der Bischöfe des Vatikankonzils vergleicht,[21]) kann doch schwerlich lange im Zweifel sein, wo die höhere Potenz im idealen Sinne sich findet. Dem gegenüber hat es nun das evangelische Volk schon seit Jahren mit ansehen müssen, wie die altprotestantische Vormacht in Deutschland hohe staatliche Organe bei den über das Staatsgesetz mitbestimmenden, sogar von dem früheren Eide dispensierten römischen Bischöfen „antichambrieren" läßt, während die Eingabe eines evangelischen Pfarramtes (bezw. biblisch-altkirchlichen Bischofsamtes) amtlich als ein Schreiben „des Thümmel" bezeichnet werden darf.

Was bei solcher Sachlage in die „Personalakten" für die höheren Instanzen hineingekommen sein mag, läßt sich begreiflicherweise nur auf Grund von Analogien erraten. Ob aber der Protest eines derartig behandelten Pfarramtes nicht etwas besser am Platze gewesen ist, als die Rüge des Koblenzer Konsistoriums, „nicht durch Anmaßung, sondern durch stilles Verhalten seine Würde als Geistlicher zu wahren"? Die seiner Zeit an ein richtiges Kaplansblatt gerichtete Enthüllung des gleichen Konsistoriums[22]) ist in Kassel nicht einmal mit vorgekommen. Auch ohnedem aber wird die bittere Klasing'sche Charakteristik der Stellung der Konsistorien zur Kirche auf Grund der vorerwähnten Daten sich zur Genüge erklären. Ließe sich doch ihr gegenüber höchstens die im Rheinland laut gewordene Beschränkung dieser Charakteristik auf die spezifische Koblenzer Atmosphäre zur Geltung bringen.

Wir haben gerade diesen Punkt an den Schluß unserer Betrachtung über die Kasseler Verhandlungen stellen zu sollen geglaubt, weil jene Klasing'schen Ausführungen zugleich den besten Einblick in eine Stimmung gewähren, ohne deren Kenntnis die Vorfälle von Weitmar und Herne gleichfalls unverständlich sein würden. Ein persönlicher Vorwurf gegen die Vertreter der Konsistorialverfassung liegt sicherlich seinem ernsten Klagewort fern. Jedenfalls würden wir uns einen solchen Vorwurf nicht aneignen können. Aber gerade die konservativen orthodoxen Protestanten seufzen am lautesten über die unnatürliche Verquickung der Dinge, daß derselbe Staat, welcher der papistischen Überflutung selber den Weg bahnt, die evangelische Kirche in der ihr aufgedrängten Verteidigung lahmlegt. Wie die Dinge heute liegen, läßt es sich schlechterdings nicht mehr umgehen, eine die kirchlichgesinnten evangelischen Kreise der Westprovinzen ohne Unterschied des Parteistandpunktes beherrschende Stimmung bezw. Verstimmung mit in Rechnung zu bringen. Wie die Vorgeschichte, so hat auch die Nachgeschichte der Thümmel'schen Prozesse einen weit ausgedehnten Hintergrund. Bei den Reden Thümmel's in den evangelischen Arbeitervereinen kommt es darum ebensogut wie bei den Anlässen zu den früheren Prozessen erst in letzter Reihe darauf an, ob man eine Einzelpersönlichkeit so oder so beurteilen mag. In erster Reihe will die gesamte kirchenpolitische Sachlage in Rheinland-Westfalen ins Auge gefaßt werden. Der einzelne Mann ist gerade hier nur der Dolmetsch einer immer mächtiger hervorquellenden Überzeugung gewesen.

Wer diese Überzeugung als solche richtig beurteilen will, muß bei Würdigung derselben die überaus große Pietät gegen das Herrscherhaus in den Vordergrund stellen, eine Pietät, die in der Mark Brandenburg kaum größer ist, als bei den ebenfalls noch heute so genannten „Grafschaftern" aus Mark und Berg. Gerade diese bergisch-märkische Bevölkerung mit ihrem spezifisch preußischen Patriotismus bildet nämlich so recht den Gegenpol gegenüber dem Haß der Partei des Bischofs Laurent gegen „die Preußen". Böte dieser pietätsvolle Patriotismus jedoch nicht einen so starken Damm, so hätte die die kirchlich lebendigen Gemeinden jener Gegenden beherrschende Stimmung schon längst einen viel stärkeren Ausdruck gefunden. Man kann darum die auf Grund der Thümmel'schen Prozesse entstandene Bewegung ebenso gut mit den gegen die Gefahr eines Dammbruchs angewendeten Mitteln vergleichen, wie mit den der Explosion eines Vulkans vorhergehenden Erscheinungen. Lieber aber würden wir noch die Parallele mit einem Sicherheitsventil anwenden, welches die im Kessel gesammelten Dämpfe zeitig zu entlassen und so die Gefahr einer Sprengung zu beseitigen im stande ist.

Daß wir auch hier wieder die allgemeinen Gesichtspunkte

in der Gesamtbewegung so ganz besonders betonen zu müssen
glauben, geschieht allerdings von einem historischen Standpunkte
aus, der einen ganz anderen Maßstab anlegt, als den der Tages=
parteien. Dies nämlich schon darum, weil er mit gleichem Maß
mißt, weil er auch in der gegnerischen Anschauung zunächst das
ihr zu Grunde liegende Ideal heraussucht. Haben wir diesem
obersten Grundsatz wissenschaftlicher Kirchengeschichte zufolge in
früherem Zusammenhang keinen Anstand genommen, nicht nur
von einem katholischen, sondern sogar von einem ultramontanen
Ideale zu reden, so dürfen wir gegenüber den Parteien in
unserer eigenen Kirche nicht anders verfahren. Das ABC einer
wirklich historischen Zeichnung derselben besteht ja doch einfach
darin, sich selber von keinerlei Parteistandpunkt gefangen nehmen
zu lassen. Dem äußeren Scheine nach mögen kaum größere
Gegensätze bestehen, als zwischen „Jenaer Theologie" und
„Hammerstein'schen Anträgen". Wer aber nur etwas tiefer zu
graben versteht, wird in der „kirchlichen Selbständigkeit" der
letztgenannten Anträge und dem „Gemeindeprinzip" des Pro=
testantenvereins nur zwei verschiedene Formeln für ein und das=
selbe Grundbedürfnis erkennen. Die Wege, auf welchen die
Befriedigung dieses immer greller heraustretenden Bedürfnisses
angestrebt wird, mögen zur Zeit noch verschiedene sein. Über
die Notwendigkeit, die ausgefahrenen Geleise zu verlassen und
neue Wege einzuschlagen, ist man beiderseits einverstanden.
Und dies nirgends mehr als in Rheinland=Westfalen.

Wir bezweifeln keinen Augenblick, mit einer derartigen
„Parole" bei den Parteiführern der exklusiven Rechten und
Linken auf den gleichen Widerspruch zu stoßen. Denn es
werden allerdings unter den Parteibezeichnungen „protestanten=
vereinlich" oder „Hammersteinianer" sehr verschiedene Dinge
nebeneinander verstanden. Der nicht bloß kryptopapistische,
sondern offen papistische Standpunkt, von welchem einer der
„Protestanten der Germania" im zweiten Heft der Historisch=
politischen Blätter von 1888 für die Hammerstein=Brühl'schen
Anträge eintritt, hat mit den rheinisch=westfälischen Versamm=

lungen zu Gunsten dieser Anträge so wenig zu thun, wie die verbitterten enfants terribles des (seinem Grundprinzip nach für die verschiedensten dogmatischen Richtungen Raum bietenden) Protestantenvereins mit den Rothe'schen oder Bluntschli'schen Bestrebungen für die Wiederbelebung des kirchlichen Sinnes in der Gemeinde. Um jedoch hüben und drüben gleich sehr den Kern von der Schale unterscheiden zu lernen, ist kaum etwas lehrreicher als jene das ganze evangelische Rheinland-Westfalen umfassende Geistesbewegung, über deren Charakter Herr von Ditfurth in der Einleitung zu seiner Vertretung der Anklage gegen Thümmel ein so beredtes Zeugnis abgelegt hat.

Auf den immer mehr gefährdeten Vorposten der Diasporagemeinden hat man es früher als anderswo einsehen gelernt, wie über dem ewigen Parteigezänke die gemeinsamen Heiligtümer aller evangelischen Christen in Frage gestellt wurden. Die Differenzpunkte der verschiedenen Fraktionen und Fraktiönchen waren längst zur Genüge bekannt. Jetzt sah man oft zum eigenen Erstaunen, daß man doch noch viel wichtigere Dinge gemein habe. Wie oft ist uns aus den verschiedensten Parteilagern das Bild entgegengebracht worden: eine Zeit, wo das Haus des Nachbars in Brand gesteckt sei und die Flammen schon auf das eigene Dach hinüberzüngelten, sei gewiß die denkbar ungeeignetste, um sich darüber zu streiten, ob für einen Stuhl oder Divan die Formen der Gotik, der Renaissance oder des Rokoko sich schöner ausnähmen. Nur genügt es zum vollen Verständnis dieser „evangelischen Bewegung" noch nicht, die innerkirchliche Seite derselben allein ins Auge zu fassen. Gerade bei der aus den Thümmel'schen Prozessen erwachsenen Bewegung kommen noch andere Motive mit in Betracht.

Von der einen Seite die durch keinerlei Schranke mehr gezügelten höhnischen Triumphlieder der papistischen Presse, von der andern Seite das kaum weniger höhnische Siegesbewußtsein des Strauß'schen „Neuen Glaubens", der Hartmann'schen „Selbstzersetzung des Christentums", der Nordau'schen „Konventionellen Lügen" — und die einen wie die anderen Angriffe

gleich ſtraffrei in ihrem übermütigen Spott gegen das evan=
geliſche Chriſtentum und ſeine Bekenner — und dann bei
ſolcher Sachlage ein Mann, der gegen die Vergewaltigung
dieſes evangeliſch=chriſtlichen Bekenntniſſes Front macht, als
Verbrecher verurteilt, in dem Innerſten der perſönlichen Ehre
verletzt, förmlich wie ein Vogelfreier behandelt — wir appellieren
an alle Sachkenner, ob es nicht gerade derartige Kontraſte waren,
welche die Gemüter allenthalben in ſtets zunehmendem Grade
erregten!

Schon dieſe Empfindungen für ſich allein würden alſo ge=
nügen, um die längſt bemerkbare „Unterſtrömung" (das geflügelte
Wort des Politikers paßt gerade in dieſem Falle vortrefflich auf
die kirchliche Bewegung) verſtändlich zu machen. Aber daneben
darf nun weiter doch die allgemeine kirchenpolitiſche Sachlage
nicht außer Betracht bleiben, d. h. die ſtetig fortſchreitende neu=
jeſuitiſche Gegenreformation, dieſe zweite Gegenreformation inner=
halb des Katholizismus, innerhalb des Staatslebens, innerhalb
des Proteſtantismus ſelber. Mag man immerhin in Berlin
noch nicht in der Lage geweſen ſein, ſei es den alten, ſei es
den neuen Orden an ſeinen Früchten erkennen zu lernen! Ganz
anders ſteht es da, wo die mit Blut und Thränen geſchriebene
Geſchichte der alten Jeſuiten ſtets noch zu dem heutigen Geſchlecht
redet, und wo man doch gleichzeitig bereits die neuen Jeſuiten=
zöglinge genau auf den gleichen Wegen und mit den gleichen
Mitteln vordringen ſieht. Denn wie raſch hat es nicht die bei
ihrer Reſtauration ſo vornehm beſpöttelte Geſellſchaft Loyolas
wieder zu Wege gebracht, ſogar ihre eigene Vorgängerin, wenn
auch noch nicht der Zahl, ſo doch dem inneren Gehalt der er=
zielten Triumphe nach zu überbieten! In raſchem Fluge war
abermals ein Land nach dem andern umſpannt, ein Bistum
nach dem andern, eine Fakultät nach der andern erobert! Das
an den Einzelorten proviſoriſch Erzielte aber iſt durch das
Vatikankonzil nicht nur für den Bereich der ganzen päpſtlichen
Univerſalmonarchie, ſondern zugleich auch für alle Folgezeit mit
unfehlbarer Autorität umkleidet.

Unmittelbar daneben aber stellt sich die große Reihe von Siegen über die gleichen Staatslenker, welche zuerst selber die Hand zu der abermaligen Unterjochung des nationalen Katholizismus unter den Jesuitismus geboten. Wir können hier nicht in irgend welche Besonderheiten eintreten. Nur um jede ungerechte Beurteilung einzelner Persönlichkeiten von vornherein auszuschließen, möge wenigstens die regelmäßig wiederkehrende Erscheinung kurz konstatiert werden, daß noch jeder Einzelkampf eines isolierten Staates gegen die päpstlich-jesuitische Universalmacht, jeder zeitweiligen Aufwallung gegen die ununterbrochene Taktik, mit schwerer Niederlage geendigt hat. Die Antipapalaggression in England und die Aprilbewegung in Holland (von den wiederholten Konkordatsstürmen in Frankreich, den Klosteraufhebungen in Spanien, den Schulreformen in Belgien und so vielem Ähnlichen völlig zu schweigen) haben schon Jahrzehnte vor dem deutschen Kulturkampf den gleichen Ausgang gehabt. Aber wer darf heute noch leugnen, daß Wisemans triumphierender Ausblick über den letzten Krieg auf märkischem Sande nunmehr ebenso sehr zur Thatsache geworden ist, wie Buß' höhnische Drohung mit der klösterlichen Umklammerung des Protestantismus in seiner Heimat? Wer kann ferner noch blind dafür sein, in wie umfassender Weise die Wendung der deutschen Kirchenpolitik zugleich die übrigen Länder in Mitleidenschaft zog? Hat nicht das Jubiläum Leos XIII. die berühmte Heerschau Innocenz III. über die gekrönten Häupter seiner Zeit, d. h. auf dem Höhepunkte der mittelalterlichen Papstgeschichte, noch übertrumpft?

Nur über Eines hat man aus dem Munde des Friedenspapstes, welcher die Krönung des Gebäudes in Deutschland (!!) als eine reife Frucht ruhig erwartet, eine leidenschaftliche Klage gehört: über die Haltung Italiens. Aber wird nicht von der längst ohne Scheu in Aussicht gestellten „Generalabrechnung" des Weltkrieges nebenbei auch die Wiedereroberung der ewigen Roma erhofft? Und wie viel anderes daneben noch sonst? Fast offenkundig spinnen die Jesuiten mit ihrer Kreatur in

Bulgarien die Fäden, um — mit Hilfe der nicht einmal in den Konkordatstagen zu einem so allseitigen Einfluß wie heute gelangten klerikalen Geheimregierung in Österreich — die schismatischen Kirchen des Orients dem päpstlichen Stuhle zu unterwerfen. Aber der kirchliche Kreuzzug, von welchem „die Tochter des hl. Ludwig dem Nachfolger des hl. Petrus" ihre Huldigung sandte, ist in seinem Erfolge wiederum abhängig von der „Generalabrechnung". Jahr um Jahr wurde darum im jesuitischen Heerlager der so lange schon angestrebte Krieg zwischen dem protestantisch=deutschen und dem schismatisch=russischen Kaisertum zuversichtlicher erhofft. Die Wiederherstellung Polens und die bleibende Todfeindschaft Deutschlands und Rußlands bilden unentbehrliche Grundsteine des jesuitischen Zukunftsstaates. Daneben aber enthält dieses Zukunftsbild noch ganz andere Dinge. Daß England demselben als sichere Eroberung gilt, bedarf kaum noch besonderer Erwähnung. Aber welchem Kenner der jesuitischen Litteratur ist es mehr ein Geheimnis, was in Amerika und Australien im Werk ist, welcher leidenschaftliche Krieg auf dem Gesamtgebiet der evangelischen Mission spielt?

Im engsten Zusammenhang aber mit all diesen weltumspannenden Bestrebungen begegnet nun der evangelische Rheinländer Schritt auf Schritt dem — keinen Augenblick eingestellten — stillen Eroberungszuge der Kongregationen der Propaganda, des Index, der Inquisition (insgesamt „Einrichtungen der katholischen Kirche") in Deutschland. Er sieht die privilegierten Stände immer auf's Neue durch die trügerische Solidarität der sogenannt konservativen Interessen geblendet. Er sieht die untersten Schichten für eine Zukunftsrevolution eingeschult, welche die Träume der Sozialdemokratie an Gefahr weit überbietet. Er sieht die stetig zunehmende Machtstellung der klerikalen Parole in den parlamentarischen und gemeindlichen Körperschaften, nicht einmal vorübergehend durch die nationale Umgestaltung des Reichstages gemindert, nicht am wenigsten aber durch staatliche Behörden der verschiedensten Geschäftskreise gestützt.

Den Führern dieses inneren Ketzerkrieges ihrerseits gilt die Widerstandsfähigkeit des Staates im Grunde schon lahm gelegt. Zugleich aber sehen sie (meinen wenigstens zu sehen) nur durch den Staat, und nur zur Zeit noch, die verachtete Ketzerkirche gestützt. Welch' lohnende Aufgabe, dieselbe durch den Staat selber ebenfalls lahm legen zu lassen! Wozu hätte man denn, von dem Wiener Kongreß und dem bayerischen Konkordat und den Verhandlungen Niebuhr's an, das kanonische Recht stets als das noli me tangere für die staatlichen Diplomaten behandelt, wenn man einen so bequemen „Rechtsboden" nicht ausnutzen sollte? Es ist eine kaum übersehbare Reihe von Einzelerrungenschaften, aus denen die Vorgeschichte des katholischen, will sagen jesuitischen, Juristenvereins zusammengesetzt ist. Seitdem aber dieser Verein seine Fahne gar offen enthüllt hat, steht das Zukunftsziel, wenigstens auf deutschem Boden, nicht mehr in Frage. Oder vielmehr: die Dienstbarmachung der staatlichen Rechtsprechung unter das päpstliche Ketzerrecht erscheint der jesuitischen Heeresleitung nur noch als eine Frage der Zeit.

So zunächst jene instinktiven Empfindungen, auf Grund deren, wie gerade der nachmalige Kasseler Staatsanwalt aus seiner westfälischen Heimat heraus zu bezeugen hatte, ein vom weltlichen Gericht verurteilter Mann den kirchlichen Kreisen als „Märtyrer" galt. Wir verstehen den Protest des Staatsanwalts gegen diese Auffassung vollkommen. Aber wir mußten nicht minder die von ihm bekämpfte Meinung nach historischen Kriterien verstehen lernen. Aus demselben Grunde werden wir aber ferner, während unsere erste Betrachtung es vermeiden durfte, irgend ein eigenes Votum über die Persönlichkeit Thümmels abzugeben, bei der uns nunmehr gestellten Aufgabe auch das nicht umgehen können, den individuellen Charakter des so verschiedenartig beurteilten Mannes von nahebei in's Auge zu fassen. Denn allein so lassen sich auch dem Fernerstehenden sowohl die maßlosen Angriffe wie die ebenso maßlose Heraufschraubung verständlich machen. Nur daß wir der von Anfang an beobachteten Methode gemäß auch diesen „Charakterkopf" als solchen aus dem gesamten Entwickelungsgang seiner Umgebung heraus zu begreifen suchen. Ja wir sind diesmal sogar gezwungen etwas weiter auszuholen, als manchem Leser auf den ersten Blick als nötig erscheinen mag.

Wir glauben nämlich zu diesem Ende zunächst noch von jeder konfessionellen, von jeder kirchlichen, ja von jeder religiösen Idee, für die ein Mensch mit seiner Überzeugung eintreten kann, abstrahieren zu sollen. Denn es genügt im Grunde doch schon, daß man es mit einem Manne zu thun hat, hinter dem eine Überzeugung steht, oder der besser gesagt ganz Überzeugung ist, um demselben die Achtung auch Andersdenkender (so weit ihr Denken wenigstens nicht durch päpstliche Verfluchungen begrenzt ist) zugewandt zu sehen. Setzt sich aber ein solcher Mann völlig für seine Überzeugung ein, bringt er stetig steigende persönliche Opfer für die von ihm vertretene Sache, so gehört er zwar auf der einen Seite, wie Dr. Klasing in Kassel offen bekannte, zweifellos jenen Thörichten an, die ihr volles Herz nicht gewahrt haben! Denn wenn er auch der in dem Goethe'schen Verse geschilderten Gefahr, gekreuzigt und verbrannt zu werden, nicht mehr ausgesetzt ist, so kann er dafür um so schneller theologisch verketzert und juristisch verurteilt werden. Auf der andern Seite aber wird man jene Thorheit alsbald anders beurteilen, wenn man selber von dem Sehwinkel des Evangeliums auszugehen gelernt hat, daß auch heute den „Thoren" geoffenbart sein kann, was den Klugen und Weisen verborgen geblieben ist, während die Weisheit vor den Menschen sich nach wie vor als Thorheit vor Gott erweisen mag.

Bevor wir jedoch dieses A und O christlich-religiöser Weltanschauung auf christlich-kirchliche Fragen als solche anwenden, dürfte es ferner nicht unpassend sein, noch eine andere Parallele heranzuziehen, indem wir an einen zu seiner Zeit kaum weniger berühmten Prozeß aus unserer politischen Geschichte erinnern.[23]) Fühlt man sich doch ohnedem schon durch die Nachwirkung der Thümmel'schen Prozesse immer stärker in jene Tage zurückversetzt, wo das junge deutsche Reich aufgebaut wurde durch die Vereinigung der gleichen maßhaltenden Elemente der Konservativen und Liberalen, welche sich heute auch in den kirchlichen Dingen näher zu treten beginnen. In derselben Zeit, wo die freikonservative und die nationalliberale Fraktion neben einander erstanden und sich gegenseitig die Hand reichten, war aus dem immerhin sobald nicht verlöschenden Aschenhaufen des inneren Konflikts der Prozeß Twesten verblieben. Besser reden wir freilich auch hier von den Twesten'schen Prozessen. Denn genau so wie in dem Thümmel'schen Falle ging auch damals immer wieder ein neuer Prozeß aus dem früheren hervor. Der edle Mann persönlich aber ist im Grunde doch der immer erneuten Hetze erlegen.

Auch dem Schreiber dieser Zeilen durfte es immer wieder zur Freude und zum Troste gereichen, jene Tage des Zollparlaments, in denen, obgleich die Mainbrücke damals noch nicht geschlagen werden konnte, es doch nach Völk's zündendem Wort Frühling in Deutschland zu werden begann, in der selber erst werdenden Reichshauptstadt durchlebt zu haben. Aber umgekehrt ist es mir gleichfalls eine unvergeßliche Erinnerung geblieben, auch jenem treuen aufopferungsvollen Manne persönlich etwas näher getreten zu sein. Da lichtete derselbe denn allerdings das dem Nichtjuristen schlechterdings unverständliche Chaos aller jener Prozesse, bei welchen die sprüchwörtlich gewordenen Hilfsarbeiter des Obertribunals die bekannte Rolle gespielt hatten. Aber ich kann nicht leugnen, daß mitten in der nüchternsten Beschreibung eine tiefe Gereiztheit bei ihm durchbrach: in dem Bewußtsein, bei den besten uneigennützigsten Bestrebungen am ärgsten verkannt und mißbraucht worden zu sein. Nicht lange nachher kam die Todesbotschaft. An der festen Grundlegung des Gesamtreiches hat sich Twesten kaum noch beteiligen können. Aber schwerlich dürften unsere heutigen Juristen noch irgendwie in dem Urteil auseinander gehen, warum die Thätigkeit jener Hilfsarbeiter in das neue Reich nicht mit hinüber genommen worden ist.[24]) Für die Zukunft erscheinen neue Twesten-Prozesse als eine moralische Unmöglichkeit. Die Parallele mag sich Jeder selbst ziehen. So wenig wie die Gereiztheit des Juristen gedenken wir die Gereiztheit des evangelischen Pfarrers abzuschwächen, der das evangelische Bekenntnis vor der ihm aufgenötigten Glaubensverleugnung zu wahren hatte und darüber der staatlichen Rechtsprechung verfiel. Aber wenn wir ihm persönlich auch wünschen müssen, daß er dieser Stimmung Herr werde und sich nicht ebenfalls über ihr aufreibe, so hoffen wir doch zugleich mit Sicherheit von den Thümmelprozessen eine ähnliche Frucht für die evangelische Kirche, wie von den Twestenprozessen für das junge deutsche Reich.

Oder dürfte nicht mit Beziehung auf die kirchlichen Fragen noch um vieles mehr als hinsichtlich der politischen Dinge der alte Gegensatz zwischen den Schätzen, die Motten und Rost fressen, und den himmlischen Gütern und geistigen Gaben seine volle Beweiskraft behaupten? Muß nicht gerade bei der Stimmung der evangelischen Bevölkerung der preußischen Westprovinzen dieses Kriterium des Evangeliums selbst rückhaltlos angelegt werden? Prüfen wir darum nunmehr die Motive jener Stimmung speziell hinsichtlich der Beurteilung der Thümmelprozesse noch etwas näher auf ihren Ursprung!

Das hinter uns liegende Zeitalter war dem weitgehendsten Indifferentismus nicht nur in kirchlichen, nicht nur in religiösen, sondern sogar in den sittlichen Grundfragen verfallen. Nur um so höheren Wert für die folgende Generation aber sehen wir deshalb denjenigen Faktoren beigelegt, in welchen die zum Märchen gewordene religiöse Opferfreudigkeit leuchtend zu Tage tritt. Wie lange ist es her, daß tonangebende Blätter der geachtetsten politischen Parteien jene ins System gebrachte Immoralität predigten, daß der ästhetisch Höherstehende der kleinlichen Moral der 10 Gebote entwachsen sei! Wie keck tritt uns noch immer in Journalistik und Belletristik der Spott nicht nur über die veraltete Lehre der Apostel und Propheten, sondern nicht minder über die beschränkten Reformatorenköpfe entgegen! Ist doch sogar die gesamte Reformation bereits auch von dem Standpunkte (der doch gewiß die ärgsten Entartungen der in Libertinismus umgeschlagenen Pseudognosis erneuert)²⁵) beklagt worden, daß man doch vorher, wenn man sich einfach einigen nichtssagenden Zeremonieen gefügt, ein viel schöneres und bequemeres Leben geführt habe, als seit den der Reformation (will sagen der Gegenreformation) gefolgten Religionskämpfen. Wir reden dabei nicht einmal weder von dem Gründernoch von dem Strebertum. — Genug, daß wir eine Zeit hinter uns haben, wo das an der Kraft der Religion irre gewordene Geschlecht in dem religiösen Bekenntnis nur noch ein Mittel der Karriere zu sehen gelernt hatte, und nun zu seinem eigenen Erstaunen wieder Opfer um Opfer für eine solche Thorheit wie die religiöse Überzeugung gebracht sah.

Wir stehen nämlich abermals keinen Augenblick an, die von den deutschen Katholiken für ihre religiöse Überzeugung gebrachten Opfer (welche von der der welfischen Politik geleisteten Heeresfolge scharf unterschieden sein wollen) in die gleiche Kategorie zu stellen, wie die auf evangelisch-protestantischer Seite. Wir tragen ebensowenig Bedenken, den hessischen Renitenten Vilmar'scher Observanz unmittelbar neben den Sydow und Lisco einen Ehrenplatz einzuräumen. Und obenan unter allen den kirchlichen Gemeindebildungen, die das schwerste, weil das alltägliche und stille Martyrium getragen haben, werden dem Kirchenhistoriker der Zukunft die altkatholischen stehen. Aber wozu überhaupt weitere Namen häufen! Genug (so wiederholen wir nochmals), daß auch der spezifisch kirchengeschichtliche Hintergrund der Thümmelprozesse dem aufmerksamen Beobachter eine über Erwarten weite Ausdehnung zeigt.

Aber wir haben noch weiter zu exemplifizieren. Wer sich irgendwie mit der Geschichte des Martyriums zu beschäftigen hatte, der hat auch unter den verschiedensten Erscheinungsformen stets gewisse allgemeine Regeln, fast eine Art geschichtlicher Gesetze, wieder gefunden. An dieser Stelle dürfen wir jedoch wieder nur den einen Punkt betonen, wie alle die Bekenner oder

Märtyrer, von denen wir geschichtliche Kunde haben, nichts weniger als nachgiebige schwächliche Naturen gewesen sind. Am wenigsten von allen wohl der Erstgeborne unter den Menschenkindern, welcher die furchtbarste Strafrede, die wir überhaupt kennen (vgl. Matth. 23), gegen „die in Staat und Kirche herrschende Partei" schleuderte.

Doch wir dürfen es wohl unsern Lesern selbst überlassen, die mannigfachen gerade nach dieser Seite hin sich ergebenden Linien der „Nachfolge Christi" von den Tagen Tertullians bis zu denen Clarenbachs und Flystedens im Einzelnen zu verfolgen.[20]) Daß speziell der evangelische Puritanismus und Pietismus ein reiches Kontingent zu dieser Rubrik stellt, ja nur von hier aus in seiner vollen Eigenart verstanden werden kann, steht ja außer Frage. Damit brauchen wir jedoch überhaupt nicht weiter zu suchen, um zugleich die tiefsten Gründe der Sympathie so weiter Kreise für die Persönlichkeit Thümmel's klar vor Augen zu haben. Denn der Mann, welcher dem über ihn hereinbrechenden Sturm so tapfer die Stirn bot, sich durch nichts „kleinkriegen" ließ, trug so recht die altbekannten Züge der calvinischen „Kampfeskirche", an deren Energie sich der Ansturm der (das Luthertum so gut wie den Zwinglianismus zurückdrängenden) Gegenreformation brach. Beschimpft und verurteilt von den Andersdenkenden, im Stich gelassen und desavouiert von ängstlichen Freunden, abgemahnt und zur Ruhe verwiesen von den ihm wohlwollendsten Männern, ist er stets derselbe geblieben. Im Amte gestört, im Vermögen schwer geschädigt, gesundheitlich gefährdet, abgehetzt und überreizt, bietet er dem Fernerstehenden keine liebenswürdige Erscheinung. Aber das Urteil, welches, wie seine Gemeinde, so auch der Verleger und die Vertheidiger über ihn persönlich gefällt, hat sich zugleich allen denen bestätigt, die den Mann seine Sache vor Gericht führen hörten. Wie als Pfarrer auf der Kanzel, so hat er auch als Verteidiger seines Bekenntnisses vor den weltlichen Richtern sogar Übelwollende für sich einzunehmen verstanden. Was in dieser Beziehung schon früher von den Elberfelder Verhandlungen bezeugt wurde, galt nicht minder von denen in Kassel.[27]) Wir erinnern daneben in dieser Hinsicht nur noch nachträglich an die Thümmel'sche Schlußrede mit der Erklärung, wie er wahrlich Besseres zu thun wisse als Prozesse zu führen (S. 296), und mit den ergreifenden Details über die Verführung der Kinder in Geldern, die Straßenbeterinnen in Kevelaer, die Rechtslehre im Jesuiteninstitut zu Roermond (S. 298, 300). Auch wer die Rede erst später liest, fühlt sich unwillkürlich in den Eindruck der Hörer hineinversetzt, dem das „Extrablatt" der „Westdeutschen Zeitung" vom 6. Jan. 1888 Ausdruck verlieh: „Pfarrer Thümmel schilderte in eindringlicher lebendiger Schlußrede die inneren Beweggründe zur Herausgabe der Druckschrift und legte ein entschiedenes, glänzendes Zeugnis für das evangelische Bekenntnis ab." Aber wie vertragen sich mit diesem ernsten würdevollen Auftreten die Vorträge in Weitmar und Herne, wenigstens nach den Berichten, welche darüber durch die Zeitungen gingen? Suchen wir, bevor wir überhaupt urteilen, auch hier wieder obenan die wirklichen Thatsachen festzustellen!

Es kann uns auch bei diesen neuen Prozeßanlässen nichts ferner liegen, als irgend welcher Verteidigungsversuch für das Auftreten des Pfarrers Thümmel als solches. Ebenso wie bei dem Kasseler Prozeß werden vielmehr auch hier die von der Anklage vorgebrachten Momente denen der Verteidigung voranzustellen sein. Ebenso wie bei den Erstlingsprozessen werden wir auch jetzt wieder zwischen dem polemischen und dem historischen Standpunkte die schärfsten Grenzlinien ziehen. Ja, es wird sich unsere Kritik nicht einmal damit begnügen dürfen, das Verfahren Thümmels selber aufs Strengste zu prüfen, sondern wir werden die gleiche Kritik auch an die Ursachen anzulegen haben, welche sein neues Hervortreten veranlaßten, sowohl mit Bezug auf die in ihnen liegende Gefahr für unsere nationale Zukunft, wie auf die Möglichkeit, dieser Gefahr abzuhelfen. Allem andern zuvor aber wird es doch darauf ankommen, das wirklich Geschehene geschichtlich festzustellen, und nicht länger das Gerede einer übelwollenden Parteipresse mit den thatsächlichen Vorgängen zu verwechseln. Abgesehen von allen schon früher in dieser Beziehung beobachteten Daten haben ja auch die Kasseler Verhandlungen wieder neues denkwürdiges Material über die fortlaufende Beeinflussung der Presse zu Ungunsten des Angeklagten zu Tage gefördert. Man muß es abermals in den stenographischen Berichten (Seite 158) nachlesen, wie bereits die erste nach dem Elberfelder Prozesse vom Pfarrer Thümmel in seiner eigenen Gemeinde gehaltene Predigt zu einer neuen Aufnahme der uns sattsam bekannten Berichterstattung in dem „Hamburger Korrespondenten" Anlaß gegeben hat. Die kirchliche Oberbehörde ließ sich darauf hin die Predigt einsenden, wobei sich dann auch dieser Bericht als tendenziöse Entstellung erwies. Am gleichen Orte ist weiter der nicht minder unlauteren Berichte über die dem Elberfelder Urteile gefolgten, zur Straßenrevolte aufgebauschten Vorgänge in Remscheid gedacht. Bei den späteren Vorfällen von Weitmar und Herne aber stehen wir nun gar vor einer so merkwürdigen Zwickmühle zwischen den Berichten über die Thümmel'schen Reden selber und denjenigen über die von der Staatsanwaltschaft verfolgten Absichten, daß hier gewiß doppelte Vorsicht not thut.

Dessen ungeachtet muß unser Referat mit einem offenen Bekenntnisse über einen anfänglich auch von dem Referenten selber begangenen Irrtum beginnen. Jenem systematisch fortgesetzten Zwickmühlespiel war es nämlich in der That gelungen, eine derartige Verdunkelung des Thatbestandes zu Wege zu bringen, daß auch ich, allen früheren Vorkommnissen zum Trotz, längere Zeit glaubte, es müßte doch in Weitmar irgend etwas wirklich Straffälliges stattgefunden haben, und daß mir das gleiche in Herne in noch höherem Grade der Fall zu sein schien. Erst die mir freundlich verstattete Einsicht in die Anklageschriften hat mir die Augen geöffnet. Eine Veröffentlichung derselben steht mir hier leider nicht zu. Wohl aber bin ich nunmehr zu der entschiedenen Überzeugung gekommen, daß in der jetzigen Sachlage in der That die gerichtliche Untersuchung beider Zwischenfälle aufs dringendste gefordert werden muß, schon allein darum, damit das Verhältnis zwischen Presse und Anklage ganz und vollständig an die Öffentlichkeit treten kann. Denn erst dadurch, daß auf diesem Wege volles Licht in die ganze Sache gebracht wird, kann es zugleich offen heraustreten, wie sehr das alte frivole Spiel bei Anlaß des Elberfelder Prozesses auch in der ferneren unlauteren Täuschung der öffentlichen Meinung fortgesetzt wurde. An unserem Ort muß es uns dagegen einstweilen genügen, zunächst den Thatbestand selber zu konstatieren, um dann das, was in der Presse aus demselben gemacht worden ist, und was die Anklage aus dieser Presse aufgenommen hat, daneben zu stellen. Wenden wir uns also zuerst zu dem Weitmarer Vorgang vom 11. September 1887, um sodann in zweiter Reihe zu der Rede in Herne am 22. Januar 1888 überzugehen!

Erst die Kasseler Verhandlungen haben es nach langem streitigen Zeitungsgerede außer Zweifel gestellt (vergl. S. 154 ff. der stenogr. Berichte), daß auf Grund der Weitmarer Versammlung in der That wieder eine neue Anklage gegen Thümmel erhoben worden ist, und daß dieselbe zugleich abermals (wegen des in der „Westdeutschen Zeitung" vom 4. Oktober 1887 veröffentlichten Briefes von Thümmel) auf den Verleger Wiemann mit ausgedehnt wurde. Auch für den Fall also, daß dieser Anklage keine weitere Folge gegeben werden würde, war dadurch soviel erreicht, daß die beiden Angeklagten in Kassel als abermals desselben Vergehens schuldig erscheinen mußten.[28] Allerdings scheint dieselbe Anklage auch schon bei dem Reichsgerichte vorgelegen zu haben, welches somit ebenfalls mit der gleichen „Vervollständigung der Personalakten" zu rechnen gehabt hätte. Daß jedoch die Zustellung der Anklageschrift wegen einer im Anfang September gehaltenen Rede erst 8 Tage vor dem Kasseler Termine (also gegen 10 Wochen später) stattfand, erinnerte drastisch an das Zwischenspiel vor der Einleitung des zweiten Prozesses. Was für wirklich geschichtliche Thatsachen lagen denn nun aber dieser so lange zweifelhaft gebliebenen Anklage zu Grunde?

In Weitmar fand am 11. September eine der herkömmlichen Festversammlungen der evangelischen Arbeitervereine statt. Den Ursprung dieser Vereine werden wir hernach noch einer

näheren Untersuchung zu unterziehen haben. Hier haben wir
es jedoch zunächst nur mit den Festversammlungen derselben zu
thun, die im Wesentlichen den gleichen Charakter tragen wie die
allbeliebten G.-A.-V.- und Missionsfeste. Es findet zunächst ein
Gottesdienst in der Kirche statt, und sodann eine auf die Vereins=
mitglieder und eingeführte Gäste beschränkte Versammlung mit
freien Ansprachen. Der Zweck, zu welchem Pfarrer Thümmel
berufen worden war, und welchem er dergestalt nachgekommen
ist, daß auch seine gehässigsten Gegner kein Wort des Tadels
darüber vorbringen konnten, bestand in der Festpredigt. Auf
Grund der Erzählung vom Hauptmann von Kapernaum hat
diese Predigt (wie gerade die feindliche Presse bezeugt) einfach
den Wert der Arbeit und die Liebe zu derselben behandelt. In
der Nachversammlung ist dann, nach einer längeren Ansprache
des Vorsitzenden, auch Thümmel aufs neue zum Reden aufge=
fordert worden. Er ist dieser Aufforderung in einer Weise nach=
gekommen, welche in der Versammlung selbst eine warme Be=
geisterung hervorrief. Der Charakter des Ganzen geht am deut=
lichsten aus dem die Rede abschließenden ergreifenden Hoch auf
den Kaiser und aus der sofort nachher stehend gesungenen Kaiser=
hymne hervor.

Der speziellere Inhalt der Rede hat sich nämlich eng an
die mustergiltige Uhlhorn'sche Schrift angeschlossen, welche die
Stellung von Katholizismus und Protestantismus zu der sozialen
Frage in Parallele gestellt hat. Die eingehenderen Bericht=
erstattungen über den Gesamtzusammenhang dieser Rede, ja
sogar der Auszug in der mit den Gesinnungsgenossen des
Redners wiederholt in Konflikt gekommenen[20]) „Rheinisch=
Westfälischen Zeitung" machen einen ganz andern Eindruck
als den einer Hetzrede. Man wird geradezu angenehm über=
rascht durch die Fülle treffender Gedanken, welche in edler
ruhiger Form vorgetragen werden. Von all' dem ist jedoch in
den weitgrößten Teil der Tagespresse kein Wort übergegangen.
Man weiß fast durchweg nur von einer einzelnen Redewendung,
deren Form von vornherein in der stärksten Weise verdammt

wurde, ohne daß es aber bis dahin amtlich ins Klare gestellt worden ist, worauf sich diese Ausdrücke bezogen haben, und — — ob sie sich nicht denn doch auf Dinge beziehen, welche vom moralischen Gesichtspunkte schwerlich milder zu bezeichnen sein dürften.

Wie aber sind denn nun weiter diese tendenziösen Berichterstattungen über die Weitmarer Rede in Szene gesetzt? Genau durch dieselbe Verteilung des Geschäfts auf die verschiedenen „Kommanditen", wie bei den Artikeln über die beschlagnahmte Broschüre. Unwillkürlich wird man wieder an den Bericht des Germania-Reporters über die erste Berliner Versammlung des Ev. Bundes erinnert, wenn man die Weitmarer Vorgänge in der Beleuchtung der zuerst auf dem Plane erscheinenden „Westfälischen Volkszeitung" dargestellt sieht.[30]) Diesem ersten (von dem etwa 20 mal wegen Preßvergehen angeklagten Redakteur Insangel redigierten) Blatt folgte unisono die gesamte Kaplanspresse. Ihr sekundierte, mit vorübergehenden Schwankungen, das „Rhein.-Westf. Tageblatt". Der Hauptangriff aber wurde auch diesmal in einem „nationalen" Blatte, der vorgenannten „Rhein.-Westf. Zeitung" unternommen. Aus diesen drei Quellen haben sodann die „großen" Zeitungen geschöpft, und Berichtigungsversuche des schwer verleumdeten Mannes bei verschiedenen derselben fanden eine durchweg ungnädige Aufnahme.

So ungünstig jedoch nun auch alle diese Blätter vom Pfarrer Thümmel und seiner Ansprache reden, so auffällig widersprechen sich schon jene ersten Quellen derselben untereinander. Und zwar dies gerade in dem Punkte, der allein wirklich zur Anklage geführt hat.

Daß die Worte „tyrannisch, tierisch, viehisch" von Thümmel gebraucht sind, unterliegt schlechterdings keinem Zweifel. Aber der Gewährsmann der „Westfälischen Volkszeitung" läßt seine Rede in dem Ausdrucke gipfeln, „der Charakter der römischen Kirche sei tierisch, viehisch". Der Redakteur des „Märkischen Sprechers" erklärt, daß er den Redner nicht anders habe verstehen können, als daß mit jenen Worten der Katholizismus gemeint sei. Die „Rheinisch-Westfälische Zeitung" dagegen hat zwar einerseits durch die Auslassung der eben angeführten Worte den Leser das Allerärgste glauben zu machen gewußt, andererseits aber gibt gerade sie das Objekt derselben wieder ganz anders an: „Die römischen Priester sind nach außen höflich, sobald sie sich aber unbeachtet wissen (wir können das Wort nicht wiederholen. D. Red.) . . . ist ihr Charakter . . . Ich sage das vor den hier anwesenden Ultramontanen". Während jedoch die Redaktion jene Worte gestrichen und so naturgemäß die Aufmerksamkeit doppelt auf sie hingelenkt hat, hat sie es nicht für nötig erachtet, einen persönlichen Ausfall des Reporters gegen den Redner zu streichen.

So sind es einander gröblich widersprechende Zeitungsartikel, auf Grund deren die Staatsanwaltschaft eine Vernehmung und Konfrontation der verschiedenen Reporter einleitete. Jene Widersprüche sind dabei nur um so greller herausgetreten.[31]) Inzwischen wurde dann dem Angeklagten von zuverlässig scheinender Seite die Mitteilung gemacht, daß die Staatsanwaltschaft von der Erhebung einer Anklage Abstand genommen. Erst darauf hin hat er dann selber — jedoch nach den unmittelbar am Abend gemachten Notizen — den Gedankengang seiner Rede und speziell den Zusammenhang der angegriffenen Worte veröffentlicht.[32]) Wegen des Abdrucks dieses Briefes ist dann wieder der Verleger Wiemann abermals mitbeschuldigt. Während die Anklageschrift nämlich auf der einen Seite die Glaubwürdigkeit dieses Autorberichtes bestreitet (und zwar mit einer Motivierung, welche bleibende Beachtung verdient), soll auf der andern Seite der bestrittene Wortlaut an sich strafbar sein. Als ob nicht die eine Annahme die andere ausschlösse!

Fragen wir nun aber, worauf nach der Angabe des Redners selbst sich seine Worte beziehen, so finden wir darin einfach (was sogar noch in dem verstümmelten Berichte der „Rh.-W. Ztg." deutlich zu Tage tritt) den allbekannten Gegensatz zwischen dem höflichen und toleranten Wesen des katholischen Klerus gegenüber einer protestantischen Majorität, wie im größten Teile von

Deutschland, und zwischen dem ganz entgegengesetzten Charakter desselben in denjenigen Ländern, wo er chez soi ist, speziell bei den romanischen Völkern. Mit unzweideutiger Beziehung auf diese letzteren aber wird dann das ebenfalls hinlänglich bekannte apokalyptische Bild in Erinnerung gebracht, hier verstehe man es, warum das Antichristentum als in der Gestalt eines Tieres zu seiner Vollendung gekommen erscheine. Durch die ihm wie anderen inzwischen bemerkbar gewordene Spionage der ultramontanen Sendlinge dazu provoziert, hat der Redner dann noch nachdrücklich die abjektivische Wendung des „viehisch, tierisch" hinzugefügt.

Die Billigung oder Nichtbilligung einer solchen Redeweise scheint auch in diesem Falle zunächst wieder eine Sache des ästhetischen Geschmacks zu sein. Mag der Gegenstand, auf welchen sich dieselbe bezieht, eine derartige Bezeichnung noch so sehr herausfordern, so wird man es nichtsdestoweniger bedauern können, daß er jene Worte angewandt hat. Der Historiker muß wenigstens dieses Bedauern rückhaltlos aussprechen. Es läßt sich wohl auch teilweise auf jenen ästhetischen Gesichtspunkt zurückführen, daß die Mehrzahl der Zeitungen, an welche der Beschuldigte um Berichtigung der entstellten Thatsachen sich wandte, sich ablehnend verhielt. Wir fügen unsererseits aber weiter noch bei, daß nach all den früheren Erfahrungen es entschieden unklug gehandelt war, vor dem definitiven Entscheid der noch nicht ausgetragenen Rechtsfragen sich neuer Gefahr auszusetzen. Es ließ sich von vornherein erwarten, daß die alten Feinde Thümmel's auf jedes seiner Worte auflauern würden, um ihm einen Strick daraus zu winden. Er wußte nicht minder, wie überaus unbequem sein neues Auftreten den tonangebenden Tagespolitikern sein mußte. Auch an aufrichtigen Freundesmahnungen, sich wenigstens eine Zeitlang zurückzuziehen, dürfte es ihm schwerlich gefehlt haben. Aber neben den Opportunitätsrücksichten und neben dem ästhetischen Gesichtspunkte werden doch (noch ganz abgesehen davon, daß er sich nicht aufdrängte, sondern erst wiederholter Aufforderung folgte) auch noch einige andere Dinge mit zu berück=

sichtigen sein. Einmal nämlich die außerordentlich weite Verbreitung der (auf den sogenannten eschatologischen Reden Jesu, auf der Offenbarung Johannis und den Thessalonicherbriefen des Paulus beruhenden) „apokalyptischen" Erwartungen gerade in unserem Jahrhundert. Zum andern die von einer Periode zur andern verstärkten Thatsachen, welche die aus dem Mittelalter auf die nachreformatorische Zeit vererbte Anwendung dieser apokalyptischen Weissagung auf das Papalprinzip als solches bewirkt haben. Gerade der von Thümmel so unverkennbar in den Vordergrund gestellte Gegensatz zwischen den verschiedenen Formen des Katholizismus in verschiedenen Gegenden dürfte ja direkt dazu nötigen, an jene fast unübersehbare Fülle von entsetzlichen Dingen zu denken, durch welche dieselben romanischen Völker, deren Kirchengeschichte darüber in erster Reihe berichtet, in natürlichem Rückschlag zu der Grundthese le cléricalisme c'est l'ennemi kamen.

Den meist in einer ganz andern Welt lebenden Reportern der Tagesblätter kann es allerdings nicht zugemutet werden, die so wenig reellen Gewinn in Aussicht stellenden Zukunftsbilder in Betracht zu ziehen, welche auf der sogenannten „Apokalyptik" sich aufbauen. Wer aber auch nur eine geringe Kenntnis des kirchengeschichtlichen Entwickelungsganges besitzt, kennt diese Zukunftsbilder nicht nur als die vorherrschende Anschauungsweise der vorkonstantinischen Zeit, weiß sie nicht nur im ganzen Mittelalter immer wieder neu auflebend, und vor allem in der Reformationszeit von mächtigster Tragweite, sondern sieht sie vor allem in der Gegenwart aufs Stärkste sich ausbreiten. Denn dieselben werden heute nicht bloß von einer ganzen Reihe von kleineren kirchlichen Denominationen, die speziell auf ihnen sich aufbauten (Irvingianer, Darbysten, deutscher Tempel ꝛc.), vertreten, sondern haben auch im Schoße der älteren Kirchen zahlreiche Anhänger gewonnen.³³) Speziell der der Wiederkunft Christi zum Weltgericht vorangehende Antichrist ist bald in dieser, bald in jener Erscheinung gesucht worden. Die weitaus vorwiegende Deutung aber hat zu den verschiedensten Zeiten in dem Papalprinzip die Inkarnation des Antichristentums als solchem gesehen.

Kann man sich bei dieser Sachlage noch wundern, daß gerade die nachvatikanische Gestaltung des Papalprinzips einer solchen Idee neue Nahrung geboten hat? Handelte es sich doch hier in der That um eigentliche Korrelatbegriffe! Je mehr die papale Weltherrschaft aufs neue im Steigen begriffen erschien, desto größere und desto ernstere Kreise fühlten sich eben durch diese Weltherrschaft selber an das „Dieses alles will ich dir geben" der Versuchungsgeschichte erinnert. Je deutlicher sodann die Tragweite des Unfehlbarkeitsdogmas heraustrat, desto häufiger wurde der Weissagung von dem Menschen der Sünde, der sich in den Tempel Gottes setze und sage, er sei Gott, gedacht. Das berufene Malzeichen des Tieres ward immer bestimmter in der Unterwerfung unter die Umkleidung eines sündigen Menschen mit der Eigenschaft der Gottheit gesehen. Alle diese Gedanken sind zumal der sogenannt pietistischen Geistesrichtung bekannte Dinge, die man ja sehr verschieden beurteilen kann, die man aber immerhin kennen sollte, bevor man eine gerichtliche Klage daraufhin aufbaut. In noch höherem Grade aber dürfte ein bißchen bessere Geschichtskenntnis zu wünschen sein, bevor man die Frage aufwerfen läßt, inwiefern die am meisten charakteristischen Ereignisse der romanischen Kirchengeschichte durch die von Thümmel angewandten Ausdrücke verkehrt charakterisirt sind. Denn diese andern Länder bilden eben doch den ganz unverkennbaren logischen Gegensatz zu dem dem Protestantismus gegenüberstehenden deutschen Katholizismus. Der geschichtskundige Hörer und Leser von Thümmel's Worten ist daher durch dieselben geradezu genötigt, obenan an die anderswo stattgehabte gewaltsame Austilgung der Ketzerei zu denken: an Albigenserkriege und Bartholomäusnacht und Aufhebung des Nanter Edikts u. s. v. a. (sowie daneben etwa noch, falls man den geographischen Begriff weiter ausdehnen will, an alle die bekannten Entsetzlichkeiten der österreichischen Gegenreformation.) Von einer Beschimpfung der deutschen Katholiken ist nicht nur nicht die Rede, sondern sie ist durch den Gegensatz geradezu ausgeschlossen. Ob es aber auch nur im Interesse des von dem Katholizismus nicht scharf genug zu unterscheidenden Papalprinzips ist, mit Gewalt darauf aufmerksam zu machen, was alles in der Bulle Cum ex apostolatus officio Paul's IV. und der Unigenitusbulle Urban's VIII. verflucht wird, oder was die Fluchformeln Clemens' VI. gegen Kaiser Ludwig den Bayer und die auf der Bulle Summis desiderantes von Innocenz VIII. aufgebauten Rechtsbestimmungen des Hexenhammers einschließen?

Die erregten Ausdrücke eines einzelnen Redners in einer kleinen Versammlung wären in wenigen Tagen vergessen gewesen. Die Erhebung der Anklage hat die prinzipielle Frage über die Berechtigung des ihnen zu Grunde liegenden moralischen Urteils auf die Tagesordnung gesetzt. Nach den Kasseler Verhandlungen berichteten die lokalen Blätter von der Zurückziehung der Anklage wegen der Weitmarer Rede. Statt dessen ist sie nunmehr mit einer neuen Anklage wegen der Herner Rede verbunden. Vom historischen Standpunkte aus können wir die auf diese Weise zu erwartende Klarstellung nur aufs Wärmste begrüßen. Freilich dürfte die Veröffentlichung der Bochumer Anklageschrift den amtlichen Vertretungskörpern der evangelischen Kirche noch weit größeren Anlaß als bisher geben, mit der rheinischen Provinzialsynode über die „Herabwürdigung eines evangelischen Pfarrers in seiner innersten Persönlichkeit" Beschwerde zu führen.[34]) . . . . .

Ebenso wie die Kasseler Verhandlungen dieser Weitmarer Rede wegen der darauf hin erhobenen Anklage gedenken (S. 154), ist dort ebenfalls bereits auf die in Herne beabsichtigte Rede hingewiesen (S. 159). In der offensten und loyalsten Weise — freilich auch naiv genug die alten Todfeinde zu neuer Spionage herausfordernd — hat dort Thümmel selber erzählt, wie er eine ganze Reihe solcher Aufforderungen erhalten habe (es ist zuerst von ungefähr 15 und dann noch einmal von etwa 10 Einladungen die Rede). Er hat sogar das nicht verschwiegen, daß der Oberpräsident von Westfalen den evangelischen Arbeitervereinen den bisherigen Zuschuß aufgekündigt habe, wenn sie Thümmel nochmals zum Reden zuließen. Man hat gewiß Recht, in dieser ganzen Erzählung ein starkes Maß von Unklugheit zu finden. Zu gleicher Zeit zeugt sie aber wohl ebenso zweifellos von der rückhaltlosen Ehrlichkeit und dem guten Gewissen des Redners auch in Herne. Bei etwas besserer Kenntnis der Taktik seiner alten Gegner hätte er es ihnen sicherlich nicht so leicht gemacht, ihm neue Schlingen zu stellen.

Hinterher ist nun allerdings eine derartige Kritik, wie wir sie hier ausüben, eine bequeme Sache. Es muß jedoch gleich beigefügt werden, daß das, was sich infolge des vorherigen Bekanntwerdens von Thümmel's Absicht, in Herne zu reden, dort abgespielt hat, mit der Remscheider Meineidsprozedur um den Tugendpreis ringt. In die geschlossene Gesellschaft haben sich vermöge unwahrer Angaben ultramontane Spione eingedrängt. Die Herren haben sich sogar selber offen der gelungenen Lüge gerühmt.[35] Die von den sich selbst in solcher Weise charakterisierenden Reportern abgefaßten Berichte aber haben dann abermals (den beständigen Widersprüchen der „Zeugen" der Weimarer Rede zum Trotz) dem Staatsanwalt als vertrauenswürdige Unterlage zur Erhebung seiner Anklage gedient. Auf die völlig entgegengesetzt lautenden Berichte zuverlässiger Lokalblätter über Charakter und Inhalt der Rede ist nicht geachtet.[36] Dagegen finden sich sogar die einzelnen Hinweise der klerikalen Presse, durch welche Mittel der „unschädlich zu machende" Mann am besten zu fassen sei, mit bemerkenswerter Gelehrigkeit befolgt. So weist derselbe Artikel der „Westfälischen Volkszeitung" (von F., d. h. doch wohl wieder von dem als verantwortlicher Redakteur zeichnenden Fusangel), welcher mit dem Satz schließt: „Man wird daher zu überlegen haben, wie man ihn am wirksamsten unschädlich macht" zugleich schon auf den sichersten Weg zu diesem Zwecke hin: „Die vom Kaiser selbst festgesetzte Hofetikette enthält nach seiner Meinung eine Beschimpfung der protestantischen Ehre deshalb, weil der Generalsuperintendent hinter dem katholischen Bischof rangiert. Auch über die Adresse der verächtlichen Bemerkung über den von Kaisern und Königen geschenkten Papstflitter kann ein Zweifel nicht gut aufkommen." Es hat diese Belehrung in der That genügt, um eine Anklage wegen — — — Majestätsbeleidigung zu erheben![37])

Auf die Motivierung dieser Anklage einzutreten, ist uns leider wieder zur Zeit nicht verstattet. Das Gleiche gilt von den andern Anklagepunkten und von der nicht minder denkwürdigen Art, wie dieselben motiviert sind. In dem Herner, wie in dem Weitmarer Falle muß die Veröffentlichung der Anklageschrift abgewartet werden, um über die Einzelfragen ein Urteil zu fällen. Um so zweifelloser aber wird diese Veröffentlichung ein Aufsehen erregen, welches selbst das durch den Elberfelder Prozeß hervorgerufene überbietet. Denn alle früheren Versuche zur „Unschädlichmachung" eines Mannes, dessen Name als Typus echter Königstreue bekannt ist, werden gegenüber demjenigen zurücktreten, von dem es schon vorher bezeugt worden war, daß „man zu überlegen habe wie man ihn am sichersten unschädlich mache." Zugleich aber wird es mit erschreckender Klarheit zu Tage treten, durch welche Mittel in Zukunft das evangelische Bekenntnis als solches in Preußen mundtot gemacht werden kann.[38])

Der historischen Darstellung ist somit einstweilen hinsichtlich des Verhältnisses zwischen Kaplanspresse und Staatsbehörde der Mund geschlossen. Um so wichtiger aber ist die Ergänzung, welche unsere mit dem schweren Rüstzeug der historisch-kritischen Methode arbeitende Darstellung bereits heute seitens der Rechtswissenschaft selber gefunden hat. Wohl keiner der Leser wird es daher dem Verfasser verübeln, wenn er gerade bei einer Ausführung, wo ihm Schweigen auferlegt ist, den Ausdruck seiner Freude nicht zu unterdrücken vermag, daß das in unserem ersten Hefte (S. 7—9) bekundete Vertrauen zu unseren deutschen Juristen sich so rasch schon bewährt hat. Formell wie materiell enthalten die juristischen „Randglossen" eine unentbehrliche Ergänzung zu unserer historischen Beweisführung, eignen sich aber zudem auch vorzüglich für eine Aufklärung der zahlreichen Kreise, in welche die eingehendere

Untersuchung nicht einzudringen vermag. Dem Historiker aber, dem der Gebrauch von Geschichtsquellen versagt ist, deren bloßes Vorhandensein inzwischen von der jesuitischen Taktik aufs Schnödeste mißbraucht wird, liegt dafür eine um so ernstere Pflicht mit Bezug auf das allgemein zugängliche Material ob. Denn hier gilt es nun die genaueste kritisch-historische Untersuchung über die Mittel, vermöge welcher die uns von früher bekannte Beeinflussung auch des übrigen zeitunglesenden Publikums in einem noch größeren Umfang und nach einem noch geschlosseneren System als jemals zuvor in Szene gesetzt wurde. Wir dürfen darum den offen kundgegebenen Groll nicht übersehen, in welchem die „Rheinisch-Westfälische Zeitung" mit der langen Reihe der Kaplansblätter wetteiferte.[39] Wir haben die ganze Art und Weise zu prüfen, wie gerade von jetzt an die „Kreuzzeitung" in den Vordergrund des Kampfes gegen die unbequeme Persönlichkeit Thümmel's einrückte.[40] Aber mit der gewissenhaften Untersuchung der Haltung, die dieses oder jenes einzelne Blatt eingenommen hat, ist erst das kleinste Stück dieses ernsten „Zeitbildes" überschaut. Denn soweit überhaupt unsere Kenntnis der Preßäußerungen über diesen Herneschen Zwischenfall reicht, finden wir die in hohem Grade anerkennenden Berichte der evangelischen Lokalpresse ebenso totgeschwiegen, als die Urteilsfällung der verbündeten Gegner blindlings adoptiert. Und je weiter vom Schauplatz entfernt, um so zuversichtlicher scheint man im Urteil.[41]

Alle diese mit der Erhebung der jüngsten Anklage verbundenen begleitenden Umstände dürfen uns allerdings jetzt so wenig wie in einem der früheren Fälle veranlassen, unsererseits irgendwie für die von dem Angeklagten seinerseits angewandte Methode Partei zu ergreifen. Mag die auf der zeitigen Anwendung des § 166 beruhende Rechtsungleichheit beider Kirchen noch so unzweifelhaft sein; mag der von dem Kasseler Staatsanwalt gegebene Rat, die von papaler Seite begangenen Übertretungen des § 166 selber zur Anzeige zu bringen, sich als noch so illusorisch erweisen;[42] mag die Klage über das Nicht-

einschreiten der Staatsanwaltschaften wegen der ebenso schmach=
vollen als systematisch fortgesetzten Verleumdungen über Luther's
Tod auch keinerlei persönliche Spitze gegen irgend einen be=
stimmten Beamten enthalten, — so geht es doch schlechterdings
nicht an, deshalb von „staatsanwaltlicher Feigheit" zu reden.
Es ist ein eigentlicher Ehrenpunkt für uns, unser Bedauern
über eine derartige Ausdrucksweise auch in diesem Fall nicht
zurückzuhalten. Es kann kaum genug betont werden, daß die
von Thümmel gewählte Form ihm selber am meisten im Lichte
stand und gegen die von ihm vertretene Sache verwertet wurde.
Sogar dann, wenn die sämtlichen Anklagepunkte sich auf Miß=
verständnisse zurückführen sollten, hat eben doch der erste Anlaß
zu all diesen neuen Mißverständnissen darin gelegen, daß der
unvorsichtige Mann der Aufforderung zu einer solchen Rede ge=
folgt ist und sogar selber die Spionage seiner Todfeinde heraus=
forderte. Andererseits aber ist uns nun gerade hier noch mehr
wie bei einem der früheren Anlässe die Aufgabe gestellt, von
dem persönlichen Ausgangspunkte aus den allgemeineren Hinter=
grund ins Auge zu fassen. Sind wir doch erst jetzt wirklich
imstande, das in dieser Beziehung schon früher gegebene Wort
vollauf einzulösen, und rückhaltlos die Fragen zu stellen: wie
wollen die Vereine, welche gerade Thümmel zu wiederholten
Malen als Redner verlangten, als kirchenhistorische Erscheinung
beurteilt sein? welche Ursachen haben zu ihrer Entstehung ge=
führt? was für Aussichten sind an sie zu knüpfen?

Die Entstehung der „evangelischen Arbeitervereine" gehört erst
der jüngsten Vergangenheit an. Der neue Versuch unterscheidet
sich schon durch seinen konfessionellen Charakter von der ihm in den
Westprovinzen vorhergegangenen Vereinsbildung: dem „Deutschen
Verein." In dem letzteren fanden sich noch allerlei königstreue,
vaterlandsliebende Elemente zusammen: weder die Konfession
noch die gesellschaftliche Stellung gaben hier einen Trennungs=
grund ab. Der Deutsche Verein hat Jahre des zunehmenden
Aufsteigens und hoher Blüte durchlebt. Seine autographische
Korrespondenz für die Zeitungen hat der Beichtstuhlpolitik und

der Kaplanspresse längere Zeit siegreichen Widerstand geboten. In den meist von hervorragenden Männern gehaltenen Vorträgen wurde vor allem der Staatsgedanke, die nationale Einheit, gepflegt. Eine quellenmäßige Geschichte des Vereins würde heute mehr denn je am Platze sein. Noch mehr als von der Zeit seiner Blüte gilt dies jedoch von den Ursachen, welche den klug operierenden Gegnern allmählich Oberwasser gewährten. Sowohl der viel ausgebeutete „Konitzerfall"[43]), wie der Preßprozeß wegen „Majestätsbeleidigung" gegen den Leiter der Korrespondenz[44]) hätten längst eine Beleuchtung verlangt, welche, die begangenen Fehlgriffe bloßlegend, zugleich die tieferen Ursachen darstellte, welche den allmähligen Niedergang der Vereinssache zu Wege brachte. Denn es wäre allerdings gerade hier so recht vonnöten gewesen, daß ein Verein, welcher der im Verborgenen arbeitenden ultramontanen Organisation die Spitze bieten wollte, bei der Auswahl seiner Hilfsarbeiter die erprobte Klugheit der Gegner berücksichtigt hätte, und daß vor allem die Operationen der schon seit den Tagen Loyolas mit Vorliebe an den Höfen operierenden jesuitischen Handlanger nur von genauen Kennern der Ordenstaktik erörtert worden wären.[45])

Ob zur Zeit noch irgend welche Reste des Deutschen Vereins bestehen, ist uns nicht bekannt. Zweifellos hat der rapide Rückgang desselben ein schweres Verhängnis für die nationale Gesinnung der jüngeren Generation eingeschlossen. Da wir aber über jenen Verein so wenig aus eigener Erfahrung reden können wie über die Freimaurerei, so muß es an dieser Stelle genügen, den Unterschied zwischen der früheren (interkonfessionellen und auf alle Stände zugleich ausgedehnten) und zwischen der jetzigen (auf eine bestimmte Konfession und einen bestimmten Stand beschränkten) Vereinsbildung darzuthun. Unsererseits können wir schon vom allgemein vaterländischen Standpunkte aus nicht umhin, eine solche Wendung tief zu beklagen. Aber es kann leider keinem Zweifel mehr unterliegen, daß auch diese Einzelerscheinung einen allgemeineren Hintergrund hat. Seitdem die neujesuitische Taktik einen ähnlichen Keil wie die altjesuitische in unser

Volksleben zu treiben beginnt,⁴⁶) sind die früheren interkonfessionellen Gemeinschaften (bei denen oft genug die evangelischen Mitglieder die meisten Kosten bestritten, während die katholischen den Hauptgewinn davon hatten) einem chronischen Hinsiechen verfallen. Der hochernsten Vorfälle im Schoße der Gefängnisgesellschaft ist schon früher gedacht.⁴⁷) In die gleiche Kategorie gehört es nun aber auch, wenn die alten Ideale des Deutschen Vereins einen neuen Kristallisationskern in der jungen Form evangelischer Arbeitervereine gesucht haben.

Die Notwendigkeit einer derartigen Organisation, welche gleich sehr gegen die sozialdemokratischen wie gegen die (in der leidenschaftlichen Verhetzung gegen die Arbeitgeber ihre Genossen noch überbietenden) ultramontanen Arbeiterbünde Front machte, läßt sich schwerlich bestreiten. Der gleiche nationalliberale Abgeordnete, welcher das Zeitungsgerede über Thümmel's Persönlichkeit seinem parlamentarischen Urteil zu Grunde legte, ist bei dem gleichen Anlaß der entschiedene Vertheidiger des christlich-kirchlichen Charakters dieser Vereine geworden.⁴⁸) Der Vorwurf der konfessionellen Abgrenzung aber ziemt gewiß denen am wenigsten, welche den Anlaß und das Vorbild dazu gegeben.⁴⁹) Über die Zukunftsgestaltung der jungen Bewegung ist zur Zeit noch kein abschließendes Urteil möglich. Wie wir jedoch schon vorher kein Hehl daraus gemacht haben, daß im Interesse des Staates die zusammenhaltenden Vereinsbildungen den trennenden vorzuziehen sein würden, so dürfen wir auch bereits in dem jetzigen Stadium der Sache einige Bedenken nicht unterdrücken, welche sich je länger je mehr aufdrängen, übrigens unseres Wissens auch schon im Schoße des Vorstandes selbst eine verschiedene Beurteilung gefunden haben. Denn nicht in den Reden Thümmel's in diesen Vereinen, wohl aber in der Herausforderung zu solchen Reden scheint uns eine ernste Gefahr für die Zukunft angedeutet, auf die unsere Bilderrede schon früher hinwies. Nur muß uns zur Klarstellung dieses Punktes nochmals eine weitere Parallele gestattet sein!

Wir glauben diese Parallele nämlich in der sogenannten

„Berliner Bewegung" mit ihren antisemitischen Zuthaten suchen zu müssen. Wie bei jenen Arbeitervereinen im Westen, so liegen auch bei dieser sozialen Bewegung in der Reichshauptstadt unverkennbar schwerwiegende soziale Notstände zu Grunde; aber die Art, wie man denselben abzuhelfen suchte, unterlag in Berlin noch viel größeren Bedenken, als bei den auf die eine der christlichen Kirchen beschränkten Arbeitervereinen. So weit die Bemühungen, der beispiellosen Kirchennot abzuhelfen, einen religiös-kirchlichen Charakter trugen, hat sie auch derjenige begrüßen dürfen, der persönlich eine etwas andere Nuance gewählt haben würde. Die sogenannte Stadtmission hat darum auch in solchen Kreisen, die ihrem bekannten Leiter nichts weniger als Heeresfolge leisteten, thatkräftige Unterstützung gefunden. Ganz anders aber lautete das Urteil der gleichen Kreise über die Verquickung von Religion und Politik bei der „Berliner Bewegung" im weiteren Sinne, deren Leitung in verhängnisvoller Weise mit derjenigen der Stadtmission verbunden war.

Wer den brennenden Fragen der Gegenwart auf den Leib rückt, verzichtet damit auf das Recht, seine Meinung über die damit zusammenhängenden Vorfragen irgendwie im Dunkel zu lassen. Er wird sich von vornherein darauf einrichten müssen, den darauf bezüglichen „Interpellationen" ebenfalls Rede zu stehen. An diesem Ort aber sind wir um so weniger in der Lage, einer mehrere Monate hindurch immer leidenschaftlicher umstrittenen Angelegenheit aus dem Wege zu gehen, als die sogenannte Waldersee'sche Versammlung, und was damit zusammenhängt, gerade auch die uns hier zunächst beschäftigenden evangelischen Arbeitervereine in Mitleidenschaft zog. Noch bevor nämlich in einer der bekannten Berliner Abendversammlungen jene Dankadressen an ein hohes fürstliches Paar ausgelegt wurden, gegen deren Kolportage die „Norddeutsche Allgemeine Zeitung" ein so scharfes Wort richtete, war eine gleichartige Adresse bereits seitens einiger Führer jener Arbeitervereine veranstaltet. Während die solchermaßen organisierte Adressenbewegung jedoch ernste Bedenken hervorrief, hat der Aufruf zu Gunsten der Stadtmission selber seine zahlreichen angesehenen Unterschriften nicht nur aus den verschiedenen kirchlichen Richtungen neben einander gewonnen, sondern es ist dabei auch in der nachdrücklichsten Weise konstatiert worden, daß es sich bei einer so ernsten schwierigen Zukunftsaufgabe um keinerlei Parteitaktik handeln dürfe.

Wer die wüste Zeitungspolemik seit jener Waldersee'schen Versammlung mit ungeblendetem Auge verfolgt hat, mußte sich, wenn er sich noch irgend ein unbefangenes Urteil gewahrt, hier so gut wie bei den Thümmel-Prozessen gestehen, daß die Organe der einander bekämpfenden Parteien sich nichts schuldig geblieben sind. Dem aufgeregten Ton der Polemik entsprach dabei auch hier die Wahl der bedenklichsten Mittel. Hüben und drüben hat es sogar gleich wenig an eigentlichen Unwahrheiten gefehlt. Je trauriger aber eine derartig geführte „Preßkampagne" berühren mußte, um so höher ist gewiß der Erfolg anzuschlagen, der seit dem Inslebentreten des Aufrufs zweifellos vorliegt. Lang genug war die edle Absicht, welche von Anfang an vorlag, in gröblichster Weise entstellt und geradezu in ihr Gegenteil verkehrt worden. Erst der schließliche Erfolg hat auch das hohe Ziel, das schon in der ursprünglichen Absicht gelegen war — die Einigung der verschiedenen Theorien in der gemeinsamen Praxis —, als das höchste aller kirchlichen Zukunftsideale erkennen lassen. Für den durch den Zeitungslärm nicht Betäubten war dies allerdings schon vorher in der Stellungnahme des Vorstandes des Evangel. Bundes erkennbar gewesen, dessen Organe die nicht in seiner Mitte entstandene Idee sofort aufs Wärmste begrüßt hatten. Es genügt, auf den bereits in Nr. 2 der „Kirchl. Korrespondenz für die Tagespresse" veröffentlichten Artikel: „Der Evangelische Bund und die Stadtmission" hinzuweisen. Nebenbei sei nur noch daran erinnert, daß auch der öffentliche Aufruf selber die Namen der sämtlichen preußischen Vorstandsmitglieder aufwies. Was jedoch in diesem einen Punkte angebahnt worden ist, wird sich in Zukunft auf alle gemeinsamen Aufgaben der evangelischen Gesamtkirche übertragen müssen.[50])

Bedarf es nach diesem erhebenden Vorbilde noch der weiteren Parallelisierung zwischen der von dem Hofprediger Stöcker geleiteten Berliner Bewegung und den zunächst von seinen Gesinnungsgenossen ins Leben gerufenen rheinisch-westfälischen Arbeitervereinen? Oder liegt es nicht auf der Hand, daß hier wie dort die Unterstützung der religiös-kirchlichen Arbeit eine allgemeine Pflicht der Kirchengenossen sein kann, während der Verquickung von Religion und Politik gegenüber die höchste Vorsicht am Platz ist? Denn das, was in dem einen wie in dem andern Falle berechtigte Bedenken erweckt, liegt doch einfach in der Übertragung jesuitisch-papaler Agitation und Organisation auf den dafür schlechterdings ungeeigneten Boden der evangelischen Kirche. Die Versuchung, auch hier zu ähnlichen Waffen zu greifen, ist und bleibt eben eine Versuchung, welche noch heute dem „Weiche von mir Satan" verfällt. Ist dies Wort doch nicht nur in der speziell sogenannten Versuchungsgeschichte gefallen, sondern genau ebenso dem Petrus gegenüber, als er von dem Kreuzeswege ablenken wollte.

Die weltlichen Vorteile einer solch agitierenden Organisation sind ja allerdings unverkennbar. Die ganze äußere Machtstellung der römischen Weltkirche hat in derselben im 19. Jahrhundert noch gerade so ihre Grundlage, wie im Mittelalter in der mönchisch-demagogischen Aufhetzung der Volksmassen gegen die salischen und staufischen Kaiser. Die romanischen Länder bilden bis auf unsere Tage vermöge der gleichen Organisation die große Mehrzahl unter den Millionen, auf welche die Päpste so gerne als ihre Gläubigen (als ihre Unterthanen gelten ja alle Getauften) hinweisen. Aber welcher Kenner Süd- und Mittelamerikas, ja auch nur Spaniens, Süditaliens und gewisser französischer Provinzen, vermag die Leistungen eines so völlig zur politischen Weltmacht gewordenen Organismus für das sittlich-religiöse Leben der Völker zu rühmen? Auch auf deutschem Boden jedoch sollen wir die jesuitische Rubrik des Katholizismus nur ja nicht um ihre Erfolge beneiden. Je mehr die papale Phalanx Wahl- und Wühlpartei wird, je ungestörter sie ihre

Herrschaft den staatlichen, den gemeindlichen, den sozialen Verhältnissen aufzudrücken vermag, um so schlimmer steht es mit ihren innerlich-moralischen Zuständen. Alle die trüben Folgen der Hypokrisie, wie wir sie im Evangelium geschildert finden, liegen auch heute wieder auf offener Straße zu Tage. Man meint Gott einen Dienst zu thun, wenn man andere verfolgt.⁵¹) Man rühmt sich nicht zu sein wie die Zöllner, die Ketzer, und trägt sein Gebet und sein „Fastengesicht" auf der Gasse zur Schau.⁵²) Und wer es in dieser „Straßenfrömmigkeit" am weitesten gebracht hat, dem trauen schließlich — durch immer neue Erfahrungen eben in ihren vertrauten Vereinen belehrt — die eigenen Genossen am wenigsten.⁵³)

Aber wir wollen heute nicht auf Besonderheiten eintreten, so reich sie auch zur Verfügung stehen. Denn wir erwähnen dieser Erfahrungen überhaupt nicht, um die sozialen Folgen ultramontaner Herrschsucht zu schildern, sondern um vor jeder Nachahmung der gleichen Methode auf evangelischem Boden zu warnen. Die Kirche der dienenden Liebe hat mit andern Mitteln zu wirken, als denjenigen, welcher die Kirche der Weltherrschaft sich rühmt. Sie verfügt in ihrem eigenen Schoße über unvergleichlich höhere ethische Kräfte. Wo sich dieselben irgendwie frei zu entfalten vermögen, entziehen sie sich alsbald dem Bereich der so spezifisch papalen Zahlenreklame. Um so weniger darf darum die Kirche des Evangeliums jenes Grundgesetz des Evangeliums vergessen: „Hütet euch vor dem Sauerteig der Pharisäer, welcher ist die Hypokrisie."

Nichts würde uns ferner liegen, als in der Begründung evangelischer Arbeitervereine an sich schon die gleiche Gefahr zu erblicken, welche bei ihren ultramontanen Vorbildern in so schrecklichem Wachstum begriffen ist. Eben darum aber möchte schon von Anbeginn an darauf hinzuwirken sein, daß es nicht auch hüben zu ähnlichen Zuständen kommt wie drüben. Denn es liegt in der Natur des Menschen — und die ist bei all den verschiedenen Konfessionen dieselbe — daß diejenigen, welche für ihre Konfession dem Andersgläubigen gegenüber am eifrigsten eintreten, es nur zu leicht bei solchem Beweis ihrer Kirchlichkeit bewenden lassen und die eigentlich sittliche Bethätigung des persönlichen Lebens im Glauben wohl einmal vergessen. Und auch das andere ist in derselben Menschennatur schon gelegen, daß, wer den Beifall einer erregten Menge zu gewinnen sucht, sich unwillkürlich nach ihrem Geschmack richtet. Unsere parlamentarische Redeweise hat schon genug unter dem Verhängnis gelitten, daß die pikanten Witzeleien Windthorsts so dankbare Hörer gefunden. Der Ton der katholischen Generalversammlungen gar ist längst schon dem Lose verfallen, daß die Redner wetteifern, die Lacher auf ihrer Seite zu haben. Die Gefahr, daß auch auf evangelisch kirchlichem Boden ähnliche „Erfolge" gefeiert werden, scheint uns weit größer als die etwaige staatsanwaltliche Verfolgung des einen oder des andern der Redner.

Absichtlich haben wir bei dieser Zeichnung der allgemeinen Sachlage von dem Spezialfalle Thümmel's — die Frage nach der Berechtigung seines Herner Themas eingeschlossen — völlig abstrahiert. Es schien uns dies schon darum am Platze, weil er selber auch den Arbeitervereinen (ebenso wie früher seiner eigenen Gemeinde) jede Einreichung eines Gnadengesuches zu seinen Gunsten abgeschlagen hat. Außerdem aber will es zum Schluß nochmals nachdrücklich betont werden, daß erst die gerichtliche Untersuchung den inneren Zusammenhang der von dem Redakteur Fusangel gegen den Pfarrer Thümmel ausgegebenen Parole der „wirksamsten Unschädlichmachung" klarstellen kann.

Da es aber einstweilen noch nicht so weit gediehen ist, so können wir uns auch unsererseits der geschichtlichen Nachprüfung entschlagen, um statt dessen schließlich nochmals eine Parallele aus der Rechtsungleichheit der verschiedenen Kirchen heranzuziehen. Denn etwas viel Ernsteres als die im Affekt gesprochenen Worte eines schwer gereizten Mannes ist doch gewiß eine ins System gebrachte Ehrabschneidung. Mit einer solchen aber haben wir es in der offiziellen papalen Redeweise zu thun.

Ich will hier nicht an die bekannte Gladstone'sche Blütenlese aus dem Schimpfwörterlexikon Pius' IX. erinnern.⁵⁴) Ebensowenig an die von Leo XIII. mit Bezug auf den Protestantismus beliebten Redewendungen, wie der fleißige Pfarrer Brecht sie gesammelt.⁵⁵) Ja, auch alle jene termini technici der Kaplansblätter, die in den zur Regel gewordenen Flegeleien gegen den „Apostaten" Döllinger, gegen die „Blasphemie" der Altkatholiken gipfeln, mögen allenfalls noch mit dem Bildungsniveau dieser Presse in Verband gebracht werden. Aber darum würde derjenige doch schwer irren, der in irgend einer dieser lieblichen Redeweisen Zufall oder Willkür erblicken würde. Es handelt sich vielmehr um eine in allen Einzelausdrücken bestimmt vorgeschriebene Terminologie. Die Definition aller dieser Schmähausdrücke zeigt eine wahrhaft künstlerisch abgegrenzte Stufenfolge. Man vergleiche nur einfach das Enchiridion Symbolorum et Definitionum des bekannten Würzburger Professor Denzinger! Da findet man schon in der Vorrede die ganze Stufenfolge von der mildesten „Note": falsa, durch temeraria, errori proxima, haeresi proxima und erronea hindurch, bis zu haeretica (dem nach päpstlichem Recht noch heute todeswürdigem Verbrechen), und außerdem (als notae quae qualitatem magis quam gradum certitudinis attingunt) die weiteren nicht minder liebevollen Ausdrücke: impia, blasphema, schismatica, scandalosa, piarum aurium offensiva. Und zwar das alles „von Rechts wegen".

Dem mit der Kurialsprache unvertrauten Gemüte des modernen Zeitungslesers mag die Behauptung arg paradox klingen, daß der tiefste Unterschied zwischen Protestantismus und Papalismus (allerdings nicht Katholizismus) gar nicht auf dem Gebiete der Theologie liegt, sondern auf dem der Jurisprudenz. Aber je weiter der mit der Restauration des Jesuitenordens anhebende Entwickelungsprozeß vorrückt, um so deutlicher wird der beiderseitige Rechtsbegriff als die durch nichts zu vertuschende Grunddifferenz heraustreten. Hier die klare Erkenntnis, daß die frühere Rechtsanschauung (die nach dem Servet-Prozeß erst recht ausgebildet worden war) für immer gefallen; dort die Behauptung, niemals seine Rechtssphäre überschritten zu haben. Hier die stetige Fortentwickelung; dort die „Unverbesserlichkeit". Hier Gewissensfreiheit und Duldung; dort die kirchliche „Einrichtung" der Inquisition, mit den von infallibler Stelle dekretirten Hexenprozessen und Ketzerkriegen; mit den Verfluchungsbullen für die ungehorsamen Fürsten und dem Ablaß für diejenigen, welche ihre Mitchristen niederschlagen; mit der Forderung der tiefsten Ehrerbietung vor den Straßenprozessionen und der Mißhandlung derer, die ihrerseits ein nationales Fest feiern wollen.[56]) Denn die Praxis, dem Andersgläubigen sein Recht nicht zu gönnen, ist nur die unabweisbare Konsequenz des Prinzips, daß man selber allein das Recht hat. Die Briefe des Bischofs Martin von Paderborn an die seiner „Jurisdiktion" prinzipiell unterstehenden Protestanten seiner Diözese stellten bereits wieder offen denselben Rechtsbegriff auf, wie die Erklärung von Pius IX. an Kaiser Wilhelm, daß alle Getauften ihm angehören (appartengono). Derselbe Rechtsbegriff aber hat zugleich allen früheren, von papaler Seite angestrengten „Religionsprozessen" zu Grunde gelegen.

Welche Rolle die Religionsprozesse beim Reichskammergericht schon seit den Tagen des Wormser Ediktes gespielt, kann man am besten in den Jahren 1530 bis 1532 und 1547 bis 1552 studieren.[57]) Dieselben haben aber auch weder vor- noch nachher, weder Ständen noch Untertanen gegenüber, gefehlt. Und hat nicht das ganze Vorgehen gegen die beiden reformfreundlichen Kurfürsten von Köln, ja überhaupt die gesamte — auf Grund des oktroyierten geistlichen Vorbehalts stattgefundene — Gebietsberaubung geistlich-weltlicher Fürsten, denselben Charakter einer Rechtsprozedur getragen, über deren berechtigte oder nichtberechtigte Anwendung sehr verschiedene Meinungen nebeneinanderstanden? Auch die dem Augsburger Religionsfrieden unmittelbar gefolgten Zwangsbekehrungen der Untertanen „bekehrter" Stände auf Grund des (ganz besonders von den Jesuiten aus der protestantischen Theorie in die papale Praxis übertragenen) Rechtssatzes Cujus regio ejus religio sind nur die

Vorbereitung zu Weiterem gewesen. Wir können hier aller der Entsetzlichkeiten der Regierung Ferdinands II. und ihrer weiteren Ergebnisse im 30jährigen Kriege nicht im einzelnen gedenken. Aber sogar der westfälische Friede hat ja durch sein Normaljahr alle von 1618—1624 stattgefundenen Rechtsumkehrungen einfach sanktioniert. Trotzdem verfiel er wegen der den Protestanten bewilligten Glaubensfreiheit derselben päpstlichen Verfluchung wie sein Augsburger Vorgänger. Bedarf es nach allen diesen älteren Präzedenzfällen noch des Nachweises, auf Grund welcher Rechtsbegriffe Ludwig XIV. — mit der Aufhebung des Ediktes von Nantes nicht zufrieden — die 2000 Pfälzer Kirchen weggenommen und dasselbe Prinzip bis tief an den Niederrhein durchgeführt hat?[58]) Allein schon die das ganze vorige Jahrhundert beim Reichskammergericht schwebenden Prozesse über die „Pfälzer Religionswirren" bieten genügende Illustrationen der „Rechtsverhältnisse" im alten Reich. Die Prozesse gegen den Heidelberger Katechismus aber haben überall sofort begonnen, wo die Waffen der Vorkämpfer der „Glaubenseinheit" siegreich gewesen waren: nicht nur 1621 und 1685, sondern nicht minder noch 1719 und 1738. In dem dem letzteren unmittelbar vorhergegangenen Jahre 1737 aber ist sogar gegen den Frankfurter Neudruck der Schmalkaldischen Artikel vorgegangen worden.[59]) Es ist das im alten Reich niemals prinzipiell überwundene päpstliche „Ketzerrecht", welches auch in dem neuen Reich wieder seine „infallible" Geltung erstrebt.[60])

Anhang.

Die zu einem zweiten Hefte angewachsenen Ausführungen, über die Kasseler Verhandlungen einer-, die Zwischenfälle in Weimar und Herne andererseits, sollten ursprünglich nur einen Nachtrag zu einer der inzwischen nötig gewordenen neuen Auflagen des ersten Heftes bilden. Aber einmal folgten diese Auflagen zu rasch aufeinander, um jene Ergänzung zeitig genug zu Wege zu bringen, und sodann wuchs der neue Stoff unter der Hand in ungeahnter Art an. So hat der Verfasser sich schließlich nicht nur zur Separatausgabe der im Obigen gebotenen Beobachtungen, sondern überdies sogar zu einem zweiten Anhang veranlaßt gesehen. Denn gerade die erfreuliche Erfahrung, daß bei unserer ersten Darlegung obenan der Anhang allseitigste Beachtung gefunden, mußte es doppelt wünschenswert erscheinen lassen, auch diesmal (wie es ja ohnedem der historischen Methode entspricht) die im Text abgegebenen Urteile sofort quellenmäßig belegen zu können.

Bei den Erörterungen der Staatsanwaltschaft und der Verteidigung in Kassel konnte dies allerdings bereits im Texte selber durch den jedesmaligen Hinweis auf die stenographischen Berichte geschehen. Bei den Urteilen der Tagesblätter dagegen ging dies so wenig wie das erstemal an. Die Organe der verschiedenen Tagesparteien vermögen ja allerdings die von ihnen abhängigen Leserkreise in ihrer Urteilsbildung zu beeinflussen.

Selber aber erfreuen sie sich bekanntermaßen nicht gerade einer langen Lebensdauer. Wir sind daher speziell bei den einigermaßen beachtenswerteren Zeitungsartikeln — und zumal bei denen gegnerischer Art — genötigt gewesen, ihre Lebensdauer wenigstens auf die (an sich ja auch nicht viel größere) Spanne Zeit auszudehnen, welche den Flugschriften über Tagesfragen vergönnt ist. Außerdem aber ermöglichte die Form des Anhangs zugleich einige allgemeinere Betrachtungen, welche im Text die Natur von Abschweifungen getragen hätten, während sie uns gerade bei diesem Anlaß notwendig am Platze zu sein schienen.

S. 3 [1]): Die „Berliner Börsenzeitung" vom 8. Januar 1888 Morgenausgabe, Nr. 13) hat an leitender Stelle den nachfolgenden Artikel gebracht, dem wir — weniger um der dabei beobachteten Methode, als um des darin vertretenen Standpunktes willen — unverkürzte Aufnahme schulden:

„Der Pfarrer Thümmel war 26 Jahre alt, als er die Äußerung that, deren Konsequenzen zu dem neuesten, Aufsehen erregenden Prozesse geführt haben. Johann Heinrich Voß hat zu Anfang unseres Jahrhunderts in seinen scharfen Ausfällen gegen kirchliche Mißbräuche, zu welchen ihm der Übertritt seines Freundes Friedrich von Stolberg zur katholischen Kirche den äußeren Anstoß gab, die Hostie, welche nach katholischer Lehre nicht das Fleisch Christi vorstellt,[1]) sondern durch das Wunder der Transsubstantiation spottend „den gebackenen Gott" zu nennen gewagt. Eine ähnliche Bezeichnung ist von Goethe gebraucht worden. Weit schärfer hat sich Friedrich der Große ausgesprochen. Als im Juni 1882 in Geldern, wo Thümmel als Pfarrer angestellt war, die Straßen in hergebrachter Weise zu der bevorstehenden Frohnleichnamsprozession mit Birkenreisern geschmückt wurden und auch vor dem Hause, in welchem Thümmel wohnte, Reiser angebracht werden sollten, verbat sich der junge Pfarrer dies mit einer der obigen Äußerung ähnlichen verletzenden Bemerkung.

Im Munde eines christlichen Geistlichen, der das Abendmahl reicht, wenn auch in einem von der katholischen Lehre etwas abweichenden Sinne, klingt ein solches Wort ganz anders, als von den Lippen eines Freigeistes, der dem einen positiven Bekenntnisse so fern steht, wie dem

---

[1]) Ob die absolute Sinnlosigkeit dieses Diktums auf einem Schreib- oder Druckfehler beruht, vermögen wir unsererseits nicht zu enträtseln, da uns kein staatsanwaltliches Haussuchungsrecht zu Gebote steht.

andern.¹) Thümmel war und ist nicht etwa ein kritischer Kopf, sondern er ist ein orthodoxer Kämpfer der evangelischen Kirche. Man vernimmt lebhaft Anklänge an einen vielgenannten Hofprediger, wenn man vor dem Gerichtshof in Kassel, wo in den letzten Tagen der Prozeß zur Verhandlung kam, den Staatsanwalt dem Angeklagten eine ganze Reihe von Unwahrheiten vorhalten hört, und zwar offenbar bewußte Unwahrheiten. Einen beinahe komischen Gegensatz hierzu bietet es, daß Herr Thümmel, welcher den von ihm Angegriffenen Lüge vorgeworfen hat, erklärt, mit dem Worte Lüge habe er „selbstverständlich" keine bewußte Unwahrheit gemeint. Es scheint, daß in den Seminaren mitunter die Dogmatik der Deutschen Sprachlehre allzu sehr den Raum beschränkt.

Pfarrer Thümmel ist wegen der angedeuteten Äußerung über die Hostie zu einer Gefängnisstrafe von 14 Tagen verurteilt, aber er verdankt dem Reichsgericht die Befreiung von dieser Strafe. Dieses hob nämlich das Urteil auf und verwies die Sache zur nochmaligen Verhandlung an die Strafkammer in Düsseldorf, welche Thümmel freisprach, weil nicht feststehe, daß er sich der strafbaren Äußerung bewußt gewesen sei. Dieses Urteil erregte umsomehr Aufsehen, da in Geldern Katholiken und Evangelische sich unfreundlich gegenüberstehen. Die Staatsanwaltschaft legte Revision ein, aber das Rechtsmittel wurde vom Reichsgericht verworfen.

Im Jahre 1884 ist Thümmel, nunmehr 28 Jahre alt, nach Remscheid versetzt, im nächsten Jahre hatte er wieder einen konfessionellen Konflikt, veröffentlichte eine Erklärung, durch welche die katholische Kirche beschimpft war, und wurde von der Strafkammer in Elberfeld zu drei Wochen Gefängnis verurteilt. Nun schrieb der klerikale Heißsporn eine Broschüre „Rheinische Richter und Römische Priester", und wurde wegen Beleidigung der Richter und des Staatsanwalts in Elberfeld und wegen Beschimpfung einer Einrichtung der katholischen Kirche zu neun Monaten Gefängnis verurteilt. Aber wieder war es das Reichsgericht, welches

---

¹) Der obigen Ausführung scheint im Unterschied von der vorher vermerkten allerdings eine bestimmte Absicht zu Grunde zu liegen. Thümmel hatte, indem er Äußerungen von Max Nordau erwähnte, seinen von letzterem abweichenden Standpunkt gewahrt. Auf eine solche Verwahrung durfte die Antwort nicht ausbleiben. Der in derselben angeschlagene Ton läßt es wieder mit anerkennenswerter Offenheit zu Tage treten, daß der „freigeistige" Infallibilismus seinem vatikanischen Stammvater in dem gemeinsamen Gegensatz gegen die religiös-sittliche Lebensgestaltung ebenbürtig zur Seite steht (Vgl. Jahrb. f. prot. Theol. 1888 I, speziell S. 43—50). Die Anwendung doppelten Maßes für beide Sorten der „Ganzen" allen „Halben" gegenüber erscheint beiderseits selbstverständlich.

das Urteil wegen eines Formfehlers aufhob und die Sache zur nochmaligen Entscheidung an die Strafkammer in Kassel verwies, vor welcher sie seit dem 4. d. M. verhandelt worden ist.

Der Angeklagte gehört zu der Schule von Klerikern, welche sich um die Gesetze des Staates wenig kümmern und über das Urgesetz: Verletze Niemanden, durch ihr Amt sich hinweggehoben fühlen. Er hat vor Gericht erklärt, offenbar in der Anlehnung an Luthers: „Hier stehe ich": „Alles was ich thue, geschieht in meiner Eigenschaft als Pfarrer, die Lehre der symbolischen Bücher ist für mich maßgebend, gleichviel ob ich auf der Kanzel stehe, Konfirmanden-Unterricht erteile, oder eine Broschüre schreibe." Dieser kleine Luther hat sich aber doch sehr dagegen gesträubt, für die symbolischen Bücher ins Gefängnis zu gehen. Thümmel nennt die Messe Götzendienst, und als der Staatsanwalt ihm die Bedeutung vorhält, welche die Messe in der katholischen Kirche habe, entgegnet er: „Ich frage, werde ich nach den Auffassungen der katholischen oder denjenigen der evangelischen Kirche angeklagt? Wenn das erstere der Fall ist, dann ist es allerdings um die evangelischen Geistlichen schlecht bestellt."

So vollständig hat der Fanatismus bei solchem Manne, dem die Unterweisung der Jugend obliegt, die Begriffe verwirrt, daß er weder für den Begriff einer unter allen Umständen strafbaren Kränkung, noch für ein allen Staatsbürgern gleiches Recht, noch endlich für unparteiische Rechtsprechung das geringste Verständnis hat. Seine Verurteilung in Elberfeld weiß er sich nur dadurch zu erklären, daß unter den Richtern Katholiken gewesen seien. Welches Unheil könnte ein solcher Geistlicher anrichten, wenn im Volke noch die Dogmatik und das fanatische Einstehen für ihre unverstandenen Subtilitäten lebte, wie vor zwei Jahrhunderten! Die heutigen Hetzer haben glücklicherweise nicht die Macht, die erloschenen Flammen wieder anzufachen; statt daß die religiöse Unterweisung auf den rechten Weg für das Leben führt, muß das Leben das Korrektiv bieten für die Mißleitung der Jugend durch manchen Geistlichen.

Natürlich berief sich Herr Thümmel auf Luther; indem er weiter bemerkte, er freue sich, mit den Ansichten Friedrichs des Großen übereinzustimmen, hat er wohl nicht bedacht, daß seine geistlichen Vorgesetzten ihn auffordern werden, diese Übereinstimmung auf ein kleinstes Maß zu beschränken. Der Angeklagte betonte, daß der alte Fritz, sollte er heute seine Aussprüche verantworten, gerichtlich bestraft werden würde, und der Staatsanwalt gab zu, daß Luther, lebte er heute und schriebe er, wie er einst gethan, sicher verurteilt werden würde.

Thümmel ist typisch für einen großen Teil der Geistlichen, welche den ärgsten katholischen Hetzkaplänen nichts nachgeben, deshalb allein bietet der Prozeß Interesse und verdient die größte Beachtung. Stöckers Anmaßung wird hier in den Schatten gestellt, denn der Angeklagte, der immer der angreifende Teil gewesen ist,[1]) wagt sich in die Rolle Friedrichs II. zu versetzen, welcher angesichts der bei Zorndorf gefangenen Russen sprach: Mit solchem Gesindel muß man sich herumschlagen! Können wir uns wundern, wenn angesichts des Prozesses Thümmel die Priester auf der andern Seite sich dieses Satzes bemächtigen?"

S. 3 [2]): Der leidenschaftliche Ausfall der „Börsenzeitung" gegen die Richtung noch mehr als gegen die Person Thümmel's führt sich ihrer eigenen Erklärung nach darauf zurück, daß sie in ihm einen Gesinnungsgenossen Stöcker's erblickt. Danach dürfte man folgerichtig von der mit Letzterem so eng liierten „Kreuzzeitung", deren Chef=Redakteur zudem in der Barmer Versammlung, d. h. dem Thümmel'schen Freundeskreise, seine wertvollsten Bundesge= nossen gefunden, ein ernstes Wort, wenn nicht für Thümmel selber, so doch wenigstens für das gefährdete evangelische Be= kenntnis erwarten. Aber gerade an der Stelle, wo so viele dies in erster Reihe gehofft, wurde jedes derartige Wort absichtlich vermieden. Wo lag die Erklärung für diese vielfach aufgefallene Erscheinung? Es gilt ja die „Kreuzzeitung" noch immer nicht nur bei Freunden, sondern auch bei Gegnern als ein ganz be= sonders der Vertretung evangelisch=kirchlicher Interessen — wenn auch in einem bestimmten Parteisinne — gewidmetes Organ.

Aber man thut damit ihrer Tendenz einfach Unrecht. Nicht nur der Eintritt des früheren Redakteurs des „Westfälischen Merkur" in ihren Redaktionskreis, sondern vor allem die nach= drückliche Erklärung des Leitartikels vom 19. Juni 1887 hat über die wirkliche Tendenz kein Hehl gelassen. Es war dem= zufolge einfach eine unberechtigte Erwartung „strengkirchlicher" Kreise, gerade von diesem Organ ein warnendes Wort über die

---

[1]) Die kecke Umkehr der Thatsachen, welche in jedem Einzelfalle das Verhältnis von Angriff und Verteidigung einfach ins Gegenteil umgekehrt hat, ist gewiß von keinem geringeren pathologischen Interesse als der rohe Ausbruch cynischen Hasses gegen die Verteidigung des evangelisch=christlichen Bekenntnisses.

in den Prozessen gegen Thümmel in Frage gekommenen Beeinträchtigungen der evangelischen Kirche zu vernehmen. Das völlige Schweigen über den Ausgang der Kasseler Verhandlungen mochte dem oder jenem auffällig sein; es hing einfach mit der gesamten kirchenpolitischen Haltung der Redaktion zusammen. Die letztere hat sich darüber wieder mit anerkennenswerter Offenheit ausgesprochen (vergl. Nr. 22, I; 26. Januar 1888):

„Wir haben eine nähere Erörterung des Prozesses Thümmel absichtlich vermieden. Daß wir das Verhalten des Pastor Thümmel nicht billigen konnten, haben wir zwar nicht verhehlt, aber wir hatten keinen Grund, dasselbe zum Gegenstand eingehender abfälliger Kritik zu machen, nachdem die ultramontane Presse die Gelegenheit benutzt hat, um ihrem fanatischen Hasse gegen einen evangelischen Geistlichen in so maßloser Weise Ausdruck zu geben. Nun scheint aber Thümmel in der That neuerdings auch den letzten Rest von Besonnenheit verloren und einen demagogischen Ton angeschlagen zu haben, gegen den wir mit allem Ernst Verwahrung einlegen müssen."

Wenn sich jedoch jene „absichtliche Vermeidung" einer näheren Erklärung aus dem genannten Grunde begreift, so mußte es eben deshalb um so beachtenswerter erscheinen, daß dieses Schweigen alsbald gebrochen wurde, sobald sich (infolge des Herner Vortrags) Gelegenheit zu bieten schien, den in Kassel gewissermaßen rehabilitierten Mann bleibend zu diskreditieren. Der weitere Inhalt des (auf die Autorität der „Germania" und der „Rheinisch-Westfälischen Zeitung" gestützten) Artikels vom 25. Januar über den Herner Vortrag und die daraus hervorgegangene weitere Kontroverse kann aber erst bei Anlaß der letzteren selber berücksichtigt werden. (Vgl. Note 40, S. 98 ff.)

S. 4 [3]): Unter den an die Wahlmänner gerichteten Reden, in welchen die in Thümmel personifizierte kirchliche Richtung ausdrücklich bekämpft wurde, hat sich die des nationalliberalen Abgeordneten Reinhold am 17. Oktober 1887 besonders hervorgehoben. Wir entnehmen darüber der „Elberfelder Zeitung" vom 19. Oktober den nachfolgenden Bericht:

Herr Reichstags- und Landtagsabgeordneter Dr. Reinhold hatte einen Vortrag „über die praktische Stellung des Liberalismus zu den religiösen

Bewegungen, insbesondere den konfessionellen Streitigkeiten der Gegenwart" zugesagt. Derselbe beschränkte sich jedoch auf eine Ansprache und die dringende Bitte an die Parteigenossen, sich in die konfessionelle Verhetzung dieser Tage nicht hineinziehen zu lassen, sondern des Ursprungs und der Idee des deutschen Liberalismus eingedenk zu bleiben. Derselbe sei von niemand tiefer und edler gekennzeichnet als von Goethe, wonach es „nur einen Liberalismus gebe — die Liberalität der Gesinnungen, des lebendigen Gemüts."

Abweichend vom englischen Liberalismus mit seiner positiv kirchlichen oder sektiererischen Grundlage habe sich der deutsche aus der philosophisch-abstrakten Bildungsepoche um die Wende unsres Jahrhunderts entwickelt. Friedrich der Große, Lessing, Herder, Goethe, Schiller und Fichte seien seine Väter. Dieser Ursprung habe zwar dem deutschen Liberalismus einen tieferen und weltbürgerlich freieren Inhalt gegeben, zugleich aber die Kraft volkstümlicher Unterlage entzogen. Die Kluft zwischen den führenden Elementen der Bildung und den Massen sei Jahrzehnte hindurch verdeckt geblieben, solange die gemeinsame Opposition gegen die Engherzigkeit der Regierungen und der Bureaukratie jene Führerrolle populär gemacht habe. In der neueren Zeit, wo mit den erweiterten politischen Rechten die Volksmassen ihre menschlichen Ansprüche und Instinkte geltend machen, stehe der Liberalismus in einer gewissen Ferne und Entfremdung über jenen. Er habe die Bedeutung und Notwendigkeit des religiösen Lebens erkannt, müsse mit diesen elementaren Regungen des Volkes rechnen und nicht nur die in ihnen liegenden großartigen idealen Kräfte, sondern auch die Herrschaft des Absurden als eine Thatsache anerkennen, welche der Politiker nicht ignorieren könne. Er müsse in gleicher Weise das katholische religiöse Leben als eine Äußerung der geschichtlichen Nation auffassen, wie das protestantische. Nichts werde verkehrter und verhängnisvoller sein, als etwa Liberalismus und Protestantismus zu identifizieren. Daher könne man auch die an den Namen Thümmel sich anknüpfende Bewegung nur bedauern und bekämpfen. Wenn ihrem Vertreter teilweise formelles Unrecht geschehen, so rechtfertige dies nicht, an seiner geistlosen Gehässigkeit teil zu nehmen und seine geräuschvolle Angelegenheit als die Sache der Freiheit und des Rechtes aufzufassen. Es wäre wider die Natur des Liberalismus, wenn er aus der äußern Thatsache, daß Thümmel gegen die römische Unfreiheit zu Felde ziehe, sich die von ihm seinerseits geübte konfessionelle Beschränkung aneignen wolle. Es stehe hier Konfessionalismus gegen Konfessionalismus. Die liberale Partei dürfe aber keine Politik des Affektes treiben und lediglich die Gesamtentwickelung des Vaterlandes, seine Stärkung und Emporhebung aus den streitenden Partikularitäten früherer Zeiten erstreben.

Wir haben hier also eine Behandlung der gesamten kirchlichen Angelegenheiten von einem sich pronunziert als freidenkerisch bezeichnenden Standpunkte, zugleich aber die denkwürdigste Parallele zu der These des Staatsanwalts Pinoff, welche die ärgsten Verzerrungen der Religion auf gleiche Stufe mit der Religion selbst gestellt hatte. Die rückhaltlose Ehrlichkeit, mit welcher Dr. Reinhold den Standpunkt der Straußischen „Wir" proklamiert, darf allerdings auch von dem Gegner persönliche Achtung verlangen. Ob aber nicht dadurch zugleich nachträglich das schwerste Manko zahlreicher Mitglieder der Mittelparteien in dem Kulturkampfe in die Erinnerung gerufen wurde, indem man eine religiöse Potenz ohne eigenes religiöses Rückgrat überwinden zu können vermeinte?

S. 4 [4]): Auch im deutschen Reichstage hat die von Thümmel vertretene Sache nur entschiedene Mißbilligung gefunden. Ja sogar derselbe Abgeordnete, der am gleichen Tage (wir kommen unten (Note 48) darauf zurück) die evangelischen Arbeitervereine gegen ultramontane Gehässigkeit warm und geschickt verteidigte, brauchte nur den Namen Thümmel aus dem Munde Windthorsts zu hören, um alsbald zu erklären, daß er jenen „noch entschiedener wie der letztere selber mißbillige". Vergleiche den Bericht über die Sitzung vom 11. Februar (nach der „Westdeutschen Zeitung" vom 13. Februar, bei Anlaß der Debatte über die Wahl des Abgeordneten Haarmann):

Abgeordneter Dr. Windthorst bemerkt, daß die Ehre des Redakteurs Fusangel durch politische Verurteilung keineswegs gelitten habe. Wenn Herr Dr. Hammacher konfessionelle Streitigkeiten in die Debatte hineingetragen habe, so möge er sich doch darüber aussprechen, wie er über das Vorgehen des Pastors Thümmel denke.

Abgeordneter Dr. Hammacher erwidert, daß er das Verfahren des Pastors Thümmel noch entschiedener mißbillige, wie der Abgeordnete Windthorst. Übrigens habe nicht er, sondern der Abgeordnete v. Strombeck das konfessionelle Element in die Debatte getragen, und dessen Bemerkungen habe er zurückgewiesen.

Es ist schwerlich zweifelhaft, daß Dr. Hammacher an jenem 11. Februar bloß auf Grund von Zeitungsberichten ohne Kenntnis der stenographischen Verhandlungen geurteilt hat. Über den von Herrn Windthorst so warm verteidigten Redakteur Jusangel war dagegen vorher von Hammacher selber bemerkt worden, daß er „bereits zwanzigmal mit dem Strafrichter in Berührung gekommen, auch schon wegen verleumderischer Beleidigung bestraft" sei.

S. 5 [5]): Gerade bei dieser Note hat Verf. es mehr als bei irgend einem andern Anlaß zu bedauern gehabt, daß die Rücksicht auf den Raum es verbietet, eine größere Zahl von Artikeln der klerikalen Blätter in ihrem vollen Wortlaute aufzunehmen. Es würden nämlich bereits eine Reihe von bezeichnenden Äußerungen über den Beschluß des Reichsgerichts, welcher die neue Untersuchung nach Kassel verwies, und in welchem von vornherein eine Verletzung der rheinischen Gerichtshöfe gefunden wurde, in Betracht kommen. Ganz besonders aber verdienten die Urteile über das Kasseler Urteil selber eine vollständige Zusammenstellung. Da jedoch die Artikel der „Kölner Volkszeitung" und der „Bonner Reichszeitung" von den „Wupperthaler Volksblättern" reproduziert wurden, so mag an dieser Stelle der Hinweis auf die „Preßstimmen über das Kasseler Urteil" in dem letztgenannten Blatte (Nr. 14 vom 18. Jan. 1888) genügen.

Die Einleitung zu diesen „Preßstimmen" beginnt:
„Nicht nur in katholischen Kreisen erregt das Kasseler Urteil im Prozesse Thümmel billiges Befremden. Bei der Reserve, die wir aus Klugheits- und höheren Rücksichten gegenüber dem richterlichen Urteile uns aufzuerlegen haben, ist es nicht gut möglich, dies Befremden des Näheren zu präzisieren."

Die „Klugheits- und höheren Rücksichten" sind jedoch nicht so weit ausgedehnt worden, um nicht die Ausdrucksweise zuzulassen, daß „die Motive Dinge enthalten, für die uns jedes Verständnis fehlt"; daß „die beleidigten Elberfelder Richter sehr erstaunt sein werden zu hören, daß ihre hessischen Kollegen an zwei Stellen die Interpretation Thümmels als möglich angenommen", daß „Herr Staatsanwalt Hupertz ganz besondern Grund zum Erstaunen hat", daß „wer das begreifen kann, der begreife es. Die Gefühle, welche die rheinischen Juristen angesichts dieser

Thatsache beschleichen müssen, wollen wir lieber nicht zum Ausdruck bringen."

Bezeichnender noch als das wegen der „Klugheits= und höheren Rück= sichten" „nicht näher präzisierte Befremden" sind die Drohungen für die Zukunft. „Dieses Urteil wird die durch das Auftreten des Pfarrers von Remscheid tief erregte öffentliche Meinung nicht beruhigen, sondern noch tiefer aufregen. Die bezüglichen Diskussionen werden sich schwer= lich auf das Gebiet der Presse beschränken lassen. Die Drachensaat, welche dieser Mann gesäet, wird fortwuchern, und so werden die kommen= den Dinge noch schlimmer sein als die vergangenen." (K. V.=Z.) „Wenn das Kasseler Gericht ... eine Strafe von 6 Wochen Gefängnis als eine genügende Sühne erachtet, dann scheint es fast, als ob es mit dem Schutz, welchen die 18 Millionen katholischen deutschen Reichsbürger in ihren heiligsten Gefühlen finden, sehr unsicher bestellt sei." (B. R.=Z.) Über das geringere Strafmaß haben sich die „in ihren heiligsten Ge= fühlen" Gekränkten übrigens zugleich durch die in der Kaplanspresse her= kömmlichen „kleinen Scherze" zu trösten gewußt. So durch die Preisfrage, was — da die Vernichtung der Thümmel'schen Broschüre auch in Kassel bestätigt sei — nunmehr mit dem Exemplar im Thurmknopf zu geschehen habe; sowie durch das „zeitgemäße Rätsel" über „Kümmel, Lümmel, Thümmel" mit der Anwünschung (außer dem demnächstigen Ausruhen) eines „Aderlasses" für den letzteren. (W. B. Nr. 27.) Unter den fort= gesetzten Unwahrheiten über die Persönlichkeiten der Gegner hoben sich außerdem wieder die Berichte der „Wupp. Volksbl." vom 17., 18. und 28. Januar 1888 über die Frage der Revisionseinlegung gegen das Kasseler Urteil hervor. Vergl. darüber die interessante Erklärung des Herrn Wiemann (Ultramontaner Hokuspokus. Ein Zauberstückchen aus dem Jahre 1888) in der „Westd. Ztg." Nr. 25 (30. Jan.).

Noch vor den rheinpreußischen Blättern hatte das „Mainzer Journal" seine laute Stimme erhoben. In dem Domizil des „Katholischen Juristenvereins" erschien es geeignet, noch vor der Urteilsfällung Stellung zu nehmen. Der Leitartikel in Nr. 5 (6. Januar) gehört wieder zu denjenigen, deren wörtliche Wieder= gabe besonders am Platze wäre. Hier erwähnen wir jedoch nur, daß seinem Verfasser die gerichtliche Sühne des begangenen Unrechts, auf die er mit Sicherheit rechnet, noch nicht genügt:

„Hiermit wird indessen der Billigkeit nicht genügt sein. Der Prozeß Thümmel mahnt vielmehr alle rechtlich denkenden Protestanten, an die eigene Brust zu klopfen und für Abstellung gewisser Mißbräuche am heimischen Herde zu sorgen. Die Thümmelei hat eine symptomatische

Bedeutung, sie weist auf krankhafte Zustände in protestantischen Kreisen hin. Stöckerianismus, Evangelischer Bund sind weitere Kennzeichen derselben. Die Unduldsamkeit gegen den Katholizismus wird in den evangelischen Fakultäten und Seminarien, in Traktätlein und gelehrten Büchern, auf der Kanzel und in engeren Zirkeln gewerbsmäßig verbreitet. Und wie im Wupperthale, ist es in Thüringen, in Pommern, in allen deutschen Gauen, wo die protestantische Bevölkerung stark überwiegt. Da wir aber, Katholiken und Protestanten, wie siamesische Zwillinge, durch die Bande des gleichen Blutes und der gleichen Sprache verbunden sind, wozu soll es führen, wenn ein Bruder mit blindem Hasse und in Vorurteilen gegen den andern Bruder genährt wird?

Wupper und Mucker gibt einen schlechten Reim und doch gehören beide Begriffe zusammen. Ist es ein Zufall, daß im Wupperthale auch die Sozialdemokratie in Blüte steht? Wir glauben es nicht. Wo ein Volk mit Thümmeleien erbaut, mit Sottisen über die katholische Kirche „aufgeklärt" und gegen die katholischen Mitbürger mit allen Künsten verhetzt wird — da muß auch der Samen der sozialdemokratischen Hetze gegen die Reichen und ihre „Aufklärung" über den Reichtum auf fruchtbaren Boden fallen. Mögen sich das die Mucker merken!"

Daß endlich auch die noch weiter vom Schauplatz entfernte klerikale Presse — Dr. Warneck zählt zur Zeit 347 deutsche katholische Preßorgane und hält sein Verzeichnis für keineswegs vollständig — genau in der gleichen Weise vorging wie die Lokalblätter, bedarf bei der bekannten Methode des „Augustinusvereins" kaum einer besondern Bemerkung. Wir citieren wenigstens noch die polemischen Artikel im „Badischen Beobachter" (besonders Nr. 12 vom 15. Januar).

S. 11 *): Der Wegfall der amtlichen Titulaturen auf Briefen ist bekanntlich nicht nur in geschäftlichen, sondern auch in behördlichen Kreisen vielfach angeregt worden. So lange aber von denselben amtlich Gebrauch gemacht wird, sollte gewiß erwartet werden können, daß in amtlichen Erlassen eines Ersten Staatsanwalts nicht einem Pfarrer das nur den höheren Instanzen vom Superintendenten an zustehende „Hochwürden" zu Teil würde. Desgleichen möchte die Bezeichnung des „Analphabethen" Teitscheid mit „Hochwohlgeboren" ebenfalls ein gewisses Interesse beanspruchen (vergl. S. 262/63 der stenogr. Berichte).

5*

S. 12 ⁷):

„Es liegt mir fern, irgend welche Einrichtungen und irgend welchen Gebrauch, sei es der lutherischen, sei es der katholischen Kirche irgendwie zu verherrlichen oder als vorzuziehen hinzustellen. Das ist nicht meine Aufgabe als Staatsanwalt." ... „Ich werde auch hier wieder verschiedene Punkte hervorheben können, in denen der Angeklagte sich gar einer Unwahrheit schuldig gemacht, ich sage nicht einer Lüge."

S. 12 ⁸):

S. 170/1. Anklage: „Wir fragen: was ist eine Einrichtung, was ein Gebrauch der katholischen Kirche? Weiterhin haben wir uns nicht zu bewegen; wir haben uns nicht darüber zu orientieren, lassen sich diese Einrichtungen und Gebräuche der katholischen Kirche rechtfertigen vor dem denkenden Geist, lassen sie sich aufrecht erhalten vor der Forschung auf Grund der Bibel, lassen sie sich aufrecht erhalten und erscheinen sie duldbar auf Grund des lutherischen Bekenntnisses? Alles das haben wir nicht zu berühren, sondern wir haben nur zu fragen: wo ist die Einrichtung, und welches ist die Einrichtung, und weiter zu fragen: ist die Einrichtung beschimpft worden."

id. „Wenn die Frage mit Ja beantwortet wird, ist eine Einrichtung beschimpft worden, dann ist natürlich auch eine Verurteilung auszusprechen ohne Rücksicht auf unseren eigenen religiösen Standpunkt. Diese beiden Fragen gehen sich gar nichts an. Der Angeklagte hat sich heute auch über den § 166 ausgesprochen. Nun, wir haben einstweilen als preußische Richter, als deutsche Richter zu urteilen nach dem Str.-G.-B. Ist dieser § des Deutschen Str.-G.-B. in Wirklichkeit de lege ferenda nicht aufrecht zu erhalten, nun dann ist der Angeklagte ein Opfer seiner Zeit geworden und mag sich damit trösten, falls es wirklich gelingen sollte, wie er der Meinung zu sein scheint, diesen § 166 vollständig zu beseitigen."

id. S. 190. „Es gebraucht der § 166 ganz ausdrücklich den Ausdruck: mit beschimpfenden Äußerungen Gott lästern oder eine Kirche oder deren Einrichtungen beschimpfen. Es ist das Beschimpfen mehr als herabsetzen, sich mißliebig über etwas aussprechen, es ist das Besprechen in einer besonders verletzenden, besonders niedrigen Form der Ausdrucksweise. Was im einzelnen beschimpfen sei, das kann natürlich das Str.-G.-B. nicht sagen, das muß uns der Sprachgebrauch und zwar der heutige Sprachgebrauch sagen, und weiter kommt es auf die Umstände an, unter welchen eine bestimmte Äußerung geschieht. Es ist möglich, daß eine Äußerung, welche unter diesen Umständen fällt, beschimpfend ist, unter anderen Umständen nicht beschimpfend ist, es kann sogar möglich sein, daß eine Äußerung, die von einer gewissen Person in einem gewissen Verhältnis gesprochen wird, nicht beschimpfend ist, während, wenn dieselbe Äußerung von einer andern Person unter anderen Verhältnissen gesprochen wird, sie doch eine Beschimpfung ist."

S. 242/3. Verteidigung: „Der glücklichste Teil der Ausführungen der königlichen Staatsanwaltschaft, m. H. R., ist m. E. der, wo er nicht ohne einen gewissen Humor, wie mir schien, die Proteusnatur des Wortes „Beschimpfung" im Sinne des § 166 charakterisierte, wie er da sagte: „Beschimpfung ist alles, Beschimpfung ist nichts". ... Ja, ich bin dieser Ausführung, die nach meinem Dafürhalten ganz vortrefflich und mehr als vortrefflich, nämlich richtig war, zu ungemeinem Danke verpflichtet; denn sie hat mir die Ausführungen erleichtert, daß ich sage, bei Anwendung des § 166 wird, wenn man es mit einem so proteusartigen Begriff zu thun hat, der heute dieses, morgen jenes, übermorgen wieder ein drittes ist, wird die Subjektivität dessen, der ihn anwendet, auch eines der Momente sein, welches bei Fixierung des Begriffs in Betracht kommt."

id. S. 293. „Ich habe es angeregt, ich halte es aufrecht, daß zum Begriff der Beschimpfung gehört, daß etwas thatsächlich Unrichtiges behauptet wird. Es kulminiert die Behauptung des Gegenteils, die der heutige Herr Staatsanwalt aufgestellt hat, in der Behauptung eines früheren Staatsanwaltes, daß, wenn die Vielweiberei in Deutschland von irgend einer Kirche als Einrichtung eingeführt werde, sie ohne weiteres auf den Schutz des § 166 Anspruch hätte. Dahin führt es, wenn man dem Satze, den der Herr Staatsanwalt aufgestellt hat, folgt."

S. 12 [9]):

S. 278. Verteidigung: „Die Proteusnatur des § 166 des Str.-G.-B., wie sie allerdings in außerordentlich treffender Weise von dem Herrn Staatsanwalt geschildert worden ist, die absolute Flüssigkeit des Begriffs, die soweit geht, daß man den alten Satz si duo faciunt idem non est idem darauf zur Anwendung gebracht hat, führt in ihrer leicht sich ergebenden Anwendung zu dem Resultat, daß eben das Bewußtsein der Rechtswidrigkeit bei dem Angeklagten absolut nicht vorhanden gewesen sein kann."

S. 285/6. Anklage: „Das Plaidoyer enthielt im wesentlichen eine Ausführung der theologischen Streitfrage, eine Ausführung, in welcher Weise die evangelische Kirche durch die katholische bedrängt werde. Darauf alles kommt es aber nicht an; wir haben nicht hier Glaubenssachen zu entscheiden, wir haben nicht zu entscheiden: geht die andere Seite aggressiv vor, sondern nur: ist der Angeklagte in einer unter die Bestimmungen des § 166 des Str.-G.-B. fallenden Weise aggressiv gegen die andere Kirche vorgegangen?"

S. 12 ¹⁰):

S. 188/9. Anklage: „Nach den Ausführungen des Angeklagten Thümmel muß ich doch annehmen, daß die Maiandachten thatsächlich ein Gebrauch der katholischen Kirche sind. Es wird dazu, daß etwas Gebrauch sei, daß etwas als Gebrauch anerkannt werde, nicht erfordert, daß es allgemein in der ganzen katholischen Christenheit in jeder Gemeinde gehandhabt werde, sondern es genügt zu dem Begriffe eines Gebrauches der Umstand, daß in der überwiegenden Mehrheit bis auf einzelne Ausnahmen etwas in der katholischen Kirche als Teil des Gottesdienstes, als Teil der Gottesverehrung oder als Teil des Kultus, will ich sagen, geübt und gepflegt werde."

S. 246/7. Verteidigung: Es ist mir vollständig neu, daß die Maiandachten in der von den Jesuiten eingeführten Form, wo nicht das Christuskind, sondern nur ein Marienbild in phantastischem Sinnenreiz verehrt wird, eine Einrichtung der katholischen Kirche seien. Man darf in dieser Beziehung nicht so schneidig sein, wie es die Königliche Staatsanwaltschaft thut, alles, was thatsächlich von katholischen Gemeinden, und sei es in der Mehrzahl derselben, geschieht, nun ohne weiteres als einen Gebrauch, als eine Einrichtung der Kirche anzusehen, die unter den § 166 des Str.=G.=B. fällt..... Die königliche Staatsanwaltschaft wird nicht leugnen wollen, daß die Inquisition eine Einrichtung der katholischen Kirche gewesen ist, und eine solche, von der sie recht häufig Gebrauch gemacht hat; aber dieser Gebrauch fällt nicht unter den § 166 des Str.=G.=B. Der Gebrauch der Ketzerverbrennung war auch ein Gebrauch der katholischen Kirche, und nicht nur ein Mißbrauch, sondern es wird allen bekannt sein..., daß es ein nicht antiquirter Satz ist, daß die Ketzer unter allen Umständen im Prinzipe mit dem Tode bestraft werden müssen, sondern daß dies ein in der katholischen Kirche geltender rechtlicher Satz ist, daß auch jetzt noch im Prinzip die katholische Mutterkirche das Recht für sich als ein göttliches Recht in Anspruch nimmt, Andersgläubige am Leben zu bestrafen..... Daraus geht zur Evidenz hervor, daß, wenn man alles, was die Kirche lehrt, thut und treibt, als eine durch den § 166 zu schützende Einrichtung bezeichnen wollte, man zu einem völligen Nonsens gelangen würde, derartige, in unseren Augen geradezu märchenhafte Auswüchse von unserem protestantischen Standpunkt aus durch das Strafgesetz schützen zu müssen. So meine ich, m. H. R., können wir darüber nicht im Zweifel sein, daß man sich nicht einfach mit der Begründung: so wird es in einzelnen Gemeinden, auch in der Mehrzahl der Gemeinden gehandhabt, bei dem Nachweis, ob es sich um eine Einrichtung und einen Gebrauch der Kirche handelt, welche das deutsche Str.=G.=B. unter den Schutz seiner Strafbestimmungen stellen wollte, — daß man sich nicht so leichter Hand mit diesem Nachweis abfinden kann.

S. 12 ¹¹):

S. 193. Anklage: „Dann aber weiter, wenn Dr. Martin Luther heute lebte, unter dem Geltungsbereiche des § 166 des Str.-G.-B., und er alles dasjenige sagte, was vor 300 Jahren gesagt worden ist, so würde er ganz gewiß ebenfalls unter den § 166 gezogen werden (Bewegung und Heiterkeit im Publikum), weil heutzutage diejenigen Ausdrücke, welche nach der vor 300 Jahren geltenden allgemeinen Anschauungs= und Sprachweise nicht beschimpfend waren, durch den Geschmack und die Richtung der folgenden Jahrhunderte beschimpfend geworden sind."

„Weiter sagt der Angeklagte, es steht das doch auch in den Bekenntnisschriften, und auf diese bin ich verpflichtet. Diese Bekenntnisschriften aber enthalten ebenfalls den Wortlaut einer Zeit, die über 300 Jahre hinter uns liegt, und darauf ist meiner Ansicht nach genau dasselbe anzuwenden."

S. 13 ¹²):

S. 253 ff. Dr. Sello: „Wenn die königl. Staatsanwaltschaft in ihrer nach meinem Dafürhalten nicht richtigen Darlegung über die Verbindlichkeit der evangelischen Symbole und in ihrer Wortfassung die Angeklagten damit tröstet, daß sie wegen der Ausschreitungen der Katholiken die Staatsanwälte der katholischen Gegenden in Anspruch nehmen möchten, so möchte ich mir die Frage gestatten, ob die königl. Staatsanwaltschaft meint, daß irgend ein katholischer Staatsanwalt von den Bullen und den Konzilsbeschlüssen, die der katholischen Lehrmeinung zu Grunde liegen, einen wichtigen Teil so leichten Herzens als historischen Ballast bei Seite werfen würde, wie es nach den Ausführungen der königlichen Staatsanwaltschaft in bezug auf die symbolischen Bücher unserer Kirche erschien. Wenn diese wirklich noch einen historischen Wert haben, so sage ich: das ist mindestens der direkte Gegensatz der katholischen Auffassungen, die sich heutzutage noch unter allen Umständen für berechtigt halten, mit denselben feierlich mittelalterlichen Worten das Anathema, den Kirchenfluch über uns auszusprechen, mit denen es vor Jahrhunderten geschah."

„Der Herr Staatsanwalt meinte, wenn man unsere evangelischen Symbole dem Konfirmandenunterrichte zu Grunde legte, so habe er gar nichts dagegen, denn das geschehe nicht öffentlich. Also eine Beschimpfung ist es nicht, wenn man im evangelischen Konfirmandenunterricht die Konfirmanden lehrt nach dem Inhalte unserer symbolischen Bücher, aber, m. H. R., wenn unter irgend einer Form das gelten muß, auch noch für uns gelten muß, was die protestantischen Symbole einmal ausgesprochen und als Norm unseres Glaubens hingestellt haben, wie kann es dann mit einemmale zu einer Beschimpfung werden, wenn wir es den Bekennern einer andern Religion gegenüber ausdrücklich verkündigen? Wozu sind denn die Symbole festgelegt worden? Doch dazu nur, daß sie unsere Symbole im Kampfe und im Bekennen unseres Glaubens Andersgläubigen gegenüber sein sollen . . . . Darum, m. H. R., sage ich, der Herr Staatsanwalt steht nicht auf dem Standpunkte unserer Bekenntnisschriften, wenn er sagt: wir dürfen sie unter uns bekennen, den Katholiken gegenüber dürfen wir sie nicht bekennen, denn sie könnten Anstoß daran nehmen. Wenn diejenigen, die damals die evangelischen symbolischen Bücher verfaßten, auf diesen Standpunkt sich gestellt hätten, dann hätten wir die Reformation nicht. Wir hätten sie auch dann nicht, m. H. R., wenn man damals schon nach dem Rechtsgrundsatz verfahren wäre, den der Herr Staatsanwalt aufstellte, daß nämlich, wenn Luther heute so schriebe, wie er damals geschrieben hat, er in das Gefängnis würde wandern müssen wegen Verletzung des § 166." „Religiöse Darlegungen nur zu gestatten für engere Kreise, für theologische und sonstige wissenschaftliche Gebiete, heißt ebensoviel, als der religiösen Fortentwickelung unseres Volkes einfach die Lebensader unterbinden."

S. 276 f. Dr. Klasing: „Daß objektiv eine Beschimpfung in solchen Ausdrücken nicht gefunden werden kann, welche den evangelischen Bekenntnisschriften und auch der Terminologie Luthers entnommen sind, war für mich bisher eine absolut selbstverständliche Sache. Zu meinem lebhaften Bedauern ist von der Stelle aus, von der die königlich preußische Staatsanwaltschaft die Interessen des preußischen Staates vertritt, das Wort gefallen: wenn Martin Luther heute lebte, so würde er den Wirkungen und den Konsequenzen des § 166 des St.=G.=B.s nicht entgehen. M. H., dieses Wort spricht in so hohem Maße für sich selbst, daß es für uns, vom Standpunkte der Verteidigung aus vollständig genügt, es festzunageln. Aber von einer Erregung bin ich ergriffen worden, ich, der ich einerseits ein evangelischer Christ und andererseits ein eingefleischter Preuße bin, von einer Erregung, wie ich kaum einer mich erinnere, bin ich — ich sage es offen, ergriffen worden, als von der Stelle, wo die Interessen des preußischen Staates berufsmäßig vertreten werden, die Ansicht und der Satz aufgestellt wurde: der Inhalt der Bekenntnisschriften der evangelischen Kirche fällt, wenn er in die Öffentlichkeit gebracht wird, unter den Begriff des § 166 des St.=G.=B.s. Noch ist das bloß eine Behauptung der königl. Staatsanwaltschaft, eine Behauptung, die bedauerlich und befremdlich ist, aber wenn Sie Sich, m. H. R., diese Auffassung aneignen wollen, wenn es Rechtens würde in Preußen und in Deutschland, daß die evangelischen Bekenntnisschriften nicht mehr offen verkündet werden dürfen, dann, m. H., würde sich ein Sturm der Entrüstung im evangelischen Volke erheben, und es würde eine Bewegung entstehen, vor der der § 166 des St.-G.-B.s nicht Stand halten würde."

id. S. 290. „Der Grundirrtum des Standpunktes der königl. Staatsanwaltschaft ist nach meiner Auffassung der, daß er die Bekenntnisschriften für antiquierte Reste einer vergangenen Zeit hält, und darum meint, es käme nur auf den Inhalt an und nicht auf die Form. Es ist für mich von Interesse, festzustellen, daß dieser Standpunkt von der königl. Staatsanwaltschaft vertreten wird, daß man den evangelischen Bekenntnisschriften, was ihre Form betrifft, nur noch einen historischen Wert beimißt, und daß man nicht konzediert, daß auch ihr Wortlaut selbst, wenn er an die Öffentlichkeit tritt, dem Strafgesetz entzogen ist."

S. 13 [13]): Vergl. Jahrbücher für protestantische Theologie 1888, I, S. 63/4:

„Es ist eigentlich nur wieder die natürliche Konsequenz hiervon (i. e. von der ausschließlich politischen Wertung sittlich religiöser Faktoren), wenn wir heute glücklich soweit gekommen sind, daß die Anwendung der Reformationsschriften Luthers und Huttens so gut wie die der Bekenntnisse der Reformationskirchen selber dem Strafrichter zu verfallen scheint. Nur daß andererseits zugleich — der höheren Jurisdiktion der römischen Kurie über das staatliche Rechtsgebiet, als der Sonne über den Mond, gemäß — die ganze Skala des papalen Schimpfwörterlexikons sich in ihrer privilegierten Stellung behauptet."

Vergl. a. gl. O. zugleich die Parallele zwischen Luthers Verbrennung der Bannbulle und dem Urteil des Reichsgerichts über das Unfehlbarkeitsdogma. Die im obigen Text aufgestellte weitere Parallele zwischen den Folgen des Wormser Edikts und des § 166 war in diese paradoxe Form mit zu dem Zwecke gekleidet, um im Anhang näher begründet zu werden. Da ich jedoch der größeren Ausdehnung der Broschüre wegen vorerst darauf verzichten muß, so sei hier nur daran erinnert, daß allerdings das Wormser Edikt nicht nur bis zum Augsburger Religionsfrieden die eigentliche Rechtsgrundlage geblieben ist, sondern sich auch durchaus im Einklang mit den Kathedralsprüchen Leos X. befindet, welchen das Vatikankonzil den unfehlbaren Charakter aufgeprägt hat, und welche deshalb vor allem der korrekten Geschichtschreibung als Grundlage ihrer Beurteilung der Reformation dienen müssen. Aber bereits in der Achtserklärung durch den deutschen Kaiser (von dem gleichen 8. Mai 1521, an welchem der König von Spanien den Bündnisvertrag mit dem Papste abschloß) erscheint Luther als der böse Feind in Menschengestalt, der einen Haufen alter Ketzereien in eine stinkende Pfütze versammelt und neue Gottlosigkeiten hinzu versammelt, der zu Aufruhr, Mord und Brand ruft, alle Gesetze umstürzt, ein viehisch Leben lehrt u.s.w.

Trotzdem aber sehen wir die Geschichte des deutschen Volkes über das
ganze Wormser Edikt schon unmittelbar nachher zur Tagesordnung über=
gegangen. Weshalb das in so echt päpstlichem Stil gehaltene Edikt von
vornherein illusorisch bleiben mußte, würde allerdings nur in einer ge=
naueren geschichtlichen Darstellung vorgeführt werden können. Um so
leichter aber ist es, sich die Folgen zu vergegenwärtigen, wenn Luther
bereits vorher auf Grund der Schriften „An den christlichen Adel" und
„Von der babylonischen Gefangenschaft" dem § 166 verfallen wäre, und
von da an — abgesehen von dem ihm dafür zudiktierten Gefängnis —
in Zukunft seine ganze Kraft in den juristischen Subtilitäten, welche
in jedem Kampf zwischen Anklage und Verteidigung notwendig eine
Hauptrolle spielen, hätte aufreiben müssen.

S. 15 [14]):

„.... in dem Sinne, daß jeder es fühlt und empfindet, daß, wenn
man den § 166 in dieser kühlen, formalistischen Weise auf einen Geist=
lichen anwendet, der im Streit mit anderen Kollegen befangen, mit
Energie und eifrigen Glaubensworten seine Lehre bekennt, und ihn ver=
urteilt als Gotteslästerer und Beschimpfer der Katholiken, es dann zu
Ende ist mit unserer Lehrfreiheit und dem freien Bekenntnis unseres
protestantischen Glaubens. Das, m. H. R., ist es, was dem Angeklagten
die Feder in die Hand gedrückt hat, das ist die allgemeine Empfindung,
die sich in der öffentlichen Beurteilung dieses Prozesses ausgesprochen
hat, und das ist meines Erachtens der Gesichtspunkt, aus dem wir uns
die Warnung gesagt sein lassen müssen, die der Gesetzgeber in der Be=
gründung des § 166 ausgesprochen hat. Starke, eifrige, kritische Aus=
führungen, gehalten von einem Manne, der für seine Lehre einzutreten
verpflichtet ist, in einer Sache, in der er auf das gröblichste provoziert
wurde, zu einer Zeit, wo der Besitzstand der evangelischen Kirche auf
das allerernstlichste durch den Ansturm des römischen Ultramontanismus
bedroht wird, als Beschimpfungen im Sinne des § 166 mit Gefängnis=
strafe zu ahnden, ist die Absicht des Gesetzgebers nicht gewesen."

S. 16 [15]):

„Der rheinische Juristenstand hat von jeher eine gewisse Abgeschlossen=
heit dadurch erhalten, daß das materielle Recht in der Rheinprovinz be=
kanntlich von demjenigen der übrigen preußischen Landesteile abweicht.
Aus den mittleren, zum Teil unteren Schichten der Bevölkerung sich
rekrutierend, wird der für die juristische Karriere bestimmte junge
rheinische Mann auf einem katholischen Gymnasium vorgebildet, auf der
Universität Bonn in das Studium der Jurisprudenz eingeführt. In
katholischen Studentenverbindungen gehalten, bleibt er während der ganzen

Ausbildung in der Regel in einem ganz bestimmten katholischen Ideenkreis. Durch ausreichende Stipendien wird von katholischer Seite dafür gesorgt, daß er gerade an der Universität Bonn seine Heimstätte findet. Es hat sich bei den Katholiken der Rheinprovinz, namentlich auch bei dem rheinischen Juristen und in den Familien, denen er nahe steht, seit langer Zeit ein Partikularismus ausgebildet, der ihn abhält, außerhalb der Rheinprovinz in irgend einer Beziehung das zu suchen, was ihm zu suchen wünschenswert ist. Berücksichtigt man nun, daß einem rheinischen Juristen in dieser Weise in keinem Stadium seiner Entwickelung Gelegenheit geboten wird, einer anderen als spezifisch katholischen Auffassung sich auch nur entfernt zu nähern, so kommt man zu dem bekannten, thatsächlich von niemand bezweifelten Resultat, welches der Justizminister Leonhardt seiner Zeit ausdrücklich als ein bedauerliches bezeichnet hat, daß der Juristenstand in der Rheinprovinz an dem frischen Blutumlauf nicht teilnehme, der durch alle Adern des sonstigen preußischen Staatslebens hindurch geht."

Dr. Klasing bezog sich bei dieser Charakteristik auf eine bisher noch nicht bekannt gegebene Quelle schriftlicher Aufzeichnungen. Die genauere Veröffentlichung derselben dürfte somit den Anlaß dazu bieten, die (ohnedem mit den offenkundigen Tendenzen des katholischen Juristenvereins aufs Engste verquickte) Frage des eigentümlichen Bildungsganges zahlreicher rheinischer Juristen einer genaueren Prüfung zu unterziehen. Wir glauben daher unsererseits davon abstehen zu dürfen, die uns aus verschiedenen rheinischen und westfälischen Städten zugegangenen genaueren Daten über die Fortschritte der Bestrebungen jenes Vereins isoliert zu veröffentlichen. Umsoweniger aber darf es an dieser Stelle versäumt werden, an die Parlamentsverhandlungen zu erinnern, durch welche die Methode bloßgelegt wurde, vermöge welcher der dem berüchtigten Glockenskandal in Rheinbrohl Widerstand leistende dortige Bürgermeister sowohl gerichtlich wie parlamentarisch „unschädlich gemacht" werden sollte.

In der gleichen Sitzung des Abgeordnetenhauses vom 31. Januar 1888, in welcher die Angelegenheit der beiden Schutzleute Ihring und Naporra zu der bekannten Erklärung von ministerieller Seite über die diesen Männern schuldige Genugthuung führte, sind auch die auf Anlaß der Rheinbrohler Vorfälle spielenden Prozesse von verschiedenen Seiten herangezogen. „Exc. Windthorst" ließ es sich auch bei diesem Anlaß nicht nehmen, das schon in so manchen Fällen gestellte Verlangen zu wiederholen, daß die Regierung einen solchen Beamten mindestens hätte versetzen müssen. In dem vorliegenden Falle scheint damit von vornherein bereits der Möglichkeit Rechnung getragen, daß der Prozeß die gewünschte „Unschädlichmachung" des wegen seines Widerstandes gegen die schlimmste Sorte von Fanatismus verhaßten Beamten nicht zu Wege bringen sollte.

Der nachstehende Bericht ist teils der „National-Zeitung" vom 31. Jan., III. Ausg., teils der „Post" Nr. 31, II vom 1. Febr. 1888 entnommen. Der erstere Bericht orientiert nämlich besser über die allgemeine Debatte, während der zweite einige bezeichnende Besonderheiten beifügt. Wir geben daher zuerst den ersteren in seinem eigenen Zusammenhang.

„Abg. Bachem (Zentr.) bringt die bekannte Rheinbrohler Angelegenheit von neuem zur Sprache. Die Glocken zu Rheinbrohl seien ohne Zweifel Eigentum der Kirchengemeinde, der Bürgermeister daher mit seinem Vorgehen gegen die letztere im Unrecht gewesen. Es sei dies kürzlich durch Freisprechung eines Zeitungsredakteurs, der bei Besprechung dieser Angelegenheit den Bürgermeister beleidigt haben sollte, gerichtlich klargestellt worden. Der Minister werde nunmehr erkennen, daß den höheren Behörden von den niederen bisher nicht das genügende Material zur Beurteilung vorgelegt worden sei; hoffentlich werde er nunmehr Veranlassung nehmen, in der Angelegenheit einzuschreiten und der Gemeinde die Kosten der militärischen Exekution abnehmen.

Minister von Puttkamer: Ein Teil der Kosten ist bereits früher auf die Staatskasse übernommen worden. Ob aber der Gemeinde Unrecht geschehen ist, ist doch noch fraglich. Es schweben zur Zeit in dieser Angelegenheit noch zwei Prozesse. In dem Zivilprozeß scheint die zweite Instanz das Urteil des ersten Gerichtes nicht anzuerkennen, wir müssen daher das Urteil des Oberlandesgerichtes abwarten. Was den von dem Abg. Bachem erwähnten Beleidigungsprozeß betrifft, so hält die vorgesetzte Behörde des Bürgermeisters das ergangene Urteil für sehr anfechtbar; die Regierung in Koblenz hat daher einen zweiten Prozeß angestrengt, dessen Ausgang wir ebenfalls erst abwarten müssen.

Abg. Bachem: Es sind vom Gerichte mehrere, den Bürgermeister schwer belastende Thatsachen festgestellt worden*). Man hat nun gegen ein zweites Blatt, das die gleichen Beschuldigungen gegen den Bürgermeister erhoben hat, zehn Monate nach Entscheidung des ersten Prozesses, einen Prozeß angestrengt; fast scheint es, um dem Landtage sagen zu können, die Sache schwebt noch. Wenn man so pflichtwidrige Beamte in Schutz nimmt, untergräbt man jede Autorität. (Beifall im Zentrum.)

Wenn der Bürgermeister nicht mit den Behörden auf gutem Fuße gestanden hätte, wäre er sicher längst gemaßregelt worden, wie es dem Bürgermeister Thomassen ergangen ist.

Minister von Puttkamer: Ich kann mich nicht äußern über eine Angelegenheit, an deren disziplinarischer Entscheidung als Richter ich selbst teilgenommen habe. Was aber den Bürgermeister von Rheinbrohl betrifft, so muß ich einen Beamten so lange in Schutz nehmen, als ihm nicht eine Pflichtwidrigkeit klar nachgewiesen ist. Nach meinen Berichten wird auch die Aufregung in der Gemeinde nur von fragwürdigen Subjekten geschürt. Wenn daher die Regierung in Koblenz einen zweiten Prozeß anstrengen wollte, so konnte ich nichts einwenden. Wenn die Angelegenheit sich dabei so herausstellt, wie der Abg. Bachem darlegte, so werde ich natürlich die Konsequenzen daraus ziehen; ob das zwei Monate früher oder später geschieht, ist doch so wichtig nicht. Subjektiv steht ja meine Auslassung hierin der des Abg. Bachem nahe; für ein Vorgehen muß ich aber erst thatsächliche Unterlagen abwarten.

Abg. Bachem: Ich weiß nicht, was für thatsächliche Unterlagen noch abgewartet werden sollen, nachdem das Gericht, dessen Mitglieder, besonders der Vorsitzende, übrigens der Parteistellung des Bürgermeisters angehörten, entschieden hat. Daß der Bürgermeister mit seiner Gemeinde auf schlechtem Fuße steht, halte ich aufrecht.

Minister von Puttkamer: Der Vorredner hat mich mißverstanden. Es besteht doch immer die Möglichkeit, daß ein zweites Gericht anders urteilt, als das erste; und darum muß ich, bevor ich einschreite, noch die Entscheidung des zweiten Gerichts abwarten. Gestatten Sie, daß ich Ihnen ein analoges Beispiel anführe. Es ist durchaus legitim, auch in anderen Fällen sich mit der Frage zu beschäftigen, ob es kein Mittel gibt, von einem nicht ausreichend informierten Gerichte an ein besser informiertes zu appellieren. (Heiterkeit und Bewegung.) Die Abgeordneten, welche mit dem Kopfe schütteln, verweise ich einfach auf die Thatsachen.

In dem Falle von Rheinbrohl ist merkwürdig, daß die moralischen und politischen Vertreter der Gemeinde, der Gemeinderat, mit 9 gegen 2 Stimmen erklärt haben, daß die Angriffe gegen den Bürgermeister unerhört seien. (Hört! hört! rechts.). In dieser Majorität befinden sich die notorisch angesehensten Leute der Gemeinde. Ich werde der Sache ihren Lauf lassen und keine weiteren Schritte thun, ehe ich nicht die völlige Überzeugung davon habe, daß der Mann im Unrecht ist. (Beifall rechts.)"

— An der durch *) bezeichneten Stelle der zweiten Bachem'schen Rede gibt die „Post" die näheren „festgestellt" sein sollenden Thatsachen dahin an: „Da der Herr Minister die Richtigkeit meiner Behauptungen anzweifelt, so muß ich aus dem landgerichtlichen Urteil aus Köln mitteilen, daß der Bürgermeister Zechschulden mit Werttiteln der Gemeinde gedeckt hat, und daß er eingegangene Gemeindegelder erst nach 1 bis 1½ Jahr an die Gemeindekasse abgeliefert hat." —

Seinem Fraktionsgenossen kam sodann der Abg. Windthorst mit den folgenden (wieder der „Nat.-Ztg." entnommenen) Behauptungen zu Hilfe.

„In betreff des Rheinbrohler Falles hat der Minister gesagt, daß die Gemeindevertretung ein anderes Urteil über den Bürgermeister gefällt habe. Das ist die Gemeindevertretung des Ortes, in dem der Herr wohnt, aber nicht die der Gemeinde Rheinbrohl. Das ist etwas wesentlich anderes. Ich habe den Eindruck aus den Verhandlungen, daß der Mann mindestens versetzt sein müßte; denn ein gedeihliches Wirken in Rheinbrohl ist doch ausgeschlossen. Sehr erstaunt bin ich darüber, daß der Minister, wenn ein Gericht gesprochen hat, ein zweites hören will. Dann müßten wir die Zivilprozeßordnung abändern und der Verwaltungsbehörde das Recht geben, eine Appellations- oder Revisionsinstanz zu schaffen, damit, wenn ein Erkenntnis der Behörde nicht gefällt, ein Nebengericht über dieselbe Sache noch einmal urteilt. Bei einem solchen Verfahren der Verwaltungsbehörden kann unmöglich das Vertrauen zu den Gerichten aufrecht erhalten werden. Wenn die Verwaltungsbehörden zu den Gerichten Mißtrauen haben, werden die anderen auch nicht darauf schwören, und so wird die Autorität der Gerichte untergraben aus politischen Gründen und Erwägungen. Das wird uns ins Verderben bringen. (Unruhe rechts.)"

Diesen Behauptungen sind nun aber nicht weniger als drei hervorragende rheinische Abgeordnete entgegengetreten. Ihre Mitteilungen sind in dem Bericht der „Nat.-Ztg." sämtlich weggefallen, während sie nach der „Post" dahin lauten:

Abg. Dietz: „Ich kann als Abgeordneter des Rheinbrohler Kreises unmöglich die Beschuldigung gegen einen höchst ehrenhaften, ehrlichen Mann, wie der Herr Bürgermeister ist, unerwidert lassen; er ist das Opfer einer verwerflichen Agitation. (Hört, hört! rechts.)

Abg. Dr. Graf charakterisiert die Gegner des Bürgermeisters von Rheinbrohl als anrüchige Subjekte.

Abg. v. Eynern: Seitdem der Kreis, in welchem Rheinbrohl liegt, dem Zentrum abgenommen und uns zugefallen ist, geht man mit neuer Schärfe gegen den Bürgermeister vor. Wie man das verurteilende Erkenntnis zu Stande gebracht hat, weiß ich nicht. (Oho! im Zentrum.) In der ganzen Provinz wird man jedoch befriedigt über die Erklärung des Herrn Ministers sein. (Beifall rechts.)"

Die in dem letzterwähnten Votum betonte Verquickung gerichtlicher Urteile mit den Ausschreitungen der Wahlkämpfe scheint ebenfalls in der neuesten Zeit häufiger vorzukommen. In der gleichen Debatte vom 11. Februar, bei welcher die verschiedenen konfessionellen Arbeitervereine (in der Note 48 dargelegten Weise) herangezogen wurden, ist auch seitens des Abg. Nintelen ein Urteil der Bochumer Strafkammer fruktifiziert worden: „Abg. Nintelen zieht den Wortlaut eines Erkenntnisses der Strafkammer zu Bochum an, durch welches festgestellt worden, daß der gesamte Bergmannstand in dem westfälischen Industriebezirk durch das Vorgehen der Grubenbesitzer und sonstigen Bergwerkseigner habe eingeschüchtert werden müssen." (Vergl. „Westdeutsche Ztg." Nr. 37 vom 13. Febr.). Daß es schlechterdings keine Art von „Einschüchterung" gibt, die es mit der ultramontanen aufnehmen kann, scheint bei dieser „Feststellung" außer betracht geblieben.

S. 17 [16]):

„Ob die kirchliche Behörde, das Konsistorium, eine andere Meinung hierüber hat, ist mir von meinem persönlichen Standpunkt aus ganz gleichgültig; ich kann der kirchlichen Behörde nicht zugeben, daß sie allein darüber zu entscheiden hat. Das Konsistorium steht nicht in dem Maße im Leben, es besteht nicht einmal ausschließlich aus Theologen — es sind bekanntlich viele Juristen darunter —, und wenn das Konsistorium aus politischen und sonstigen Gründen es für angezeigt hält, momentan die Gegensätze nicht so hervortreten zu lassen, so muß ich jedem Pfarrer, der verantwortlich ist für die Wacht an der Grenze, die das Konsistorium nicht hält, das Recht vindizieren, eine andere Auffassung von seinen Pflichten zu haben. Ich kann mein Bedauern darüber nicht unterdrücken, daß das Konsistorium dieses Material, welches hier gegen den Angeklagten Thümmel verwendet wird, aus der Hand gegeben hat. Es ist sonst in der Beamtenhierarchie üblich, daß die vorgesetzten Behörden ihre Untergebenen decken. Hier hat das Konsistorium, meiner Ansicht nach nicht aus diesem Bestreben, die Personalakten des Angeklagten aus der Hand gegeben, ohne daß sie mit dieser Sache eine direkte Beziehung haben. Die evangelische Kirche steht und fällt nicht mit den Konsistorien, weite Kreise des evangelischen Volkes beklagen sich über die Konsistorien; von den Konsistorien ist niemals die Fortentwicklung und Förderung der Kirche ausgegangen." (Vergl. übrigens auch Note 22).

S. 17 [17]): „Es ist derselbe Ausdruck, dessen objektive Strafbarkeit in dem Verfahren gegen Thümmel schon durch drei verschiedene Urteile gleichmäßig ausgesprochen war."

Wir tragen hierbei zugleich nach, daß zuverlässigen Berichten zufolge die seitens der Verteidigung eingelegte Revision sich speziell auf die drei nach wie vor verurteilten Stellen bezieht, welche in das Gebiet der konfessionellen Polemik gehören. Nur diese drei aber waren von den in Elberfeld verurteilten einundzwanzig Stellen übrig geblieben. Und wie viele von den ursprünglich inkriminierten (und dabei den Angeklagten selber nicht bekannt gegebenen) Seiten der Broschüre hatte schon das Elberfelder Urteil außer Betracht lassen müssen!

S. 17 [18]): „Die Kosten haben die Angeklagten auf Grund des § 497 und der folgenden der Strafprozeßordnung zu tragen. Nebenbei war auf Grund des § 41 des Strafgesetzbuchs noch auf Vernichtung oder Unbrauchbarmachung der beschlagnahmten Exemplare der Broschüre zu erkennen. In dieser Beziehung glaubte das Gericht sich an den Ausspruch des Elberfelder Gerichts gebunden halten zu müssen."

S. 18 [19]). Wir notieren hier beispielsweise das Urteil des „Ev. luth. Gemeindeblattes: Die christliche Welt" (Nr. 8, vom 19. Febr. 1888):

„War das Urteil nun, wie Thümmel behauptet, ein ungerechtes oder nicht? Darum handelt es sich bei der Beurteilung des ersten Teiles der Schrift! Wenn nicht, dann thue man es Thümmel mit klaren Worten dar! Insbesondere hätten unserer Meinung nach die angeblich beleidigten Elberfelder Richter nicht nur nach Strafe rufen, sondern sich selbst mit hellen klaren Gründen gegen Thümmels Vorwürfe verteidigen müssen. Wenn aber das Urteil ein ungerechtes war — und jeder Jurist, dem wir das Erkenntnis von 1886, wie es in Thümmels Schrift abgedruckt ist, vorlegten, hat es bis jetzt ein ungerechtes genannt*) — dann sollten doch die Elberfelder Richter nebst dem Staatsanwalt nicht nur lange Erörterungen darüber anstellen lassen, ob dort gestanden hat „unterdrückt" oder „unterschätzt", und wie das Wort „ignoriert" zu verstehen wäre u. dergl. m., sondern sie sollten zunächst sich darüber er-

---

*) Es sei bei diesem Anlaß zugleich daran erinnert, wie der berüchtigte Artikel im „Hamb. Korr.", welcher gegen den Verfasser der beschlagnahmten Broschüre öffentliche Meinung machte, von dieser zweiten Verurteilung ausdrücklich sagt: „Ihre Begründung wird gegenüber den Einwendungen des Herrn Thümmel vielleicht noch eine eingehendere Würdigung erheischen."

klären, warum sie diese wichtigste, ihr Urteil vernichtende, beschworene Zeugenaussage "unterschätzt" und ausgelassen haben? So lange sie das nicht thun, geben sie die Unhaltbarkeit ihres Richterspruchs zu... Darauf also wird eine neue Verhandlung zu achten haben, ob das Urteil von 1886 ein ungerechtes war, und wenn ja, dann sind die angeblich Beleidigten mit einer Abbitte zu belegen, die sie dem Pfarrer Thümmel, der durch ihren Irrtum ins Gefängnis mußte, zu leisten haben. Wir Deutschen sollten in diesem scharfen Gerechtigkeitsgefühl nach jeder Seite hin nicht hinter unsern englischen Vettern zurückstehen, deren Parlament im vorigen Jahre zwei volle Sitzungen daran wandte, um einer armen, von einem Richter in ihrer Ehre gekränkten Putzmacherin, Elisabeth Caß, wieder zu ihrem Rechte zu verhelfen. Das Volk der Habeas-corpus-akte läßt sich die Grundlage seines gesetzlich=freien Wesens auch nicht durch Richtersprüche nehmen; warum wollen wir nicht üben, was wir drüben bewundern? Insbesondere aber sollte unsere deutsch=evangelische Gewissen=haftigkeit anerkennen, daß die Amtsehre des Pfarrers Thümmel nicht geringer geschätzt werden durfte, als die Amtsehre der Richter und Staats=anwälte. Haben jene ungerecht geurteilt, so ist Thümmel darauf hin ins Gefängnis gegangen; hat er sie dann angeblich beleidigt, was wird ihm jetzt dafür, daß er ungerechterweise in seiner Ehre gekränkt ist?"

S. 18 [20]): Von wie altem Datum speziell die Beziehungen dieses hervorstechendsten Wortführers des katholischen Juristen=vereins zu dem holländischen Jesuiteninstitut in Katwyk sind, erhellt aus meiner Monographie über "Die römisch=katholische Kirche im Königreich der Niederlande" (1877) S. 50—53. In dem dort nach dem Leben gezeichneten Genrebild bildet dieser "Charakterkopf" das Centrum.

S. 19 [21]): Die bekannten (katholischen) Zeichnungen der Konzilsväter von Döllinger, Friedrich, Acton, Quirinus finden eine nicht unwichtige Ergänzung in den "Briefen eines deutschen Staatsmannes", welche als "Randglossen zu den Konzilsbriefen" in Gelzer's Monatsbl. April 1870 S. 200 ff. erschienen, und deren Verfasser der mit den italienischen Verhältnissen so be=sonders vertraute preußische Gesandte von Usedom war. Die von Friedrich berichtete Thatsache, wie sogar in einer Versamm=lung deutscher Bischöfe die Aufsuchung der bekannten Stelle Galater 2, in welcher der Apostel Paulus seinen Konflikt mit

Petrus in Antiochien beschreibt, mit denkwürdigen Schwierigkeiten verknüpft war, ist übrigens seither überholt durch die andere Thatsache, daß bei der Konstituierung des Konklave für die Wahl Leo's XIII. — — — keine Bibel aufzutreiben war. Vergl. die aus den besten Quellen geschöpfte Beschreibung des Konklave von dem (kurz vorher einer Privataudienz bei dem Papste „gewürdigten") dänischen Kirchenhistoriker Nielsen, Die jüngste Papstwahl (Zeitschr. f. kirchl. Wiss. u. kirchl. Leben, 1888, I. S. 54):

„Am Morgen nach dem Tode des Papstes versammelten sich die 38 in Rom anwesenden Kardinäle in einem der vatikanischen Säle, um den Eid der Verschwiegenheit abzulegen und um die erste vorläufige Kongregation abzuhalten. Da keine Bibel bei der Hand war, nahm man ein großes Kruzifix, und auf dieses legten die Kardinäle, einer nach dem andern, je nachdem sie in den Konsistorialsaal eingetreten, ihren Eid ab."

S. 20 [22]): Um diesen Schritt des Konsistoriums überhaupt zu verstehen, muß der Artikel der „Köln. Volkszeitung", auf welchen es mit seiner „Enthüllung" antwortete, ebenfalls herangezogen werden. Es ist dies nämlich eine Remscheider Korrespondenz vom 25. November 1886, welche zuerst in der „Köln. Volkszeitung" und dann in den „Wupp. Volksbl." vom folgenden Tage erschien:

„Nach dem Bericht des „Berg. Tagebl." soll Herr Thümmel bei der Verhandlung vor dem Reichsgericht erklärt haben: „Ich könnte noch zur thatsächlichen Feststellung hinzufügen, daß der erste mich angreifende Artikel in den „Wupp. Volksbl." teilweise auch in die „Köln. Volkszeitung" übergegangen ist. Ich habe denselben anfänglich ignoriert und nur dann, als ich hörte, daß die „Wupp. Volksbl." an viele Adressen verschickt waren, zur Verantwortung hinzugezogen. Im übrigen war ich zu der Handlung berechtigt, wie aus einer Nachricht vom Kultusministerium, die ich bekam und der ein Ausschnitt aus der „Köln. Volkszeitung" beigelegt war, hervorgeht. Auch habe ich die Antwort vom Kultusministerium bekommen, daß gegen mich gar nichts vorliege." Das genannte Blatt bemerkt, man habe wegen der im Saale herrschenden Bewegung den Herrn Pastor nicht ganz deutlich verstehen können. Wir wollen hoffen, daß er falsch verstanden worden ist. Aber Klarheit muß geschafft werden über die Frage: „Was hat das Kultusministerium eigentlich geschrieben?"

Schon fünf Tage später konnten beide Blätter eine neue Korrespondenz aus Remscheid, vom 30. November 1886, bringen, folgenden Wortlauts:

„Wir erwähnten kürzlich anläßlich der empörenden Vorgänge in Remscheid, am Schluß der Verhandlung vor dem Reichsgericht habe Herr Pastor Thümmel erklärt: „Ich war zu der Handlung berechtigt, wie aus einer Nachricht vom Kultusministerium hervorgeht. Auch habe ich die Antwort vom Kultusministerium bekommen, daß gegen mich gar nichts vorliege." Wir fügten bei, hoffentlich sei der Herr Pastor falsch verstanden worden, und erhalten jetzt zu unserer lebhaften Befriedigung folgende Zuschrift des (protestantischen) Konsistoriums der Rheinprovinz:

„Koblenz, 27. November. Der am Schlusse des Artikels Remscheid, 24. November in Nr. 236, II. Bl., erwähnte Vorgang ist folgender: Wegen der durch den Pfarrer Thümmel vorgenommenen Beerdigung eines Katholiken und der dabei gehaltenen Rede war von dem Herrn Minister der geistlichen Angelegenheiten unter Bezugnahme auf einen diese Sache behandelnden Zeitungsausschnitt Bericht erfordert worden. Der Herr Minister hat diesen Bericht demnächst an den evangelischen Oberkirchenrat mit dem Bemerken abgegeben, daß zu einem Einschreiten von Staats wegen ein ausreichender Anlaß nicht vorliege, gleichzeitig aber die disziplinarische Würdigung des Verhaltens des Pfarrers Thümmel den kirchlichen Behörden anheimgestellt. Letztere ist erfolgt. Der Vorgang hatte auf den Gegenstand der Verurteilung des Pfarrers Thümmel keinen Bezug."

Vergebens würden wir in den kirchenhistorischen Annalen nach einem Fall suchen, in welchem ein bischöfliches Ordinariat einer evangelischen Kirchenzeitung über einen katholischen Pfarrer, der pflichtmäßig die Sache seiner Kirche geführt, dessen disziplinarische Maßregelung mitgeteilt hätte! Den nicht geringen Unterschied zwischen den auf ein wissenschaftliches Publikum berechneten Kirchenzeitungen und der Zeitungskaplanspresse noch ganz beiseite gelassen! Aber ebenso vergeblich fragt man nach der Notwendigkeit einer derartigen „Enthüllung". Der in Rede stehende Vorfall, hinsichtlich dessen das Ministerium mit Recht dahin entschieden hatte, „daß zu einem Einschreiten von Staats wegen ein ausreichender Anlaß nicht vorliege", war ja nicht etwa der zu dem Prozeß Anlaß gebende Zeitungsartikel, sondern das Begräbnis und die Rede am Grabe. Was weiter geschehen, bezog sich doch wahrlich auf Interna der evangelischen Kirche. Ob nicht auf die Mitteilung derartiger Interna noch ganz anders, als auf die in Elberfeld und Kassel so vielfach verwertete disziplinarische Behandlung des Geldern'schen Falles, das von Dr. Klasing ausgesprochene „Bedauern" anwendbar war, daß das

Konsistorium ein derartiges „Material aus der Hand gegeben!" (Vergl. oben Note 16). Aber es wäre unrecht, die Einzelbehörde für Dinge verantwortlich zu machen, die abermals einen viel ausgedehnteren Hintergrund haben. Denn was die „Koblenzer Atmosphäre" erst gar für die innerkatholischen Angelegenheiten besagt, hat allein schon die durch das rheinische Oberpräsidium dem Pfarrer Tangermann widerfahrene Behandlung wegen seines Protestes gegen das neue Dogma hinlänglich bekundet. Auch die Art, wie der unglückliche Kaufmann Sonntag aus Anlaß einer staatlich vollgültigen Ehe „unschädlich" gemacht wurde", war wohl nur in einer „Koblenzer Atmosphäre" möglich.

S. 28 [23]): An anderer Stelle ist s. Z. bereits eine andere Parallele herangezogen, indem die in Verbindung mit der Beschlagnahme seiner Schrift dem Angeklagten gegenüber zur Anwendung gekommene Taktik mit den bekannten Vorkommnissen im „Prozeß Waldeck" verglichen wurde. Wir ziehen aber die Parallele mit dem Twesten'schen Prozesse schon deshalb vor, weil gegen eine Parallele mit dem Waldeck'schen Fall der Einwand erhoben werden könnte, daß in dem „katholischen Demokraten" im Grunde schon eine Art Personalunion zwischen der Windthorst'schen und Richter'schen Fraktion zum Vollzug gekommen sei.

S. 29 [24]): In dem heutigen Gerichts-Verfassungsgesetz Titel 9 über das Reichsgericht, § 134, heißt es ausdrücklich: „Die Zuziehung von Hilfsrichtern ist unzulässig." Ob es überhaupt möglich ist, daß ein solcher § seinen Ursprung noch deutlicher an der Stirn trägt?

S. 31 [25]): Die religions-philosophischen Systeme der alten Gnosis haben, wenn man die gesamte Weltanschauung des 2. und 3. Jahrhunderts in Betracht zieht, nicht weniger „auf der Höhe der Zeit" gestanden als die des 19. Jahrhunderts. Aber die auf die einfältigen „Gläubigen" hochmütig herabblickenden „Wissenden" fanden ebenfalls keinen Strupel darin, „sich einigen nichtssagenden Zeremonien zu fügen."

S. 32 ²⁶): Die Frucht jahrzehntelanger Forschungen über die ersten rheinischen Märtyrer hat K. Krafft nach mehrfachen sporadischen Mitteilungen schließlich niedergelegt in der für weitere Kreise berechneten „Geschichte der beiden Märtyrer der evangel. Kirche Adolf Clarenbach und Peter Flysteden" (1886). Vergl. darüber auch den Anhang zur jüngsten Ausgabe der Hagenbach'schen Kirchengeschichte, Bd. III, S. 710/11; sowie ebendaselbst die weitern Exkurse über die Märtyrergeschichte S. 687—690. 701/2.

S. 33 ²⁷): Vergl. Dr. Klasing im „Daheim" (Nr. 22). Auch der hessische Berichterstatter des „Ev.=luth. Gemeindeblattes: Die christliche Welt" (Nr. 9, vom 26. Febr.) gibt den in dieser Hinsicht in Kassel empfangenen Eindruck dahin wieder:

„Immer sprach er gewandt und packend. Mochte er an die päpstlichen Ketzerverfluchungen erinnern, mochte er hinweisen auf den Ton, in welchem die römische Presse und Litteratur gegen Luther und die evangelische Kirche Krieg führt, oder mochte er Selbsterlebtes und von andern Erlebtes erzählen, überall merkte man es ihm an, daß es ihm um die Sache zu thun war; er wollte die Gefahr zeigen, die uns droht, wenn die Freiheit unseres Bekenntnisses, zu welcher notwendig auch die dem Volke verständliche Polemik gegen Rom gehört, durch eine Reihe von Gerichtserkenntnissen aus dem § 166 eingeengt wird zu einer Zeit, wo Rom gegen uns mit allem Nachdruck kämpft. Dabei legte Thümmel mit Recht auf den Wortlaut der Bekenntnisse selbst Gewicht, auf welche er ja verpflichtet ist und nach welchen er zu lehren hat."

S. 35 ²⁸): Vergl. a. a. O. die Erklärung des Staatsanwalts: „Ich bin im Besitz der Akten." (Zugleich aber unten Note 41).

S. 36 ²⁹): Die meisten derartigen Konflikte entziehen sich der Öffentlichkeit. In diesem bestimmten Fall aber können wir uns auf eine offenkundige Thatsache beziehen. Vergl. den „Evang. Arbeiterboten, Wochenschrift für Arbeiter evang. Bekenntnisses", Nr. 6, vom 5. Februar 1888:

„Wie uns mitgeteilt wird, haben am 16. Januar d. J. gegen 21 evangelische Geistliche, die in Essen zu einer Konferenz versammelt waren, einstimmig den Beschluß gefaßt, dem Herrn Chef-Redakteur Dietrich Baedeker ihr tiefes Bedauern über die Papstartikel auszusprechen, und ihm eröffnet, daß sie die Zeitung nicht mehr lesen würden, wenn er in solcher Weise fortführe, das evangelische Bewußtsein zu verletzen."

Die Rolle, welche diese Abonnentenfrage bei der Haltung konkurrierender Blätter spielt, wird in der ultramontanen Presse — welche darin freilich von vornherein viel günstiger gestellt ist — drastisch verspottet. Vgl. den (auch Note 36 berücksichtigten) Artikel im Wattenscheider Volksblatt. In die gleiche Kategorie gehört ein Artikel der „Tremonia" (Nr. 56, vom 8. März) über die Erklärung des Essen-Bochumer „Rhein.-Westfäl. Tageblatt" gegen die evangelischen Arbeitervereine, in denen der Redakteur Hoppstädter bis dahin selbst thätig gewesen war.

S. 37 [30]): Ebenso wie in dem späteren Herne'schen Fall brachte die „Westfälische Volkszeitung" bereits nach der Weimarer Rede eine Reihe von Leitartikeln unter der Chiffre F. (also wohl von dem Redakteur Fusangel selber).

In dem späteren Fall ist freilich der Fortschritt zu konstatieren, daß die Aufschrift „Der Thümmel" lautet (ob in Nachahmung des in Kassel erwähnten Erlasses der Düsseldorfer Regierung?), während jetzt noch von „Herrn Thümmel" die Rede ist. Dagegen weiß F. von dem Manne, der in den Gerichtsverhandlungen auch den Gegnern durch seine ungewöhnliche Kenntnis der papalen Kontroversliteratur aufgefallen war, schon jetzt zu bezeugen: „Unseres Erachtens ist jeder aufgeweckte katholische Schulknabe, der seinen Katechismus ordentlich inne hat, dem Herrn Thümmel in theologicis völlig gewachsen; wenn es also wirklich der Fall sein sollte, daß ein katholischer Kaplan einer Disputation mit dem Prediger von Remscheid aus dem Wege ging, so geschah dies höchst wahrscheinlich aus Reinlichkeitsrücksichten." Der hohe Grad der persönlichen Verunglimpfung geht weiter aus der Randglosse zu dem von Thümmel ausgebrachten Hoch auf den Kaiser hervor: „Wir sind überzeugt davon, daß unser Kaiser eine Verherrlichung aus dem Munde eines gemeinen Hetzers, und ein solcher ist Thümmel, als schwere Beleidigung betrachten würde." Die mit der schlimmsten Sorte der Sozialdemokratie wetteifernde Art der demagogischen Verhetzung der Arbeiter kennzeichnet sich auch hier durch die Tirade über: „die protestantischen Handwerker, welche unter dem Fluche der zügellosen Gewerbefreiheit dem Ruin entgegengehen, die protestantischen Arbeiter, welche infolge der unbeschränkten Freizügigkeit der Willkür des Großkapitals schutzlos preisgegeben sind" (vergl. Nr. 211, vom 16. Septbr. 1887, „Herr Thümmel. III").

S. 38 [31]): Der öffentliche Hinweis auf die Zeugenaussagen des Referenten der „Rhein.-Westf. Zeitung" (vergl. unten S. 97) nötigt dazu, hier wenigstens so viel zu konstatieren, daß gerade jener Referent der ultramontanen Lesart den Boden unter den Füßen wegnimmt. Die Zeugenaussagen als solche entziehen sich einstweilen noch ebenso der Mitteilung wie der Wortlaut der Anklage. Aber auch um ihretwillen ist die öffentliche Gerichts=verhandlung überaus wünschenswert.

S. 38 [32]): Der Wortlaut der in der „Westd. Ztg." vom 4. Oktober aufgenommenen Erklärung braucht hier nicht wieder abgedruckt zu werden, da derselbe u. a. in eine größere Zahl von Kirchenzeitungen (u. a., außer dem „Evang.=luth. Gemeinde=blatt" aus dem Königreich Sachsen, auch in das „Evang. Gemeindeblatt für das Herzogtum Braunschweig" Nr. 42, vom 16. Oktbr.) übergegangen ist.

S. 40 [33]): Auch auf katholischem Boden fehlt die gleiche „Apokalyptik" durchaus nicht, wird hier nur umgekehrt meist auf die moderne „Staatsomnipotenz" gedeutet. Es gibt hierfür ge=wiß keinen berufeneren Interpreten als den Mainzer Bischof v. Ketteler. In seiner auch unter dem politischen Gesichtspunkte hochcharakteristischen Schrift „Deutschland nach dem Kriege von 1866" sagt derselbe wörtlich (S. 211; vergl. auch S. 231):

„Die letzte und höchste Empörung, zu der es die Menschen bringen können gegen Gott, ehe alle, die daran Anteil haben, in den ewigen Ab=grund stürzen, sucht sich in diesem Gott=Staate zu verwirklichen. Dieses Antichristentum in dieser Form ist das schwarze Gestirn, das am Him=mel steht; es ist schon lange aufgegangen in der Idee des absoluten Staates; es scheint sogar in diesem Augenblicke etwas zu sinken; es kann sich aber durch Weltereignisse plötzlich wieder furchtbar erheben und eine große Macht auf einige Zeit gewinnen. Möge Gott unsere nächste Zukunft davor bewahren. Sollte dies aber eintreten, so wäre das ein Zeichen, daß jene Zeiten furchtbar zerstörender Kämpfe nahen, von denen die heiligen Schriften reden."

Neben der Gleichung „Antichristentum=Gottstaat" findet sich hier übrigens auch die andere: „Antichristentum=Protestantenverein." Vgl. den (der Praxis des divide et impera doch wohl etwas zu offen huldigenden) Leitartikel der „Kreuzzeitung" (Nr. 59, vom 9. März 1888): „Die diplomatische Situation und — das Christentum. Von einem Katholiken":

„Die kulturell=religiöse Mission des Protestantismus erblicke ich in der segensreichen und bedeutsamen Thätigkeit der orthodoxen Theologie, während ich, wenn der Protestantenverein zur Herrschaft gelangte, in der evangelischen Kirche nur ein Anti=Christentum erblicken könnte."

S. 42 [34]): Einstweilen darf in dieser Beziehung wohl auf die in den Kasseler Verhandlungen (S. 155) enthaltenen Mitteilungen Thümmel's über das, was einem evangelischen Pfarrer nach wie vor straflos imputiert werden kann, hingewiesen werden (S. 155):

„Aus dieser ganzen Rede ist ein Ausdruck herausgegriffen, und es ist die jetzige Anklage aufgebaut worden auf dem Stenogramm eines evangelischen Lehrers, der zur Übung in der Stenographie, wie ich nicht anders sagen kann, auf 14 kleinen Quartseiten, ziemlich groß geschrieben, meine 1½stündige Rede wiedergegeben hat. Er sagt selbst: das ist gar nicht die Rede — ich habe es in der Zeugenvernehmung gelesen —, und die Anklage behauptet nun, daß ich, bevor ich meinen Brief zur Richtigstellung an die „Westdeutsche Ztg." geschrieben hätte, mir listiger Weise dieses Stenogramm verschafft und danach meine Aussagen eingerichtet hätte. Ich kann nur sagen, daß ich diesen Lehrer gar nicht kenne und ihn nie gesehen habe, ich will nicht sagen: nie gesehen habe, denn er ist in der Versammlung gewesen und könnte ich ihn dort gesehen haben, aber ich kenne den Lehrer gar nicht, und der Vorwurf, daß ich mir das Stenogramm listig verschafft und danach meine Aussagen eingerichtet hätte, ist ein ganz unbegründeter."

S. 43 [35]): Vergl. die näheren Daten in der (Bielefelder) „Neuen Westf. Volkszeitung":

„In der „Tremonia" Nr. 18 vom 24. Januar erzählt der Berichterstatter mehrerer ultramontanen Blätter in mehr als epischer Breite und mit großer Selbstgefälligkeit, wie er es angestellt hat, zu der Versammlung, in der Pfarrer Thümmel gesprochen hat, und die nur für Evangelische bestimmt war, Zutritt zu erlangen. Er sagt u. a.: „Wie aber war der Eintritt in die Versammlung zu erreichen, da nur von Vorstandsmitgliedern des Herner „Evangel. Arbeitervereins" an bekannte Personen Eintrittskarten verausgabt wurden, da alle Thüren bis auf eine fest verschlossen gehalten und jeder Eintretende von 8 spalierbildenden Personen in Empfang genommen und auf seine „Echtheit" geprüft wurde? Da war guter Rat teuer. Indes eine kleine Kriegslist half uns über diese Schwierigkeiten, nachdem wir einmal eine Karte besaßen, glücklich hinweg. Mehr wollen wir nicht verraten." Ist auch nicht nötig, der Mann hat augenscheinlich gelogen. Er hat das auch weiterhin, wie er selbst erzählt, gethan, denn er wurde scharf beobachtet. „Jetzt aber," so erzählt er an anderer Stelle, „kam der Augenblick, in dem „Nun danket alle Gott" und „Eine feste Burg ist unser Gott" gesungen werden mußten. Die Augen verschiedener Mißtrauischen waren noch immer auf uns gerichtet. Was blieb also übrig, als fest mitsingen?" Auf diese Weise haben sich die Ultramontanen einen Bericht von der Versammlung verschafft und zugleich einen Zeugen, für den Fall, daß sich etwas findet, worauhin denunziert werden kann. Der „Westf. Merk." glaubt schon etwas zu haben. Im übrigen trifft hier das Sprichwort zu: „Der Horcher an der Wand, hört seine eigne Schand!"

S. 43 [36]): So bringt die „Neue Westf. Volkszeitung" noch vom Tage der Rede selber eine Originalkorrespondenz:

Bladenhorst bei Castrop, 21. Januar. (Vortrag des Pfarrers Thümmel.) In der heutigen Monatsversammlung des evangel. Arbeitervereins Herne war Herr Pastor Thümmel aus Remscheid auf Einladung des Vorstandes als Redner erschienen. Vor einer aus mehr als 1000 Personen bestehenden Versammlung sprach derselbe unter dem größten Beifalle der Zuhörer über „Evangelische Ehre". Der Vortragende definierte zunächst, was unter evangelischer Ehre zu verstehen und zeigte in äußerst packender Weise und recht volkstümlicher Sprache, wie diese evangelische Ehre im täglichen Leben zu bethätigen sei. Wer aber gekommen war, in Herrn Pastor Thümmel einen „Hetzprediger" zu hören, wie er als solcher von der ultramontanen Presse verschrieen ist, muß sehr enttäuscht von dannen gegangen sein, so sehr auch Herr Pastor Thümmel unsere evangelischen Güter in seiner Rede verteidigte und den Zuhörern zu verteidigen ans Herz legte. Rauschender Beifall lohnte dem Vortragenden, welchem schließlich ein brausendes Hoch gebracht wurde, aus dem es hindurch tönte, daß unsere protestantische Bevölkerung, so sehr sie auch jede Kollision mit den katholischen Brüdern scheut, sich nichts nehmen lassen, keines der schwer errungenen Güter entreißen lassen wird.

Ähnlich die Berichte der „Dortmunder Zeitung", des

„Märkischen Sprechers" und sogar des „Rhein.-Westf. Tagebl."
Dagegen gehört auch die Art und Weise, in welcher die den Be=
hörden Befehle vorschreibende Kaplanspresse mit den mißliebigen
Blättern umspringt, wieder zu den denkwürdigen „Zeichen der
Zeit", an denen die Thümmel=Prozesse so überreich sind.

Wir verweisen in dieser Beziehung besonders wieder auf einen F.=
Artikel: „Thümmel und die protestantische Presse," der uns in dem
Wattenscheider Volksblatt vom 28. Januar 1888 vorliegt. Im Gegen=
satz zu den vorgenannten Zeitungen und dem „Bielefelder Pastoren=
blatt" wird in dem letzterwähnten Artikel noch die „Rheinisch=Westfälische
Zeitung" beweihräuchert, weil sich ihre Verstimmung gegen Thümmel
verwerten ließ. Dagegen bekommt das gleiche Blatt schon in der
„Tremonia" vom 5. März einen Erguß, welcher beginnt: „In welch
infamer Weise die nationalliberale Presse ihre Leser hintergeht, dafür
liefert die gestrige Sonntagsnummer der „Rh.=W. Ztg." wieder einen
treffenden Beleg" und damit schließt: „Dann sollte sie wenigstens
schweigen und ihre Leser nicht in so dreister Weise belügen."

S. 44 [37]): Wegen der besonderen Wichtigkeit dieses (die
Nr. 25, vom 25. Januar 1888, der „Westf. Volkszeitung"
eröffnenden) Artikels, zumal in seinem Verhältnis zur Anklage,
glauben wir denselben in seinem vollen Wortlaute aufnehmen
zu müssen:

„Die in der gestrigen Nummer veröffentlichte Rede des Thümmel ist
nach mehrfacher Richtung bemerkenswert zur Beurteilung einer Persön=
lichkeit, die in letzterer Zeit häufig von sich hat reden machen. Der
energische Ansturm des jungen Mannes gegen das, was er als ultra=
montane Übergriffe bezeichnet, die rücksichtslose Preisgabe seiner Person
im Kampfe für die von ihm vertretene Sache, und die über den uner=
warteten Ausgang des Kulturkampfes naturgemäß etwas gedrückte Stim=
mung im protestantischen Lager, lassen es erklärlich scheinen, daß er
unter seinen Glaubensgenossen anfänglich eine große Zahl begeisterter
Anhänger fand und in seiner Bedeutung als Vorkämpfer gegen den
Katholizismus bedeutend überschätzt wurde. Die Prozesse von Elberfeld
und Kassel haben in dieser Beziehung schon ernüchternd gewirkt; das
Auftreten des Thümmel in Weitmar ist selbst von nichts weniger als
katholikenfreundlichen Blättern scharf getadelt worden, und seine jüngste
Leistung in Herne muß den Remscheider Hetzprediger völlig fertig machen.
Er mag ja, bis man ihn hinter Schloß und Riegel kalt stellt, noch in
einigen Versammlungen des protestantischen Mob als zweiter Luther

gefeiert werden. Er mag ja auch wohl noch einiges Unheil durch seine wüste Hetzarbeit anrichten; allein seine weitere Entwickelung dürfte, wie wir bereits in einer früheren Nummer ausführten, weit mehr den Psychiatriker, als den Kriminalisten interessieren und die Schlußszene sich in einer wohlverriegelten Zelle mit gepolsterten Wänden abspielen.

Die bodenlose Gemeinheit der Angriffe, welche der Thümmel gegen den Katholizismus geschleudert, überhebt uns der Mühe, denselben sachlich entgegenzutreten. Der geistige Zustand des „zweiten Luther" schließt die Möglichkeit, daß er wider besseres Wissen geredet habe, so ziemlich aus, aber seine Ausführungen beweisen zum mindesten, daß er in theologicis sehr schlecht bewandert ist und für die katholische Glaubens- und Sittenlehre, die er so wütend angreift, absolut kein Verständnis hat. Wer das schon tausendmal widerlegte Märchen, die katholische Kirche vergebe die Sünden für Geld, zum Mittelpunkte seiner Polemik gegen den Katholizismus macht, kann fürderhin keinen Anspruch darauf erheben, daß man ihn als Theologen ernst nehme. In gewissem Sinne haben übrigens die Ausfälle, welche sich der Thümmel in Herne gegenüber dem Katholizismus erlaubte, die von uns schon früher geäußerte Befürchtung bestätigt, daß die Milde des Kasseler Urteiles den Mann zu weiteren Wutausbrüchen ermutigen werde. Der Thümmel hat in Herne wohlgefällig hervorgehoben, man habe ihm in Kassel erlaubt, die katholische Messe als Götzendienst zu bezeichnen; wahrscheinlich, um sich dieser merkwürdigen Erlaubnis würdig zu erweisen, ist er in seiner Beschimpfung der heiligen Messe noch beträchtlich weiter gegangen und hat dieselbe als eine Art von Teufelsdienst hingestellt. Man ersieht hieraus, daß der Thümmel die Motive des Kasseler Urteils für seine „freie Forschung" sehr gut auszunutzen weiß.

Im übrigen haben die Ausfälle des jungen Mannes gegen den Katholizismus wieder klärlich bewiesen, daß er nicht bloß ein beschränkter Zelot und verbohrter Fanatiker, sondern auch ein grenzenlos gemeiner und roher Bursche ist. Man wird ja einem protestantischen Prediger eine sehr weitgehende Kritik des Papsttums gestatten müssen. Man wird es einem Manne in dieser Stellung auch nicht besonders verargen, wenn er sich im Reformatorenstil über diese Einrichtung der katholischen Kirche äußert. Allein von einem Mann von Geschmack und Erziehung darf man doch wohl verlangen, daß er, bei aller Abneigung gegen das Papsttum, gleichwohl dem Träger dieser Würde mit jener Achtung begegnet, die seiner Stellung und seinem Alter zukommt. Die würdelose Art, wie der Thümmel sich über Leo XIII. äußerte, zeigt so recht, wessen Geistes Kind er ist. Er spricht von dem Papste, als von einem alten totenkopfähnlichen Greise, der mit ruchloser Hand den Samen religiöser Zwietracht aussäe; er nennt ihn ein mit goldenem Flitterwerk behangenes

Gestell, auf welches man einen alten Kopf gesetzt habe. Es hieße wirklich Leo XIII. beleidigen, wollte man ihn gegen so gemeine Angriffe in Schutz nehmen. Wir erwähnen dieselben auch nur, um nochmals darzuthun, mit welcher Herzensrohheit dieser rüde Patron bei seinen Ausfällen gegen den Katholizismus und seine Träger zu Werke geht.

So bedauerlich nun auch das Vorgehen des Thümmel mit Rücksicht auf den konfessionellen Frieden erscheinen mag, so ist es doch nicht diese Seite seines Wirkens, welche der Herner Versammlung ihr Gepräge verleiht. Die Hauptwucht seines Ansturmes richtet sich vielmehr mit immer größerer Bestimmtheit gegen die Behörden, welche seiner Meinung nach für die „evangelische Ehre" nichts übrig haben. „Von oben herab wird heutzutage für die Verunglimpfung der evangelischen Ehre viel gethan, und da ist die evangelische Ehrlosigkeit am stärksten." Am unzufriedensten ist der Thümmel mit den Staatsanwaltschaften. Der Bochumer Staatsanwaltschaft, „die es am nötigsten hat", will er etwas evangelische Ehre beibringen, ihr zeigen, wo Barthel den Most holt und ihr denselben bedenklich um die Ohren schmieren. Das ist wirklich ein Bild zum malen. Die Handlung des Elberfelder Staatsanwaltes wird, im Gegensatze zu juristisch und preußisch, als römisch hingestellt, und der Duisburger Staatsanwalt wird, weil er angeblich gegen ein katholisches Blatt, welches eine den Dr. Martin Luther beleidigende Äußerung gethan haben soll, nicht vorging, als Feigling bezeichnet.

Das sind schon ganz hübsche Leistungen, welche dem Thümmel die unzweifelhafte Anwartschaft auf längere kostenfreie Verpflegung in einer Strafanstalt verleihen würden, wenn eben seine Zurechnungsfähigkeit über jeden Zweifel erhaben wäre. Aber Thümmel hat noch ganz andere Schmerzen. Seiner Meinung nach ist die protestantische Ehrlosigkeit in den oberen Regionen am stärksten. Die Oberpräsidenten lassen sich von Bischöfen am Gängelbande führen und durch die Drohung, man werde sich in Berlin über sie beschweren, so weit einschüchtern, daß sie wider ihre bessere Überzeugung unberechtigten Wünschen der Katholiken nachgeben. Ja, Thümmels Unwille erstreckt sich noch weiter. Die vom Kaiser selbst festgesetzte Hofetiquette enthält nach seiner Meinung eine Beschimpfung der protestantischen Ehre deshalb, weil der Generalsuperintendent hinter dem katholischen Bischof rangiert. Auch über die Adresse der verächtlichen Bemerkung über den von Kaisern und Königen geschenkten Papstflitter kann ein Zweifel nicht gut aufkommen.

Der Thümmel ist aber auch um die Mittel, seinen Beschwerden abzuhelfen, durchaus nicht verlegen. Er will alles von unten herauf regeln. Er will sich die Staatsanwälte, die Verwaltungsbehörden, die — Hofetiquette, durch die Masse von unten herauf in seinem Sinne erziehen. Welcher Erziehungsmethode er sich dabei bedienen will, sagt er leider nicht, man kann es sich aber denken.

Die subversiven Tendenzen des Thümmelschen Auftretens dürften in den evangelischen Arbeitervereinen um so mehr einen fruchtbaren Boden finden, als sie unter dem Deckmantel des Kampfes für die angeblich bedrohte evangelische Freiheit geschickt verborgen werden. Wenn der evangelische Arbeiter erst einmal zu der Ansicht bekehrt ist, daß seine Religion von oben herab an den Katholizismus verraten werde, so wird er bei einem etwaigen Ansturme der Umsturzparteien gegen die bestehende Ordnung im günstigsten Falle als ein teilnahmloser Zuschauer dastehen, wahrscheinlich aber mit demselben Hand in Hand gehen. Der Thümmel arbeitet also den Sozialdemokraten direkt in die Hände. Unsere Ansicht über diesen Mann geht nun allerdings dahin, daß derselbe ein kompleter Narr ist, aber leider kein ungefährlicher. Seine Tollheit wäre im Stande, den Feuerbrand des Religionskrieges in das Deutsche Reich zu schleudern. Man wird daher zu überlegen haben, wie man ihn am wirksamsten unschädlich macht."

Von den zahlreichen ähnlichen Artikeln, welche durch die hunderte von Kaplansblättern gegangen sind, deren Leser dabei sorgsam vor jeder andern Lektüre behütet werden, sei hier wenigstens noch der Schluß eines Artikels des „Clevischer Volksfreund" (Nr. 8, vom 28. Januar) herangezogen: wegen der bezeichnenden Art, wie hier, außer den andern Behörden, speziell den Staatsanwälten und Gerichten Vorschriften gemacht werden:

„Angesichts dieser systematischen Hetze Thümmels hat die Regierung eines paritätischen Staates die unbedingte Pflicht, dem Thümmel-Unfug ein Ende zu machen. Geschieht das nicht, dann kann es gar nicht ausbleiben, daß in der Industriegegend, die Thümmel heimsucht, über kurz oder lang sich die gefährlichen Konsequenzen eines solchen Treibens geltend machen. Das katholische Volk aber würde ganz allgemein der Anbahnung eines kirchenpolitischen Ausgleichs, bei dem solche Zustände möglich wären, das größte Mißtrauen entgegenbringen. Beachtung verdient auch die Anregung der „Köln. Vztg.", den Remscheider Prediger beobachten zu lassen, damit event. festgestellt werde, daß derselbe nicht in normaler Geistesverfassung und daher seine Verantwortlichkeit ausgeschlossen oder eine beschränkte ist. Man kann kaum glauben, daß ein gebildeter Mensch mit gesunden Sinnen zu solchen wahnwitzigen Ausfällen fort und fort sich sollte hinreißen lassen. Nimmt man aber an, daß Thümmel seiner Handlungen sich bewußt ist, so werden Staatsanwalt und Gerichte der Notwendigkeit sich nicht entziehen können, in schärferer Weise vorzugehen. Ein Strafmaß von sechs Wochen erscheint in keiner Weise danach angethan, denselben zur Besinnung zu bringen. Man vergleicht unwillkürlich diese Buße mit den hohen Strafen, welche in Beleidigungs=Prozessen häufig erkannt werden, für Äußerungen, welche in augenblicklicher Erregung gefallen sind, — während es bei Thümmel — seine Zurechnungsfähigkeit vorausgesetzt — um eine systematische Beschimpfung und eine planmäßige Verhetzung sich handelt."

Durch die ganze Art und Weise, wie diese Vorschriften thatsächlich befolgt wurden, ist nun aber eine Lage entstanden, welche die Einsendung Pfarrer Thümmel's vom 3. Febr. in der „Westdeutschen Zeitung" nur zu richtig gezeichnet hat. Wir geben daher auch hier die Schlußerörterung wieder:

„Vergleicht man nun den katholischen Bericht mit dem wirklichen Wortlaut, so hat das Blatt nicht direkt gelogen, aber nach seiner Wiedergabe könnte doch einer sagen: der ganze Ton gefällt mir nicht, wenn auch das einzelne gut und wahr sein mag! Nach dem wirklichen Wortlaut wird man auch das nicht mehr sagen. Man vergesse doch nicht, daß es eine Rede war, und Reden wollen gehört, nicht gelesen sein. Und dies war eine Rede in einem geschlossenen evangelischen Verein. Zu welchem Zwecke schleichen sich katholische Berichterstatter dort hinein? Zu welchem Zwecke bringen die katholischen Zeitungen die „ihre katholischen Gefühle so tief verletzenden Äußerungen" so geschickt entstellt vor ihre katholischen Leser? Die Rede wurde ihnen ja gar nicht gehalten; die ganze Geschichte ging sie, sozusagen, gar nichts an! Dieselben glauben unter der jetzigen politischen Konstellation — ich fürchte nicht mit Unrecht — lärmende Beteuerung über ihre „gekränkten religiösen Gefühle" nicht ohne Wirkung; es könnte scheinen, daß die Staatsanwaltschaften, welche nicht nur gerichtliche, sondern auch politische Behörden sind, augenblicklich unter einem durch die politische Konstellation hervorgerufenen Drucke stehen. Nun stellt z. B. eine Staatsanwaltschaft eine Voruntersuchung an. Danach spricht auch die nationale Presse: dann muß es doch wahr und schlimm sein, wenn der Staatsanwalt einschreitet! Und nun ist das übereinstimmende Urteil fertig. Man weiß nur ungenau, was eigentlich vorliegt, ist aber überzeugt, daß „der Pfarrer Thümmel wieder einmal maßlos geredet hat." So hat die katholische Presse mit Hilfe der sich gegenseitig schiebenden und geschobenen Gewalten ihren Zweck erreicht: aus der allgemeinen Unklarheit entwickelt sich allmählich ein ungünstiges Urteil über einen Mann, der ihr unbequem ist. Wenn dann nachher auch die Staatsanwaltschaften sehen, daß sie zu Unrecht Anklage erhoben haben, das wird übersehen, und ihnen selbst erwächst ja kein Schaden dadurch."

S. 44 [38]): Um die Siegesgewißheit, aus der heraus schon heute derartige Anklagen auf Majestätsbeleidigung verlangt und erzielt werden, vollauf zu würdigen, muß allerdings die klerikale Broschürenlitteratur etwas genauer beachtet werden, als es bis dahin auf protestantischem Boden geschah.

Neben dem Frankfurter Broschürenzyklus und den Paderborner Bonifaziusbroschüren kommen unter dem obigen Gesichtspunkt noch besonders die Münster'schen „grünen Hefte" in Betracht (Broschürenzyklus für das kath. Deutschland, Münster und Paderborn, Schöningh). Für den Jahrgang 1888 (23. Jahrgang), der ebenfalls bereits als Nr. 1 ein eigenes Heft „Prediger Thümmel, das neue Licht von Remscheid" gebracht hat, ist für die nächste Zeit u. A. das Thema angekündigt: „Preußen wird wieder katholisch!" (NB. Das Ausrufungszeichen gehört zum Titel). — Was ein „katholisches Preußen" besagen würde, welche Rechtspflicht demselben obenan hinsichtlich der Ketzerei obläge, steht in zahlreichen päpstlichen Erlassen bis in die jüngste Zeit hinein zu lesen. An Stelle eines bloßen Hinweises auf die in der klerikalen Presse offen bekundete Zukunftshoffnung eines „katholischen Preußens" würden wir allerdings noch lieber das, was bereits die unmittelbare Gegenwart in Anklagen auf „Majestätsbeleidigung" gegen Verteidiger der evangelischen Kirche zu leisten im stande ist, wörtlich anführen. Dieser Absicht steht jedoch § 17 des Gesetzes über die Presse vom 7. Mai 1874 im Wege:

„Die Anklageschrift oder andere amtliche Schriftstücke eines Strafprozesses dürfen durch die Presse nicht eher veröffentlicht werden, als bis dieselben in öffentlicher Verhandlung kundgegeben worden sind oder das Verfahren sein Ende erreicht hat." Der folgende § bedroht Zuwiderhandlungen gegen diesen § mit „Geldstrafe bis zu 1000 Mark oder mit Haft oder mit Gefängnis bis zu 6 Monaten."

Wir müssen daher unsere Leser bis zu der öffentlichen Verhandlung vertrösten, um den Wortlaut einer Anklage kennen zu lernen, welche der Parole der „Westf. Volkszeitung" gefolgt ist, aus Beiträgen zum „Papstflitter" eine Majestätsbeleidigung herauszulesen und eine Kritik der Hofrangordnung zu dem gleichen Verbrechen zu stempeln. Es genügte zwar eigentlich schon der Hinweis auf den oben (S. 90 ff.) in extenso mitgeteilten Artikel der „Westfälischen Volkszeitung", um sich über die Grundlage der Untersuchung zu orientieren. Aber daneben drängt sich doch die sehr ernste Frage auf, in welcher Weise die evangelische Kirche in Zukunft gegen ein Verfahren geschützt werden kann, welches sich unter dem Schutze jenes § 17 im Verborgenen vollzieht, während inzwischen die ganze ultramontane Presse das staatsanwaltliche Vorgehen gegen einen Diener der evangelischen Kirche in ihrem Interesse ausbeuten und denselben ungestraft mit den unsaubersten Injurien verfolgen kann.

S. 45 [30]): Aus der „Rheinisch=Westf. Ztg." kommen zwei verschiedene Artikel in betracht, die zugleich eine verschiedene Stellungnahme bei dem Berichterstatter und bei der Redaktion selber dokumentieren.

Die Nr. 23 vom 23. Januar bringt ein ebenso eingehendes wie übersichtliches Referat, welches der Aufgabe eines solchen durchweg entsprach. Hiermit war aber die Redaktion ihrerseits nicht zufrieden, ließ vielmehr in der Nr. 25, vom 25. Januar, auf Grund brieflicher Mitteilungen ihres Berichterstatters, einen Nachtrag erscheinen, welcher geflissentlich die Ausdrücke zusammenstellte, welche der Berichterstatter selber, als ersichtlich der momentanen Erregtheit des Redners entsprungen und daher mit der ihm obliegenden Inhaltsangabe in keinem Zusammenhang stehend, für den gedruckten Text als ungeeignet betrachtet hatte. Durch den Separatdruck traten zudem diese aus dem Gesamtzusammenhang herausgerissenen Sätze wieder derart in den Vordergrund, daß der ganze übrige Inhalt der Rede darüber naturgemäß vergessen wurde. Für denjenigen, welcher sich ein selbständiges Urteil bewahren will, ist daher obenan der Vergleich beider Artikel durchaus unerläßlich.

Außer den Berichterstattungen über die beiden Thümmel'schen Reden kommt jedoch ferner noch eine nachträgliche persönliche Kontroverse der Redaktion der „Rheinisch=Westfälischen Zeitung" gegen den Pfarrer Thümmel in Betracht: eine Kontroverse, die hier um so weniger unbeachtet bleiben darf, da diese Redaktionserklärungen zugleich die Urteilsweise der übrigen Presse gegen den Angegriffenen in ungünstigster Weise beeinflußten, während ihm (dem zugleich durch die Staatsanwaltschaft Angeklagten) jede weitere Verteidigung unmöglich gemacht war.

Hüben und drüben hat nämlich ersichtlich die gegenseitige Verstimmung, auf deren Ursache schon in Note 29 hingewiesen wurde, fortgewirkt. In der Rede in Herne hatte sich Thümmel nachdrücklich gegen die von dem nationalliberalen Blatt in kirchlichen Dingen eingeschlagene Richtung gewandt. Nach dem eigenen Bericht der „Rh.=W. Ztg." lauteten seine diesbezüglichen Worte: „Ich fand in einem Schriftstück (der Anklageschrift der Bochumer Staatsanwaltschaft betreffs der Weitmarer Angelegenheit) die „Rh.=W. Ztg." als ein entschieden evangelisches Blatt bezeichnet, merkte aber hinterher, daß der Berichterstatter katholisch war. Das muß der „Rhein.-W. Ztg." unter die Nase gerieben und gesagt werden, wenn du dich nicht besserst, bestellen wir dich nicht." Daß die derartig angegriffene Zeitung sich gegen die Beeinträchtigung ihrer Interessen wehrte, lag in der Natur der Sache. Ebenso selbstverständlich aber wäre es für eine objektiv sein wollende Beurteilung des ganzen Handels gewesen, sich nicht mit den Erklärungen des einen Teils gegen den andern zu begnügen. In wie hohem Grade dies jedoch speziell bei diesem Zwischenfalle stattfand, darüber siehe die folgende Note.

Das historische Fazit darf der gerichtlichen Untersuchung auch in diesem Punkte nicht vorgreifen. Dies um so weniger, da die durch die Freunde Thümmels geschädigte Zeitung öffentlich auf die gerichtliche Zeugenschaft ihrer Berichterstatter gegen den evangelischen Pfarrer returriert hat. Die (alsbald von der „Kreuzzeitung" wiedergegebene) Erklärung der Redaktion bekundete dies nämlich sowohl hinsichtlich der Weitmarer als der Herner Rede ausdrücklich: „Bald nach seiner Weitmarer Rede ist unser damaliger Korrespondent bezüglich der erwähnten von Herrn Thümmel gebrauchten Ausdrücke von der Bochumer Staatsanwaltschaft vernommen worden und hat nach Recht und Gewissen bestätigen müssen, daß Herr Thümmel jene Ausdrücke gebrauchte. Das hat Herr Thümmel gehört, und deshalb sein Groll gegen den Berichterstatter, der sich nun auch gegen die „Rh.-W. Ztg." wendet.... Herr Meier (der Herner Berichterstatter) nimmt die Richtigkeit des von der „Rh.-W. Ztg." gegebenen Referats auf seinen Eid; die Bochumer Staatsanwaltschaft hat ihm in dieser Beziehung bereits Gelegenheit dazu gegeben."

Außer diesem Hinweis auf die gerichtliche Zeugenschaft ihrer Berichterstatter wirft die „Rh.-Westf. Ztg." dem von ihr jetzt überhaupt aufs schärfste angegriffenen Manne auch geradezu Unwahrheit vor, weil er aus dem Umstande, daß der Weitmarer Berichterstatter des vom Staatsanwalt als entschieden evangelisch bezeichneten Blattes römischer Katholik war, die naheliegende Folgerung gezogen, daß das Blatt auch sonst von diesem Korrespondenten bedient werde. Bezüglich der Wahrhaftigkeit des Pfarrers Thümmel braucht nur auf den Daheim-Artikel Dr. Klasings verwiesen zu werden. Für die „Rh.-W. Ztg." aber dürfte jener Vorwurf um so weniger am Platze gewesen sein, wo die gleiche Redaktionserklärung einen Irrtum enthält, der viel gröber genannt werden muß, als die vorerwähnte irrige Schlußfolgerung. In der oben angeführten Stelle heißt es nämlich weiter: „Aus Schonung gegen den Herrn Pastor Thümmel hat er (der Weitmarer Korrespondent) in seinem damaligen, übrigens nicht auf stenographischer Aufzeichnung beruhenden Berichte den stärksten der starken Ausdrücke des genannten Herrn (daß, so ist der Ausdruck wenigstens allseitig aufgefaßt worden, „der

Charakter der römischen Priester ein tierischer, viehischer sei") nicht einmal wiedergegeben." Vgl. hiermit die Seite 38 angeführte Stelle mit dem Zwischensatze: „wir können das Wort nicht wiederholen. D. Red."; wonach nicht der Korrespondent, sondern die Redaktion die Auslassung vorgenommen.

Nur mit Widerstreben ziehen wir solche Auswüchse der „Preßkampagne" heran, zumal wo uns nichts ferner liegt, als dem Pfarrer Thümmel in der Polemik gegen ein einzelnes Blatt (das uns ohnedem sonst nur im Guten bekannt ist) zu folgen. Es haben aber gerade alle diese kleinen Dinge das öffentliche Urteil immer wieder derart beeinflußt, daß die genaue „Feststellung" des Thatbestandes für das geschichtliche Fazit noch unentbehrlicher ist als für das juristische.

S. 45 [40]): Wie die verschiedenen Äußerungen der „Rhein.-Westfälischen Zeitung", so stehen auch die auf den Thümmel'schen Fall bezüglichen Artikel der „Kreuzzeitung" obenan in der Reihe derjenigen, welche sich die Beeinflussung der öffentlichen Meinung in dieser recht eigentlichen Lebensfrage der evangelischen Kirche besonders angelegen sein ließen. Es eignet denselben aber zugleich darum eine doppelte Bedeutung, weil das einflußreiche Berliner Organ dadurch zu seinen rheinisch-westfälischen Freunden in einen auffälligen Gegensatz trat.

Schon der erste (Note 2 berücksichtigte) Artikel vom 23. Januar hatte die Berichte der konservativ-evangelischen und nationalen Lokalpresse („N. Westf. Volkszeitung", „Märk. Sprecher", „Dortmunder Ztg.", „Rh.-W. Tageblatt" u. A.) völlig ignoriert, statt dessen aber das eigene Votum einfach auf der „Germania" einer=, der „Rh.-Westf. Ztg." andrerseits aufgebaut. Es thut dieser Methode keinen Abbruch, daß der letzte Absatz sich gegen den „augustinusbrüderlichen" Teil der klerikalen Presse richtet, der sogar das Begnadigungsrecht der Monarchie anfechte. Denn der eigentliche Schwerpunkt des Artikels lag in der Kennzeichnung von Thümmel's Auftreten als einem demagogisch-revolutionären. Bei dem Leserkreise der „Kreuzzeitung" mußte es sicherlich den ungünstigsten Eindruck zu Wege bringen, wenn gleich der erste aus dem Thümmel'schen Vortrage herausgerissene Satz dahin lautete: „Die oberen Zehntausend ziehen sich zurück, und darum wende ich mich an die untere Masse des evangelischen Volkes." Der Inhaltsangabe aber entsprach zudem die Schlußfolgerung ausdrücklich: „Die Richtigkeit dieses, übrigens auch von der „Rhein.-Westf. Zeitung" beglaubigten Referats vorausgesetzt, wird man unser Urteil über die völlige Haltlosigkeit Thümmels gerechtfertigt finden. Auf diese Weise läßt der innere Aufbau der evangelischen Kirche sich nicht fördern. Am meisten Bedenken muß Thümmels Ausspruch erregen, daß er sich jetzt an die „untere Masse" wenden wolle. Die konfessionelle Verhetzung in Westfalen und Rheinland ist wahrlich schon groß genug."

Da der ganze Artikel der „Kreuzzeitung" das wirklich in Herne Gesagte in ein durchaus falsches Licht stellte, so glaubte der evangelische Pfarrer gerade von dem in den „strengkirchlichen" Kreisen noch immer als eine Art von evangelischer Kirchenzeitung betrachteten Blatt eine thatsächliche Berichtigung der der klerikalen Presse entnommenen falschen Behauptungen verlangen zu können. Die von ihm an die Redaktion eingesandte Erwiderung wurde jedoch zurückgewiesen. Er veröffentlichte sie dann, unter Beifügung der ihm zu Teil gewordenen Antwort, in der „Magdeb. Ztg." Erst darauf hin hat die „Kreuzzeitung" selber (Nr. 30, Beil., vom 4. Febr. 1888) die in letzterer zum Abdruck gebrachten Briefe, unter Wiederholung ihres eigenen Erstlingsartikels, ihrerseits aufgenommen. Gleichzeitig aber wurde nun eine weitere Polemik daran geknüpft, deren Charakter abermals Beachtung verdient. Obgleich nämlich die Kontroverse, in welche die „Kreuzzeitung" ihrerseits mit dem Pfarrer Thümmel getreten war, sich nicht sowohl auf dessen eigenes Verhalten, als vielmehr auf die „in perfidester Weise herausgerissenen und tendenziös gruppierten" Berichterstattungen bezog, denen die Redaktion Glauben geschenkt und die sie selbst weitergetragen hatte, lautet der Titel: „Zum Verhalten des Pfarrers Thümmel." Der Mitteilung seines Schreibens an die „Magdeb. Ztg." folgt sofort der Nachsatz: „Wir sehen dem jugendlichen Hitzkopf gern manche Taktlosigkeit nach und halten es deshalb nicht für nötig, die in vorstehender Kundgebung an unsere Adresse gerichteten kindischen Ungezogenheiten noch besonders zu rügen, aber das eine darf doch nicht unerwähnt bleiben, daß Herr Pfarrer Thümmel über die Taktlosigkeit hinaus auch zu Unwahrheiten seine Zuflucht nimmt, wie aus folgender Berichtigung der „Rh.-Westf. Ztg." hervorgeht." Und nun wird als die Sache abschließend die in der vorigen Note charakterisierte Erklärung dieses (durch die Gesinnungsgenossen Thümmels in seinem geschäftlichen Interesse empfindlich verletzten) Blattes, sowie die gleichartige Einsendung seines Redakteurs in die „Magdeb. Ztg.", beides in extenso, mitgeteilt, ohne daß die geringste eigene Untersuchung des wirklichen Sachverhalts für nötig erachtet worden wäre. Nach alledem erscheint die Schlußbemerkung: „Es ist die höchste Zeit, daß nüchterne und besonnene Freunde den Herrn Thümmel von weiteren Unbesonnenheiten zurückhalten" schwerlich an der richtigen Stelle, solange nicht den tendenziös feindlichen Berichten über seine Rede eine wirklich unbefangene Darstellung entgegengestellt ist.

Dem in der ganzen Angelegenheit geübten Verfahren zum Trotz müssen wir jedoch auch hier die darauf gestützten Angriffe gegen die „Kreuzzeitung" als an die falsche Adresse gerichtet erklären. Die Haltung der konservativ-evangelischen Presse unterscheidet sich so scharf wie möglich von derjenigen der „Kreuzzeitung". Es sei in dieser Beziehung, neben der rheinischen und westfälischen Presse, speziell noch auf das „Daheim" und die „Allgemeine konservative Monatsschrift" verwiesen. Aber allerdings läßt sich schwerlich leugnen, daß das von dem evangelischen Pfarrer behandelte Thema ganz besonders geeignet war, alle diejenigen zu verletzen, welche ein schlechtes Gewissen gegen die evangelische Kirche haben. Der offenkundige Verrat ihrer Interessen ist ja noch lange nicht so schlimm, als der „Dispens von den öffentlichen Religionsexerzitien" bei den geheimen Konvertiten.

S. 45 [41]): Unter den mit Vorliebe für kryptopapale Einsendungen verwerteten Blättern scheint sich neuerdings der „Hamb. Korr." besonderer Berücksichtigung zu erfreuen.

Wie weit auch dies in Verbindung steht mit den Windthorst'schen Zukunftsplänen, welche an Ort und Stelle selbst längst viel tiefer fundamentiert sind, als man in Hamburg sich träumen läßt, mag hier ununtersucht bleiben. Aber gerade weil das Blatt zu den hervorragendsten und mit Recht geachtetsten Organen der nationalen Presse gehört, wird die Frage um so weniger umgangen werden können, auf welche Einflüsse sich die wiederholten Artikel zurückführen, die der papalen Eroberung der alten Hansastadt Vorschub zu leisten bestimmt sind. Die schnöde (am schärfsten wohl in dem eben erwähnten Artikel des „Daheim" gebrandmarkte) Irreführung der öffentlichen Meinung über die beschlagnahmte Thümmel'sche Schrift hat im Hamb. Korr. begonnen. Das gleiche Blatt wurde mit dem unwahren Bericht über die Predigt Thümmels bedacht. Aber daß diese Artikel nicht alleinstehen, beweist alsbald wieder in der Nr. 30 (vom 30. Jan. 1888) die Briefkastennotiz von T. R.

„Sie wollen wissen, wer Dr. Thürling sei, und wie die historische Wissenschaft sich den Ausführungen desselben bezüglich der Entstehung des Chorals: „Ein feste Burg" und „Jesaia dem Propheten" gegenüber verhalte. Thürling ist altkatholischer Pfarrer in Kempten (Bayern) und hat sich vor Jahren in München durch eine Dissertation den Doktorgrad erworben. Als Geschichtsforscher hat er niemals etwas von sich hören lassen, und daß derselbe durchaus keine Qualifikation dazu besitzt, in historischen Fragen ein entscheidendes Wort mitzureden, hat er in seiner Polemik gegen den gründlichen und angesehenen Forscher Bäumker bewiesen. Die Zurechtweisung, welche letzterer ihm in den Monatsheften für Musikgeschichte 1887 Nr. 5, S. 73—77 zu Teil werden ließ, hat er wohlweislich unbeantwortet gelassen. Seine ganze morsche Beweisführung bestand darin, daß er die Entstehung der Engelsmesse, welcher Luther die Melodie zu obigen Chorälen entnahm, in das 17. Jahrhundert verlegte. Nun haben aber die bedeutendsten Choralforscher unserer Zeit, Pothier und Ambrosius Kienle, überzeugend dargelegt, daß die Messe nicht über das 15. Jahrhundert zurückreiche, die Melodien derselben aber noch älter seien. Wir werden den Ausführungen Thürling's übrigens in nächster Zeit in einer größeren Arbeit entgegentreten, eine erschöpfende Beantwortung Ihrer Frage würde hier zu weit führen. Im Übrigen möchten wir Ihnen bemerken, daß es auf dem Gebiete der Geschichtsforschung nur objektive, keine subjektiven Wahrheiten gibt."

Vergeblich haben wir seither auf eine Berichtigung dieser Notiz gewartet, welche es so meisterlich versteht, im Namen der „historischen Wissenschaft" für eines der lieblichsten Fündlein der Janssen'schen Geschichtsumkehr Reklame zu machen, und nebenbei einen ernsten wissenschaftlichen Gegner bei denen, welche ihn nicht kennen, a priori zu diskreditieren. Wir können die Selbstanpreisung des „gründlichen und angesehenen Forscher Bäumker" und dessen „Zurechtweisung" auf sich beruhen lassen. Wer sich die Mühe gibt, den angeführten Artikel der „Monatshefte" mit der „M. Allg. Ztg." 1887 Nr. 6, Beil., zu vergleichen, wird die ganze Frage über den Ursprung der Melodie des Lutherpsalmes schwerlich als so spruchreif erkennen, wie es hier dargestellt wird. Persönlich erachten wir uns in dieser Frage nicht kompetent. Um so entschiedener aber muß die echt jesuitische Anschwärzung eines gerade in dieser Frage besonders kompetenten Forschers ans Licht gezogen werden. So viel Worte, so viel Unwahrheiten. Der Mann heißt nicht (wie hier dreimal gedruckt ist) Thürling, sondern Thürlings. Er ist nicht altkatholischer Pfarrer in Kempten, sondern seit Jahresfrist Professor in Bern. Als Geschichtsforscher mag er in den Kreisen von T. R. nicht von sich reden gemacht haben; darum gehört er nichtsdestoweniger zu den in erster Reihe berufenen Forschern über die Reformationszeit, ist u. a. einer der gründlichsten Kenner von Wimpheling. Seine ungewöhnliche Qualifikation endlich, in Fragen der Musikgeschichte mitzureden, kann nur derjenige bestreiten, der keine Ahnung von der hervorragenden musikalischen Begabung und Ausbildung eines Mannes besitzt, welcher allein schon durch sein „Liturgisches Gebetbuch" zu den ersten Liturgen und Hymnologen der Gegenwart zählt.

Neben dem in den „Hamb. Korr." und die „Hall. Ztg." gemeinsam eingeschmuggelten Artikel war auch den Lesern des „Frankf. Journal" ein ähnlich schiefes Bild von der beschlagnahmten Broschüre gegeben.

Die Wiedergabe dieses Bildes (vergl. S. 55 im I. Heft) hat zu einem weiteren Artikel des gleichen Blattes geführt, der uns freilich nicht in seinem eigenen Zusammenhang vorliegt, dafür aber von der ultramontanen Presse für ihre Absichten verwertet worden ist. Wir müssen daher wenigstens von dieser Fruktifizierung insofern Notiz nehmen, als das Frankf. Journal es danach (vergl. Wattenscheider Volksblatt vom 28. Januar 1888) dem Verfasser „klar macht, daß man es nicht für die Aufgabe der Gesetzgebung halten könne, gröbliche Störungen des konfessionellen Friedens im Volke zu fördern". Wo und wie unsere Broschüre der Gesetzgebung eine solche Aufgabe zugewiesen haben soll, das würde vielleicht am besten als „Aufgabe" eines „Vexierrätsels" dienen können.

Versucht das „Frankf. Journal" dergestalt noch eine Verteidigung des Mißbrauchs, dem es selber ausgesetzt gewesen war, so darf es mit um so lebhafterer Genugthuung konstatiert werden, daß die s. Z. den Artikel des „Hamb. Korr." wiedergebende „Hall. Ztg." dem klargestellten Thatbestande vollauf gerecht geworden ist.

Es ist daher ein Ehrenpunkt, der bei dem gleichen Anlaß beigefügten Redaktionsbemerkung unsrerseits ebenfalls gerecht zu werden, daß schon bei der zweiten Serie der feindseligen Artikel die „Hall. Ztg." nicht mehr beteiligt war. Desgleichen ist der von der Redaktion ausgesprochene Wunsch, daß der mit Beziehung auf diese zweite Serie gebrauchte Ausdruck „genau dieselbe Erscheinung in denselben Blättern" so gefaßt werden möge, daß die „Hall. Ztg." darunter nicht mit eingeschlossen erscheine, alsbald bei dem zweiten Druck der ersten Broschüre berücksichtigt worden.

S. 45 [42]): Vergl. auch über diesen Punkt den hessischen Referenten in „Die christl. Welt" Nr. 9 (S. 81):

„Thümmel hatte sich darauf berufen, daß von der katholischen Seite noch schlimmere Ausdrücke gebraucht wurden, und daß der § 166 nur zum Schutze der katholischen Kirche da sei. Dagegen wußte der Staatsanwalt nur den Rat zu geben, Thümmel möge dafür sorgen, daß derartige gemeine Angriffe zur Kenntnis der zuständigen Staatsanwaltschaft gebracht würden. Aber da müssen wir doch mit allem Nachdruck darauf hinweisen, daß die ultramontane Presse in der Beschimpfung der Reformation und des Reformators offenkundig ihr möglichstes leistet. Sollte das der Staatsanwaltschaft so unbekannt sein, daß sie erst von Thümmel darauf aufmerksam gemacht werden müßte? Und dann — wie weit kommen wir mit diesem Rate, wenn der Papst uns feierlichst verflucht, und seine Verfluchungen feierlichst auch den deutschen Katholiken kund gethan werden?"

S. 47 [43]): Da der von dem Vorstande des Deutschen Vereins angestellte Agent Konitzer sich als eine unzuverlässige Persönlichkeit erwies, und dadurch auch die ihm gegebenen Aufträge zu einem üblen Ergebnisse führten, war es der sowohl in den Personalfragen wie in der Verwertung ihrer Werkzeuge viel geschickter operierenden klerikalen Taktik ein ebenso leichtes Ding, für ihre „Geistesblitze" das Wort „Konitzerei" aufzubringen, wie heute das Wort „Thümmelei".

S. 47 [44]): Die ungeschickte Form der Besprechung der von dem Reichskanzler wiederholt beklagten „Friktionen" in manchen Hofkreisen zog dem Redakteur einen Prozeß wegen Beleidigung Ihrer Majestät der Kaiserin zu. Die weitere Folge seiner Verurteilung bestand in dem Eingehen der Korrespondenz.

S. 47 [45]): Der Tod des letzten Jesuitengenerals Beckx hat aufs Neue die Aufmerksamkeit darauf gelenkt, wie Beckx noch in jungen Jahren mit der Mithilfe zweier kurz vorher ebenfalls übergetretener Hofbeamter (v. Haza-Radlitz und Klitsche de la Grange) die „Bekehrung" des Herzogs und der Herzogin von Anhalt-Cöthen erzielt hatte. Vergl. die bei Anlaß des Todes von Beckx in Erinnerung gebrachten Daten in der „Kirchlichen Korrespondenz" Nr. 2 und 3, vor allem aber in der eingehenden Darstellung der „Cöthener Zeitung" selber (1887, 9. März bis 24. April: Nr. 57, 59, 61, 62, 63, 79, 90, 94, 95).

S. 48 [46]): Es ist bereits im ersten Heft (vergl. besonders Note 19, S. 73 ff.) darauf aufmerksam gemacht worden, wie die von dem modernen Jesuitismus befolgte Methode (genau wie bei dem Kalenderstreit, welcher allen Handel und Wandel sogar zwischen den nächstliegenden Nachbarorten zerstörte) konsequent darauf angelegt ist, die nationale Einheit auf dem ganzen Gebiet des Kulturlebens, in allen gesellschaftlichen Beziehungen, von Grund aus zu untergraben. Der römisch=katholische Teil der deutschen Bevölkerung wird systematisch, durch die zahlreichen eng mit einander verbundenen Vereine für die verschiedensten Berufsarten, mehr und mehr von der — nur als ein Unglück aufgefaßten, von dem „Mainzer Journal" (vgl. oben Note 5) mit der Mißgeburt der siamesischen Zwillinge verglichenen — Verbindung mit dem evangelischen Teile gelöst.

Eine verläßliche Übersicht über die derzeitige Statistik dieser Vereine bietet die aus dem volkswirtschaftlichen Seminar in Jena hervor= gegangene gründliche Untersuchung Wermerts, Neue sozialpolitische An= schauungen im Katholizismus innerhalb Deutschlands, Jena 1885; be= sonders in ihrem 4. Abschnitt über das katholisch=soziale Vereinswesen. Vgl. speziell S. 83 ff.: Erziehungsverein; Marianische Kongregationen und katholische Vereine junger Kaufleute; Meister=, Gesellen= und Lehrlings= vereine; christlich=soziale Arbeitervereine; Verein für Arbeiterinnen und Dienstmägde; Bauernvereine; Winzervereine; volkswirtschaftlicher Verein; Volksbanken, Spar=, Kredit= und Unterstützungsvereine; Augustinus= verein zur Pflege der Presse; St. Raphaelsverein; Arbeiterwohl; Vincenz= verein; Juristenverein; Görresgesellschaft; Studentenverbindungen; Ge= betsverein; Canisiusverein. — Die verhängnisvollste — ja, man muß hier wohl sagen: tückischste — aller dieser Vereinsbildungen ist der so unschuldig klingende „Gebetsverein". (Vgl. Wermert S. 97 ff., nach den Verhandlungen der katholischen Generalversammlungen von Bonn 1881, Düsseldorf 1883, Amberg 1884). Die von der Bonifaziusdruckerei in Paderborn vertriebenen Gebetszettel sollen bewirken, „daß sich in Deutsch= land jene große Armee von Betern zusammenfindet, die ausschlaggebend sein wird für die Geschicke und die Zukunft des Vaterlandes." Man betet 1. um die Abwendung des Unglaubens und der aus ihm ent= springenden Übel von unserm Vaterlande; 2. für die Wiederherstellung des wahren kirchlichen Friedens; 3. für die Wiedervereinigung Deutsch= lands im Glauben. Nicht genug mit dieser offenen Kriegserklärung der Erwachsenen an ihre evangelischen Volksgenossen, sollen aber auch die Kinder von früh an mit dem gleichen Religionshaß erfüllt werden. Dem im Jahre 1879 von dem damaligen Ermeländer Bischof Krementz be=

gründeten allgemeinen Gebetsverein wurde darum im Jahre 1883 noch eine eigene Filialanstalt für die Kinder („Gebetsvereinigung der katholischen Kinder Deutschlands zur Erlangung der Wiedervereinigung im katholischen Glauben") hinzugefügt, mit der Aufgabe, „Gott im Himmel anzuflehen, daß er die Tage der Prüfung abkürze und der Glaubensspaltung in Deutschland ein Ende mache." Das diesen Kindern vorgeschriebene tägliche Gebet lautet: „Liebreicher Jesu, ich danke dir, daß du mir den wahren Glauben geschenkt hast. Gib, daß ich ihn niemals verliere und führe alle zurück zu unserer heiligen Kirche! Liebe Mutter Gottes, bitte für unser Vaterland! Heilige Schutzengel, helfet uns! Seliger Petrus Canisius, bitte für uns." Deutlicher als durch die direkte Anrufung des bekannten Jesuiten Canisius kann der jesuitische Charakter dieser Kindervereinigung schwerlich gekennzeichnet werden.

S. 48 [47]): Zu dem (im 1. Heft S. 72/3 herangezogenen) 59. Jahresbericht der Gefängnisgesellschaft ist inzwischen der 60. getreten. Wir verweisen hier nur auf die denkwürdige Erklärung des Düsseldorfer Regierungs-Präsidenten über den Charakter der vorhergegangenen Debatte (S. 56):

„Herr Regierungspräsident Frhr. v. Berlepsch in Düsseldorf sieht für die Gesellschaft eine große Gefahr darin, daß sie sich in ein juristisches und ein theologisches Lager zu spalten drohe."

S. 48 [48]): Die Debatte über die evangelischen Arbeitervereine im Reichstage (am 11. Febr. 1888) darf an dieser Stelle umsoweniger fehlen, da die im Text geübte Kritik nur dann berechtigt ist, wenn ihr die Anerkennung der schon heute geleisteten Verdienste zur Seite geht.

Bei Gelegenheit der Debatte über die inzwischen für gültig erklärte Wahl des national-liberalen Abgeordneten Dr. Haarmann (Bochum) in der Reichstagssitzung vom 11. Febr. äußerte sich in Beziehung auf den ultramontanerseits eingereichten Wahlprotest der Abgeordnete Kleine (Dortmund) nach dem offiziellen Stenogramm folgendermaßen:

„... Dieser Protest, der eingelaufen ist beim Reichstage, geht angeblich aus von dem „Zentralwahlkomitee der christlichen Arbeiterpartei". Unter dieser christlichen Arbeiterpartei sind aber nicht etwa christlich gesinnte Arbeiter verschiedener Konfessionen zu verstehen; es ist ein rein ultramontaner Verein; — wenn die evangelischen Arbeiter sich vereinigen, dann nennen sie sich „Evangelischer Arbeiterverein."

Hierauf antwortete der ultramontane Abgeordnete von Strombeck ebenfalls nach dem stenographischen Berichte:

„... Der Herr Vorredner sprach sodann davon, daß ein christlich-sozialer Arbeiterverein sich nicht „katholischer" Verein genannt habe; die katholischen Vereine betrachten sich eben als christliche, und sie werden nichts weniger thun, als auf dies Prädikat zu verzichten. Wenn die Vereine, die Herr Kleine nannte, sich evangelische nennen und damit auf das christliche mehr oder weniger verzichten wollen, so kann ich das nicht widerlegen."

Der Abgeordnete Dr. Hammacher (Duisburg) erwiederte auf diesen Angriff folgendermaßen:

„Wenn der Abgeordnete von Strombeck der evangelischen Arbeitervereine im Gegensatz zu den katholischen Erwähnung thut, und zwar mit Rücksicht auf die ersteren in der Form eines, wie ich glaube, nicht mißzuverstehenden Seitenblicks, unter welchem die evangelischen Arbeitervereine als eine Abirrung von dem Wege des Christentums erscheinen, so, hoffe ich, ist er dabei selbst von seinen eigenen und unseren politischen und religiösen Freunden nicht ernst genommen worden. Sollte Herr von Strombeck die Absicht gehabt haben, die evangelischen Christen im Gegensatz zu den Katholiken als solche zu bezeichnen, die nicht auf dem überzeugungstreuen Boden des Christentums stehen, wie die Katholiken, so mache ich mich zum Ausdruck des Gefühls der evangelischen Mitglieder dieses Hauses, indem ich eine derartige Anschauung entschieden zurückweise." (Beifall rechts und bei den Nationalliberalen.)

Als nunmehr Herr von Strombeck darzulegen versucht hatte, daß er „mißverstanden" sei, und auch der Abgeordnete Dr. Windthorst seinem Parteigenossen beizuspringen versuchte, führte Dr. Hammacher weiter aus:

„... Sodann thut mir der Herr Kollege Windthorst Unrecht, wenn er meint, ich habe heute den konfessionellen Gegensatz in die Debatte hineingebracht. Herr Windthorst muß nicht hier gewesen sein, sonst hätte er dem Irrtum nicht verfallen können. Es war eine vielleicht mißverständliche, aber nach meiner nach wie vor festgehaltenen Meinung richtige Auffassung gewisser Äußerungen des Herrn von Strombeck, die in dessen Munde Zweifel darüber aufkommen ließen, ob ein sich als „evangelisch" konstituierender Arbeiterverein sich nicht von der christlichen Grundlage entferne (sehr richtig! rechts), und dem gegenüber — das ist von der Seite (rechts) auch so aufgefaßt worden — habe ich es für meine Pflicht gehalten, erstens festzustellen, daß nach meiner Ansicht derartige Anschauungen schwerlich in den Reihen der eigenen Freunde des Herrn von Strombeck geteilt werden, und zweitens, daß, soweit damit Herr von Strombeck einen Grundsatz habe aufstellen wollen, der den Gefühlen, den Überzeugungen evangelischer Christen widerstreitet, ich dagegen lebhaften Widerspruch erhebe. (Sehr gut! rechts.)"

Der wiederholten Aufforderungen an Pfarrer Thümmel zu Vorträgen in diesen Arbeitervereinen ist — als schon in Kassel bezeugt — bereits im Texte gedacht. Ebenso ist es aus zahlreichen Zeitungsnachrichten bekannt, daß eine größere Zahl dieser Vereine ausdrückliche Zustimmungserklärungen an Thümmel gesandt hat. Die bisherige Geschichte der evangelischen Arbeitervereine ist übrigens bereits sachkundig gezeichnet von Lic. Weber (Flugschriften des E. B. Nr. 15 S. 22 f.).

S. 48 [49]): Bei der von jesuitischer Seite konsequent angestrebten Spaltung des deutschen Volkes in zwei feindliche Hälften wird zugleich durchgängig die Taktik beobachtet, den angegriffenen Teil als den angreifenden, den duldsamen als den verfolgungssüchtigen hinzustellen.

Bereits im ersten Heft (S. 57) mußte in dieser Beziehung konstatiert werden, wie der die öffentliche Meinung fälschende Artikel im „Hamb. Korr". sich sogar zu der Behauptung verstieg: „Weiter als bis zu der mehr oder weniger versteckten Verrufserklärung gegen die katholischen Geschäftsleute ... ist es kaum zu treiben." Ein protestantisch-kaufmännischer Verein mit derartiger Tendenz existiert nicht nur nirgends, sondern würde auf evangelischem Boden geradezu als etwas widernatürliches angesehen werden, während die katholisch-kaufmännischen Kongregationen und Vereine — schon als Glied des in Note 46 geschilderten Ganzen — in dieser Übertragung des konfessionellen Gegensatzes auf Handel und Wandel (d. h. dem Sprachgebrauch jenes römisch-katholischen Journalisten zufolge: in der Verrufserklärung der andersgläubigen Geschäftsleute) „ihr eigentliches Prinzip haben." Von Seite des letztgenannten Vereins ist gegen diese Charakteristik in einer Weise, die selbst wieder überaus charakteristisch ist, Beschwerde erhoben. Die in der daraufhin entstandenen Kontroverse gewechselten Briefe und Zeitungsartikel werden demnächst vollständig veröffentlicht werden.

S. 50 [50]): Dem im Texte allgemein ausgesprochenen Grundsatze glaubt der Verfasser auch in einem recht eigentlich zur Ehrenfrage gewordenen Punkte in der Form einer „persönlichen Bemerkung" nachkommen zu müssen. Bisher hat ihm nämlich der Anlaß gefehlt, über die vielumstrittene Wirksamkeit des Hofpredigers Stöcker ein kirchengeschichtliches Urteil zu fällen. Nach=

dem aber gleichzeitig die Stadtmissionsangelegenheit und die Thümmelprozesse ihre gemeinsame kirchengeschichtliche Bedeutung darin gewonnen haben, daß von allen Seiten her den streitenden Parteien in der evangelischen Kirche die Notwendigkeit aufgedrängt wurde, das verhängnisvolle Schibboleth pro oder contra Stöcker zurückzustellen, wäre es unverzeihlich, einem solchen Urteil aus dem Wege zu gehen.

Die scharfen, zum guten Teil unüberbrückbaren prinzipiellen Gegensätze dürfen davon am allerwenigsten abhalten. Nur daß sie sich allerdings ebensowenig verschweigen lassen, wenn nicht allerlei Mißverständnisse sich einschleichen sollen. Denn die Teilnahme Stöckers an einem der traurigsten Angriffe, die jemals gegen die Ehre einer theologischen Fakultät gerichtet worden sind, liegt ebenso offen zu Tage, wie die nachträgliche Vergeßlichkeit in Bezug auf eine Debatte, in welcher sein persönliches Eingreifen einen der für andere Teilnehmer bedeutsamsten Momente darbot. Seine zahlreichen an den verschiedensten Orten gehaltenen Agitationsreden mochten es schwer erkennen lassen, wie weit seine kirchenpolitischen Programme auf wissenschaftlich theologischer Grundlage ruhten. Um so weniger jedoch hat er sich im Urteilen bezw. Aburteilen über die Ergebnisse gewissenhafter theologischer Forschung irgend welche Schranken gezogen. Noch aber dürften alle hiermit zusammenhängenden Gegensätze zurücktreten gegenüber der trüben Beimischung eines Antisemitismus, den man bis dahin doch bloß durch Männer à la Rohling auf römisch-katholischem Boden vertreten gesehen. Die Bekämpfung der auch in gesellschaftlicher Hinsicht unleugbaren Berliner Notstände hätte Schulter an Schulter stattfinden können mit jenen ebenso tief frommen wie wissenschaftlich hochstehenden Juden, deren Zahl gottlob nicht gering ist, und die unter dem Wuchergeiste mancher Glaubensgenossen wohl noch um vieles mehr seufzen, als die im wucherischen Wetteifer mit denselben übervorteilten „Christen". Aber ich schicke doch diese Reserve nur ungern voraus, bedaure aufrichtig, daß das, was mir an diesem Orte auszusprechen recht eigentlich zur Ehrenpflicht wurde, nicht ohne solche Reserve ausgesprochen werden konnte. Denn es besteht dies doch vor allem in der rückhaltlosen Erklärung über eine Erfahrung, welche mir seit der konstituierenden Frankfurter Versammlung des Evangelischen Bundes recht eigentlich auf der Seele gebrannt hat.

In jenen gottgesegneten Tagen, wo so viele getrennte Brüder sich fanden, hat sich mir persönlich u. a. auch das Rätsel gelöst, wie einem viel in Anspruch genommenen Manne eine objektive Unwahrheit unterlaufen kann, ohne daß darum von subjektiver Unwahrhaftigkeit die Rede sein dürfte. Gilt es schon von solchen, die ein einzelnes Mal in die Unruhe solcher Versammlungen heraustreten, daß sie nachmals schlechterdings sich nicht mehr zu erinnern vermögen, wen sie gesehen, mit wem sie gesprochen, was sie selber gesagt, so verlangt eine derart umfassende und aufreibende Thätigkeit wie diejenige Stöckers noch einen ganz andern Maßstab. Diese Thätigkeit selbst aber — nun, je mehr ich einen genaueren Einblick in sie gewonnen habe, um so mehr staunte ich über die gewaltige Manneskraft, mit ihrer unermüdlichen Selbstarbeit, mit ihrer zündenden Begeisterungsfähigkeit, mit ihrem großartigen Organisationstalent. Man muß in der That zu den bedeutendsten der katholischen Ordensstifter zurückgehen, um für ihn wie für die Wichern, Fliedner, Löhe, Blumhardt, Harms, Werner (die verwandten Erscheinungen in andern Ländern, besonders im anglo-amerikanischen Protestantismus, nicht einmal mitgerechnet) die passenden Parallelen zu finden. Speziell aber die Persönlichkeit Stöckers nimmt in der Geschichte der evangelischen Kirche des 19. Jahrhunderts eine zu bedeutsame Stellung ein, als daß man es nicht den Gegnern dieser Kirche überlassen müßte, nur für die Schwächen seines Naturells ein Auge zu haben. Die Parteiungen im kirchlichen Leben lassen sich ja allerdings so wenig aus der Welt schaffen wie im politischen. Aber die in ehrlichem Streit der Überzeugungen mit einander ringenden geistigen Richtungen sollten doch in der Kirche mindestens dasselbe gegenseitige Ausgleichsverhältnis und Ergänzungsbedürfnis im Auge behalten, wie der konservative und der liberale Faktor im Staatsleben. Man kann jemanden ernstlich bekämpfen und braucht ihm weder die seiner Person noch seiner Arbeit schuldige Achtung irgendwie zu versagen.

S. 52 [51]): Wir begnügen uns in dieser Beziehung, an die schlichten Erzählungen von Michelis über die ihm persönlich in Krefeld, Aachen, Paderborn, Münster, Lippstadt im Jahre 1871 (vor Beginn des Kulturkampfes!) widerfahrenen Erlebnisse zu erinnern. Es sind Berichte eines ganz und voll dem höchsten Ideal des katholischen Priestertums hingegebenen Mannes, dessen letzte Unterredung mit dem Verfasser noch der von ihm bis in seine letzten Tage hochgehaltenen Erinnerung an seine Wallfahrt nach Kevelaer galt. Vgl. die aus Michelis' Nachlaß von Kohut herausgegebene Schrift: „Die katholische Reformbewegung und das vatik. Konzil" (Gießen 1887) S. 27, 28/9, 39/41, 55/6.

„In Düsseldorf kam mir die persönliche dringende Einladung nach Krefeld, wo der durchschlagende Erfolg des Vortrages die Wirkung hatte, daß, als ich tags darauf, da es Sonntag war, dem Gottesdienst in der katholischen Kirche beiwohnte, ich von der Kanzel herab mich als den Judas, der für 30 Silberlinge seinen Herrn verrät, bezeichnen hörte, und dann mit genauer Not den äußersten Insulten der aufgeregten Menge entkam."

„Von Krefeld reiste ich auf einem Umwege, um weiteren Insulten der aufgeregten Menge zu entgehen, nach Aachen; es war meine Meinung, mitten in das Herz des Ultramontanismus, aber auch des katholischen Volkes hineinzudringen. Ich kannte das Aachener Volk und habe eine bessere Meinung davon, wie ich mir überhaupt mein Vertrauen zu dem wirklich gläubigen, wenn auch mißleiteten katholischen Volke nie habe nehmen lassen. In Aachen kam es zu keinem Vortrage, weil es nicht möglich war, ein Lokal zu gewinnen; aber ich machte doch Erfahrungen über die Lage der Dinge, die es verdienen, dem Gedächtnisse aufbewahrt zu werden. Als mir nur mehr die Wahl eines von einem radikalen Vereine angebotenen Lokales übrig blieb, hielt ich es angemessen, zuvor mit dem Polizeipräsidenten Rücksprache zu nehmen. Aus dessen Munde vernahm ich das Geständnis, daß er, da das Militär noch in Frankreich stand, nicht imstande sei, mit seiner Polizeimannschaft mir den nötigen Schutz zu gewähren, da die Jesuiten die Masse des Volkes vollständig organisiert beherrschten und es zum äußersten würden kommen lassen. Hätte mir nun noch irgend ein meinem katholisch-konservativen Bewußtsein nicht widersprechendes Lokal zu gebote gestanden, so würde ich mich durch die Furcht vor der aufgeregten Masse nicht haben abhalten lassen; so aber mußte ich weichen."

„Während des Vortrages (in Paderborn) sammelte sich draußen eine Volksmenge, mit der ein im Saal anwesendes Individuum lebhafte Verbindung unterhielt. Als ich nun das Haus verließ, sah ich mich bald von einem immer größer werdenden, mich in jeder Weise insultierenden Haufen umgeben und gelangte nur durch den energischen Schutz des Bürgermeisters, seiner Polizisten und einiger Offiziere, die mich in ihre Mitte nahmen, zu meinem Gasthofe, an dem nun die heulende und höhnende Menge bis tief in die Nacht hinein sich immer vermehrte, bis endlich eine Kompagnie der Garnison die Straße reinigte."

„In aller Frühe reiste ich nach Münster ab. Für Münster, meine Vaterstadt, hatte ich mir mein Ziel von vornherein höher gesteckt; ich nahm den Friedenssaal auf dem Rathaus für meinen Vortrag in Anspruch. Die Aufnahme meiner Absicht beim Oberpräsidenten war eine sehr laue. Ernster nahm sich der Oberbürgermeister der Sache an. Ich bewog denselben, zuvor mit dem Bischofe konfidentielle Rücksprache zu nehmen, weil ich wußte, daß derselbe von meiner redlichen katholischen

Absicht überzeugt war und mit mir immer sehr sympathisiert hatte. Der Bischof war — fatal — an dem Tage verreist. Ich mußte mit meinem Gesuch um den Friedenssaal einfach an den Magistrat gehen und wurde abgewiesen. Ich griff auf das zweitbeste Lokal, den großen Saal des als sehr liberal bekannten Gastwirts Gerbaulet, und wurde nach einigem Zögern unter feierlicher Versicherung der liberalen Gesinnung abgewiesen, auf das drittbeste, den Saal im ehemaligen Stölken'schen Gasthause, und wurde abgewiesen; die Besitzerin stand ganz unter Kommando der Geistlichkeit; auf die vierte Möglichkeit, einen schönen neuen Saal in einem Café der Vorstadt St. Mauritz, und wurde abgewiesen, nachdem der Besitzer bei den Geistlichen sich Rat erholt hatte. Jetzt war die Anzahl der anständigen Lokale erschöpft. Ich ging zu einem unanständigen über: einer kaum noch luftdichten, außer Gebrauch gesetzten Reitschule. Ich hatte mit der Besitzerin, einer protestantischen Witwe, kontrahiert und war im Begriff, meine Anzeigen zu machen, da wird der Kontrakt zurückgenommen; die Geistlichen waren bei der Witwe gewesen. Mein Recht im Wege des Prozesses durchzusetzen, hatte ich nicht Zeit mehr. Noch war eine Möglichkeit da, die Offiziersreitschule, um die ich einkam. Aber der kommandierende General war abwesend, und der stellvertretende Offizier trug Bedenken, in diesem besonderen Falle die Verantwortung auf sich zu nehmen. Unterdessen war der Pöbel derartig fanatisiert, daß ich nicht mehr mit Sicherheit über die Straße gehen konnte; Studenten mit dem Pöbel gemischt stießen die Drohung aus: lebendig soll er aus Münster nicht wieder heraus ... So verließ ich Münster; auf dem Wege zum Bahnhof wurden Steine nach mir geworfen, und der Bahnhof mußte durch die Polizei von dem Pöbelhaufen gesäubert werden."

„In Lippstadt (Dezember 1872) brachte mich der vermutete Versuch eines Vortrags, der hinterher dennoch ausgeführt wurde, im eigentlichen Sinne unter die Füße des fanatisierten Pöbels, und zu Duisburg, wo ich in meinem Vortrage nachwies, daß ich noch ganz derselbe katholische Priester sei, der im Jahre 1845 dort den Kampf gegen den Rongeanismus aufzunehmen hatte, waren nicht weniger als 18 Gensdarmen zu meiner Sicherheit in die umliegenden Häuser verlegt."

Wir bemerken beiläufig, daß dieselbe Schrift von Michelis die den Papieren seines Bruders entnommene Ehrenrettung des Erzbischofs Droste — gegenüber dem Vorwurfe, sein an Eidesstatt abgegebenes Versprechen gebrochen zu haben — enthält (S. 11—17; eine Ehrenrettung, welche übrigens bereits in meiner Geschichte des Katholizismus im 19. Jahrhundert S. 680/1 unter ausdrücklicher Berufung auf mündliche Mitteilungen des edlen Verfassers berücksichtigt wurde). In eine ganz andere Atmosphäre — den von ihm in Krefeld, Aachen, Paderborn, Münster, Lippstadt gemachten Erfahrungen nur zu sehr entsprechend — führen dagegen wieder die „Verhandlungen vor der Strafkammer in Krefeld im Juni 1883 gegen Kaplan Titz und Dr. med. Ursey" (Krefeld, Kramer und Baum 1883).

S. 52 [52]): Vergl. auch hier meine Monographie über „Die römisch-katholische Kirche im Königreich der Niederlande" S. 51.

S. 52 [53]): Mit Verschweigung des Ortes sei hier einfach des jüngsten Falles gedacht, wo ein — durch seine langjährige ostensible Kirchlichkeit zur Vertrauensperson gewordene — Kassier der Sparbank eines katholischen Meistervereins mit dem Vereinsvermögen durchging.

S. 54 [54]): In Gladstone's berühmter Schrift Rome and the newest fashions in religion kommt hier speziell der Abschnitt über die Speeches of Pope Pius IX. in Betracht.

S. 54 [55]): Die streng quellenmäßige Schrift Brecht's „Papst Leo XIII. und der Protestantismus" ist eine der zahlreichen verdienstlichen Erscheinungen aus dem durch die Sammlung „Für Feste und Freunde des Gustav-Adolf-Vereins" in weitesten Kreisen bekannten Verlage.

S. 55 [56]): Als an Eines von Vielem sei hier nur noch an die von preußischem auf holländisches Gebiet (nach 'sHeerenberg) herüber gezogenen „frommen" Scharen erinnert, die am 1. April 1872 die Erinnerungsfeier der Befreiung von Briel so scheußlich gestört haben. Aber auch sie sind eben nur spätere Nachahmer der von Bischof Laurent gepriesenen Helden gewesen. (Vgl. S. 62 des ersten Heftes).

S. 55 [57]): Allen diesen Daten sind freilich stets noch andere vorhergegangen, die immer erst jene selber ermöglichten.
Der Anwendung des päpstlichen Ketzerrechts auf die protestantischen Ketzer konnte nämlich, von dem ersten Beginn der Reformation an, der

alterprobte römische Grundsatz des divide et impera den Weg bahnen. Wie früh diese Taktik auf die Zurückdrängung der Reformationskirchen einzuwirken verstand, hat Eck schon 1526 in Baden, Faber 1529 in Speier bethätigt. Der Marburger und Augsburger Zertrennung der Sachsen und Schweizer folgte auf dem Fuße der Kappeler Krieg gegen die nun isolierte Zwinglikirche. Vergeblich hat sich Calvin an Franz I. mit dem Nachweis gewendet, daß die in Frankreich Verfolgten die Glaubensgenossen seiner deutschen Verbündeten seien. Kaum hat Melanchthon die Confessio variata von 1540 herausgegeben, so sehen wir ihre Differenzen von der invariata sofort 1541 in Regensburg benützt. Was die jesuitische Taktik des Canisius auf dem Wormser Religionsgespräche von 1557 aus der gleichen Differenz zu machen verstand, mag man in Maurenbrechers Charakteristik dieser wichtigen „Zeitwende" nachlesen. Wie es gar erst in der ganzen Folgezeit vor, während und nach dem 30 jährigen Kriege in der gleichen Beziehung aussah, ist hinlänglich bekannt.

S. 56 [58]): Die Einwirkung Ludwig's XIV. auf die kirchlichen Verhältnisse am Niederrhein ist von nicht minder weittragenden Folgen gewesen wie in der Pfalz, bisher aber kaum irgendwo mit in Betracht gezogen. Nähere Daten darüber enthält der in Emmerich gehaltene Vortrag: „Kirchengeschichtliche Epochen im Rahmen der Kleinstadt", welcher D. v. baldmöglichst für den Druck vorbereitet werden soll.

S. 56 [59]): Der vor einigen Jahren von Dr. Dechent über den letzteren Vorfall aus den Akten gezogene Bericht hat seither eine „akute" Bedeutung bekommen. Vgl. „Zwei Religionsstreitigkeiten in Frankfurt aus der ersten Hälfte des 18. Jahrhunderts" in „Mitteilungen des Vereins für Geschichte und Altertumskunde in Frankfurt a. M." VII, 6 (1885).

S. 56 [60]): Die Veröffentlichung dieses zweiten Heftes bietet schließlich die Möglichkeit, einigen Mißdeutungen der bereits dem ersten Hefte zu Grunde liegenden Absicht entgegenzutreten.

Für diejenigen, welche nicht in der Lage sind, diese Absicht aus meinen einschlägigen größeren Werken zu entnehmen, möge hier darum ein für allemal konstatiert werden, daß es sich weder um eine persönliche Verteidigung des Angeklagten, noch um einen konfessionalistischen Gesichtspunkt handeln kann. Allerdings macht der Verfasser energisch Front gegen die Vergewaltigung eines Mannes, der für die einen ein Gegenstand des Hasses, für die anderen ein Gegenstand der Verlegenheit ist, und dessen Fehlgriffe in aller Mund waren, während die systematische Beeinflussung der öffentlichen Meinung zu seinen Ungunsten unbemerkt blieb. Aber es ist nicht nur an das Verfahren des Pfarrers Thümmel stets die gleiche objektive Kritik angelegt wie an das seiner Gegner, sondern von der Einzelpersönlichkeit ist stets auf das in ihm angegriffene evangelische Bekenntnis verwiesen. Allerdings wird eben darum für das „Recht" des letzteren eingetreten, die bestehende „Rechtsungleichheit" dargethan. Aber an dem flagrant gewordenen Einzelfalle ist nur wieder die all= gemeine interkonfessionelle Lage zum Bewußtsein gebracht, wie sie sich durch die im Flusse befindliche neue Rechtsbildung des Vatikanismus und durch den reichsgerichtlichen Entscheid über das nicht zu Recht be= stehende und doch als Recht behauptete vatikanische Dogma gestaltet hat. Allerdings ist die Anwendung streng historischer Methode auf die Kämpfe der Gegenwart eine viel schwierigere Aufgabe, als bei den ver= schiedenen Formen des Buddhismus oder der Thätigkeit eines mittel= alterlichen Bischofs. Nur um so mehr aber ist die Gesamtdarstellung von jenen Grundsätzen geleitet, die ihr schönstes Vorbild in G. Waitz gehabt haben. Ihm, der schon das jugendliche Erstlingswerk des Ver= fassers freundlichster Beachtung gewürdigt, hat die Darstellung der Kirchengeschichte des 19. Jahrhunderts im allgemeinen, wie dieser jüngsten Religionsprozesse desselben im besonderen, speziell in dem Punkte nach= zufolgen gestrebt, welchen die schöne Charakteristik der Waitz'schen Methode durch Kluckhohn (Zur Erinnerung an G. Waitz S. 22) dahin umschreibt:

„Das Detail hat er nie des Details wegen geachtet, sondern nur in seinen Beziehungen zum allgemeinen; daß es auf das Wesentliche, das historisch Bedeutende, daß es vor allem auf die Persönlichkeiten und auf die Verhältnisse ankomme, die in das öffentliche Leben und die geschichtliche Entwickelung nachweisbar ein= gegriffen, wurde er nie müde zu betonen."

Randgloſſen zu den Thümmelprozeſſen

von einem

altpreußiſchen Juriſten.

Faſt kann es gewagt erſcheinen, über die Thümmelprozeſſe, über welche ſchon ſo viel geſchrieben, noch ein Wort zu ſagen. Und doch wollen wir im folgenden eine Reihe von Punkten hervorheben, welche der Beachtung in weiten Kreiſen wert ſind, dieſelbe aber noch nicht gefunden haben. Vom juriſtiſchen Standpunkte wollen wir einige Bemerkungen machen; wir wollen die ſtrafrechtlichen Fragen, die ſich an jene Prozeſſe knüpfen, die Bedenken, welche durch ſie für die Rechtspflege und Juſtizverwaltung hervorgerufen ſind, ins rechte Licht ſetzen, nachdem vor kurzem Nippolds Schrift die kirchenrechtliche Seite beleuchtet hat.

Dieſe Aufgabe iſt weder leicht noch verlockend, denn das unten angeführte Material*) umfaßt ſchon etwa 1000 Seiten und

---

*) Thümmel, W., Rheiniſche Richter und römiſche Prieſter. Barmen 1887. — Die ſtenographiſchen Berichte ſind: „Prozeß Thümmel=Wiemann" 1887. 1,50 M. (citiert mit I). „Der Prozeß Thümmel=Wiemann vor dem Reichsgericht zu Leipzig" 1887. 50 Pfg. (citiert mit II). „Der Prozeß Thümmel=Wiemann vor dem Landgericht zu Kaſſel" 1888. 2 M. (citiert mit III). (Sämtlich bei Wiemann in Barmen erſchienen.) — Nippold, Die Thümmelſchen Religionsprozeſſe vom kirchengeſchichtlichen und kirchenrechtlichen Standpunkt beleuchtet. (Halle, Strien.) 1888. 80 Pf. — Außerdem ſind eine Reihe von kleinen Flugſchriften erſchienen, ſo ins-

die langen Verhandlungen haben die Sache eher verdunkelt als geklärt. Andererseits wird uns ein Vorurteil die Erörterung erschweren. „Juristen, böse Christen", so heißt's im Sprichwort des Mittelalters, und die Variationen über dieses Thema finden wir sowohl in Thümmels mehrfachen Äußerungen wie in Nippolds Schrift. Der letztere hat recht, die Besserung muß von den Juristen selbst ausgehen. Eine kleine Bibliothek von Broschüren ist seit zwei Jahren über die Reform des juristischen Unterrichts erschienen — und wenn wir den Grundgedanken aller dieser Broschüren (von Dernburg, Gierke, Gneist, Goldschmidt, Holtzendorff, Kirchenheim, Lißzt, Reuling u. a. m.) erforschen, so ist es der: die Jurisprudenz ist zu formalistisch, zu scholastisch geworden; und das ist es gerade, was Thümmel sagt, wenn er den engen Zusammenhang zwischen römischer Kirche und moderner „Juristerei", wie er sich ausdrückt, betont! Bekannt ist, wie seine, zum teil jedenfalls nicht unberechtigten, Äußerungen über den rheinischen Juristenstand der Anlaß zu dem zweiten Prozesse wurden. So sind es harte Anklagen, die gegen den Juristen geschleudert werden: das soll uns aber gewiß nicht abhalten, die in betracht kommenden Fragen gerecht zu prüfen. Wenn jedoch Thümmel im Anschluß an Luther sagt, der Jurist frage stets „wie ist es", nicht „wie soll es sein", so müssen wir allerdings als Richter pflichtgemäß den ersteren Standpunkt einnehmen und werden das auch bei der heutigen Erörterung thun.

Denn so viel man den Juristen am Zeuge flicken mag, eins wird man dem altpreußischen und evangelischen Juristen lassen müssen — daß er sachlich zu urteilen wisse. Und das gerade ist der Zweck dieser Zeilen, die gesamten Thümmelschen Religionsprozesse des „Persönlichen" zu entkleiden. Wir wollen uns gar nicht mit der Person des Pfarrer Thümmel beschäftigen und

---

besondere die Bonifaziusbroschüre Nr. 1 von 1888, „In Sachen Thümmel", dagegen „Ein römischer Priester und evangelischer Pfarrer", „Der Löwe von Paderborn" und „Zwei Bändiger des Löwen von Paderborn", die letzten drei von „Tertius Gaudens" à 10 Pf., in Barmen bei Wiemann erschienen außerdem noch zwei Broschüren von Nebbert und zwei Gegenbroschüren.

dieselbe nur, soweit es unbedingt nötig ist, in die Erörterung hinein ziehen. Es kommt nicht darauf an, ob Pfarrer Thümmel „burschikos" sei, oder ein „Hitzkopf" oder „Starrkopf". Gott sei Dank, daß es in unserer Zeit, wo das Glaceehandschuhprinzip gegenüber allem Nichtevangelischen so vielfach in Anwendung kommt, noch Männer gibt, die selbständig und unabhängig vorgehen! Die maßlosen Schmähungen der Jesuitenpresse kann man nicht mit Zartheit erwidern, und wenn hier und da nicht ganz mit Unrecht gesagt wird, der „evangelische Anstand" und „die christliche Moral" lassen Thümmels Vorgehen als zu schroff erscheinen, so denke man doch, daß auf einen groben Klotz ein grober Keil gehört. Vor allem aber ist es unpolitisch, irgend eine Differenz hervortreten zu lassen, und wir können nicht umhin, die sogenannte konservative Presse hier scharf zu tadeln. Artikel, wie sie die Kreuzzeitung Beilage Nr. 30 brachte, stellen ein solches Blatt gänzlich in die Reihe der Gegner der evangelischen Sache. Denn man muß wissen, daß jedes Wort gegen die Person Thümmels von den Gegnern der Sache ausgenutzt wird. Dafür aber, daß die jesuitische Schlauheit zum größten Teil in protestantischer Dummheit besteht, verweisen wir auf die schlagenden Beweise Nippolds; er zeigt, wie es gelungen die ultramontanen Artikel selbst in bessere Zeitungen einzuschmuggeln (Nippold S. 48). Seht ihr denn nicht, wie die ultramontane Presse seit einem Jahre einmütig diesen Mann beschimpft, verdächtigt, verhöhnt. Hier heißt es, kleine persönliche Meinungsverschiedenheiten vergessen und erkennen, wie die ultramontanen Äußerungen und die zahlreichen an die Thümmelprozesse geknüpften Schmähungen nur ein Glied in der Kette jesuitischer Angriffe gegen uns sind.*)

---

*) Vgl. für diese „Kette" die „Mitteilungen über die konfessionellen Verhältnisse in Württemberg", deren Inhaltverzeichnis auf dem Umschlag der Broschüre angegeben ist. — In rühmlichem Gegensatze zu der „vorsichtigen" Art und Weise verschiedener „konservativer" Organe steht das Daheim, das in Nr. 22 (Klasing) warm und mutig für die evangel. Sache eintritt. Der Artikel ging uns erst bei der Korrektur zu und konnte daher leider nicht mehr benutzt werden.

Wer noch einen Funken evangelischer Ehre im Busen hat, soll dies erkennen und darnach handeln. So kommt es für uns überhaupt nicht mehr auf die Person an — wir halten es für ungeeignet, noch ein Wort über die Person und die Handlungsweise des Pfarrer Thümmel zu verlieren: wir wollen die Sache ins Auge fassen und wir wollen ihre Bedeutung für unser Staatsleben sine ira vom rechtlichen Standpunkte betrachten.

Zur Beurteilung der Sache ist es jedoch nötig, ganz kurz den Thatbestand festzustellen. Nicht allen Lesern wird derselbe gegenwärtig sein, und wir wollen versuchen aus der Fülle des Materials das Wesentliche heraus zu schälen. Also kurz ist die Sache die:

Erster Akt. Am 7. Juni 1882 wird gegenüber dem 26 jährigen evangelischen Pfarrer in Geldern es als ein Recht beansprucht, das Haus desselben ohne seine Zustimmung zur Fronleichnamsprozession zu schmücken. (Den nicht theologisch und kirchenrechtlich bewanderten Leser weisen wir auf Conc. Trid. sess. XIII c. 5 hin: „man solle die Fronleichnamsprozession halten, damit die Gegner der römischen Kirche geschwächt und geschlagen dahinschmelzen oder von Scham erfüllt und bestürzt zur Besinnung kämen.") Der evangelische Pfarrer erklärt seinem evangelischen Küster, daß sein Haus nicht geschmückt werden dürfe, wenn der „gebackene Gott" vorbeigetragen würde. Dieser Ausdruck ist den mittelalterlichen Schriften und der reformierten Dogmatik entnommen; man kann vielleicht zum Vergleiche den gegenwärtigen spanischen Usus herbeiziehen: es heißt dort „Seine Majestät der große Gott" oder „Seine Majestät der kleine Gott" werden heute da und da vorbeigetragen. Da Katholiken jene Äußerung vernommen haben wollen, wurde der evangelische Pfarrer angeklagt, in Cleve verurteilt, jedoch, nach Aufhebung dieses Urteils durch das Reichsgericht, am 30. April 1883 in Düsseldorf freigesprochen. Folgt dreijährige Stille (nebenbei ein Beweis, daß der betr. Pfarrer nicht „eitel" oder ein „Raufbold" ist).

Zweiter Akt. Ende 1885 nimmt derselbe evangelische Pfarrer (Thümmel) in Remscheid auf dem dortigen städtischen (von den Katholiken mißbräuchlich „katholisch" genannten) Friedhofe die von dem römischen Pfarrer verweigerte Beerdigung eines römischen Katholiken vor. Hierüber erscheinen in der „Köln. Volkszeitung" und den „Wupperthaler Volksblättern" (beides sog. Kaplansblättchen) am 4. und 5. Januar 1886 gleichlautende Artikel, welche den evangelischen Pfarrer beleidigen, von ihm sagen, er sei derselbe, der sich in Geldern durch Verhöhnung des katholischen Glaubens „berühmt" gemacht und deshalb „mit knapper Not dem Gefängnis entgangen". Diese Artikel werden in etwa 50 Exemplaren an Bürger, Gasthofsbesitzer ꝛc. in der Gemeinde des Pfarrers versendet. Hierauf erfolgte in der „Remscheider Zeitung" eine Entgegnung des evangelischen Pfarrers, welche teils eine thatsächliche Berichtigung, die Beerdigungsangelegenheit betr., enthielt, teils den oben erwähnten Ausdruck näher begründete und im wesentlichen die Anbetung der gebackenen Hostie als einen etwa der Anbetung eines hölzernen Gegenstandes gleichen „Götzendienst" hinstellte. Dies war am 6. Januar. Die erste Vorladung erhielt der evangelische Pfarrer auf Ende April! Am 1. April war an die Stelle des bisherigen Ersten Staatsanwalts ein durchaus ultramontan gesinnter getreten, was zumal im Hinblick auf das übliche sofortige Einschreiten gegen Preßdelikte (Verfügung vom 1. 2. 75) zu dem Glauben veranlassen konnte, dies sei der Grund der erst jetzt eintretenden Verfolgung. Dem keineswegs überzeugenden Zeugnis des katholischen Pfarrers (I, 119) stehen die durchaus glaubwürdigen Aussagen des Angeklagten gegenüber, und wir wollen die Sache, um völlig objektiv zu sein, als unaufgeklärt bezeichnen, jedenfalls aber hat der Verteidiger recht, wenn er (I, 237) sagt: „Der Angeklagte mußte schlechterdings annehmen, der Personenwechsel habe einen Wechsel der Anschauungen nach sich gezogen". Erst am 11. August 1886 wird von der aus drei Katholiken und zwei Protestanten bestehenden Ferien-Strafkammer zu Elberfeld der evangelische Pfarrer zu 3 Wochen Gefängnis verurteilt. Das Reichsgericht bestätigt am 22. November dieses Urteil, worauf die evangelische Bürgerschaft ihrem Pfarrer eine künstlerisch ausgestattete Zustimmungsadresse mit etwa 3000 Unterschriften überreicht. Der evangelische Pfarrer erhält die Verfügung von dem katholischen Staatsanwalt, während der Weihnachtsfesttage seine Strafe anzutreten! Nachdem er jedoch erst am 20. Januar seine Strafe angetreten, wird er am 28. entlassen. Diese Entlassung ist, da ein Begnadigungsgesuch nicht eingereicht wurde, juristisch bisher nicht erklärt.

Dritter Akt. Der Verurteilte ergreift nun die Gelegenheit, sich öffentlich über das eben geschilderte zweite Stadium der gegen ihn gerichteten Verfolgungen auszusprechen. In einer Broschüre von 111 Seiten: „Rheinische Richter und römische Priester"*) stellt er zuerst S. 1—52 seinen Prozeß dar, greift die Juristen im allgemeinen an und versucht den Nachweis, daß gegen ihn tendenziös verfahren sei. Der zweite Teil ist eine rein konfessionelle Streitschrift, welche in sehr kräftiger Weise insbesondere Messe und Marienkultus angreift und diese Angriffe eingehend begründet. Gegen den (evangelischen) Verfasser dieser Schrift und gegen den (konservativen) Verleger derselben wird nun auf Antrag der (im Wesentlichen katholischen) Staatsanwaltschaft am 24. Mai die Anklage beschlossen und zwar a) wegen Beleidigung der Mitglieder der Ferien-Strafkammer, b) desgl. des Staatsanwalts Hupertz, c) öffentlicher Beschimpfung (R.-Str.-G.-B. § 166) der katholischen Kirche, ihrer Einrichtungen und Gebräuche. Vom 6.—15. Juni findet die Verhandlung vor der Strafkammer zu Elberfeld statt, welche den evangelischen Pfarrer zu neun Monaten, den Verleger zu zwei Monaten Gefängnis verurteilte. Wegen eines Formfehlers wird das Elberfelder Urteil vom Reichsgericht aufgehoben und die Sache gemäß der Bestimmung der Strafpro-

---

*) Die 2. Auflage erscheint, sofern wider Erwarten die Beschlagnahme nicht aufgehoben werden sollte, gleich nach Fällung des Enderkenntnisses des Reichsgerichts.

zeßordnung (§ 394) an das Landgericht Kassel verwiesen. Der Formfehler bestand darin, daß über die Ladung des Sachverständigen Prof. Nippold aus Jena kein Beschluß gefaßt worden war. Interessant ist zu erwähnen, daß der Königl. Staatsanwalt, dem das Zeugnis vorlag, daß Professor Nippold als Prorektor der Universität amtlich verhindert war, in seiner Eigenschaft als Staatsanwalt sagte, "es liege eine Erklärung vor, daß Prof. N. durch Krankheit verhindert sei" und daran eine Bemerkung knüpfte, es scheine beabsichtigt zu sein, die Sache ad calendas graccas zu vertagen (I, 30). Die erneute Verhandlung fand in Kassel am 4.—6. Januar statt. Das Urteil vom 13. Januar 1888 lautete auf Schuldig, verhängte indes statt 9 Monate 6 Wochen und statt 2 Monate 10 Tage Gefängnis. Seitens der Angeklagten ist der Revisionsantrag gestellt, und es wird sich nunmehr das Reichsgericht grundsätzlich auszusprechen haben.

Dies der klare Thatbestand — jedermann, der die Verhandlungen studiert, wird uns zugeben, daß wir ganz objektiv berichtet haben.

Es kann hier nun keineswegs der Versuch gemacht werden, auf Einzelheiten einzugehen oder etwa die Anklage oder Verteidigung fortzusetzen: die Reden der Verteidiger sind so vorzüglich, daß nichts hinzuzufügen ist. Nur eins soll, ehe wir uns zu den allgemeinen Gesichtspunkten wenden, bemerkt werden. Die Schrift, auf die sich die ganze jetzige Anklage stützt, ist beschlagnahmt. Sie ist der Öffentlichkeit entzogen, genau wie es in den Ketzerprozessen des Mittelalters geschah. Eine Schrift von 111 Seiten, aus der vielleicht 111 Zeilen herausgegriffen und von diesen noch nicht 111 Worte strafbar sind. Die Schrift ist als Ganzes, das können wir versichern, keine derartige, daß sie eine Beschlagnahme rechtfertigte. Doch das ist unsere Ansicht. Objektiv aber steht fest, daß die Beschlagnahme ungesetzlich erfolgt ist, und daß das Gerücht verlautete, sie sei vor Erscheinen um jeden Preis geplant worden. Die Schrift erscheint am 9. März Abends, am 10. Abends wird sie beschlagnahmt, in der Morgenausgabe des „Hamburger Korrespondenten" vom 11. März erscheint eine „vernichtende" Kritik!! Der § 27 des Preßgesetzes verlangt, daß bei der Beschlagnahme die diese veranlassenden Stellen bezeichnet werden; das ist unzweifelhaft (I, S. 15) nicht geschehen. Daß das nicht geschehen, ist also eine Ungesetzlichkeit, sagen wir ein Versehen. (Es muß als eine besondere Ehrenhaftigkeit der Angeklagten hervorgehoben werden, daß sie die Beschlagnahme geschehen ließen; sie ist ein im heutigen Staatsleben nicht gerade häufiges Beispiel für den Fall, daß nach § 113 R.-Str.-G.-B. der Widerstand gestattet und straflos war, da eine wesentliche Form verletzt und somit „Rechtmäßigkeit" nicht vorhanden war.) Ebenso bedenklich ist, daß ein Staatsanwalt amtlich die Erklärung abgibt, ein geladener Sachverständiger sei krank, während eine Erklärung des Sachverständigen vorliegt, welche durchaus anderes besagt. Doch auch das mag ein Versehen sein. Wir hängen uns nicht daran, zweifeln jedoch nicht, wie die ultramontane Presse in ähnlichen Fällen vorgehen würde. Neben diesen zwei Versehen steht dann der Umstand im ersten Prozesse, daß gegen ein durch die Presse verübtes Vergehen erst nach Monaten eingeschritten wird. Dies ist schlechthin für jeden, der den staatsanwaltlichen Geschäftsgang kennt, unerklärlich — wenigstens in X., wo Verf. dieses thätig war und wo jeden Morgen das Dezernat für Preßsachen von der Polizeibehörde eintraf, wäre es geradezu unmöglich gewesen. Wir berufen uns hierfür auf die Gutachten der Staatsanwälte in allen größeren Städten der östlichen Provinzen.

Doch das sind alles formelle Fragen, die wir beiseite lassen wollen. Wir wollen einzelne Punkte von materieller und allgemeinerer Bedeutung hervorheben, die der Beachtung der Juristen und eines weiteren Publikums würdig zu sein scheinen.

I. Ein erster Punkt: Die Reden der Staatsanwälte. Abgesehen von dem kurzen Plaidoyer des Reichsanwalts Hofinger, das wir auch mit manchen Fragezeichen versehen könnten, liegen drei Reden vor: 1) die Rede des Staatsanwaltes Hupertz in Elberfeld. Über diese spricht sich Thümmel selbst in seiner

Broschüre aus. Sie bedarf keiner Charakteristik; sie ist diejenige, welche zu der Bezeichnung „Papstanwalt" führte, eine Bezeichnung, welche mutvoll in den letzten Verhandlungen aufrecht erhalten (III S. 88 ff) und auf Nr. 2 mit vollstem Rechte ausgedehnt wurde. Dies durfte geschehen, da Staatsanwalt Pinoff erklärte, das Wort „Papstanwalt" könne unter Umständen eine Ehre sein! 2) Das vierstündige Plaidoyer Pinoffs gehört zu den merkwürdigsten Erscheinungen im Gebiete der Rechtspflege, welche uns bekannt geworden sind. Pinoff sprach von 5—9 Uhr nachmittags. Man urteile selbst über ihn. Er beginnt mit der zweimaligen Betonung, daß ein Vergehen gegen das „gemeine Strafrecht" vorliege. Schon diese Betonung muß auffallen, da ja andere Vergehen überhaupt nicht vor die ordentlichen Gerichte gehören. Sodann hat er die Kühnheit, den Inhalt der Schrift in einer — nur für den Nichtkenner der Schrift wirksamen — Auseinandersetzung dahin zu kennzeichnen, daß es der Kampf gegen die Autorität ist, welche jener den Stempel aufdrücke (I S. 149. 274). Das ist das A und O seiner Rede und zwar „die Autorität, die in der Organisation der katholischen Kirche eine ihrer Hauptsäulen hat". Das muß sich ein evangelischer Pfarrer sagen lassen! Wahrlich, es ist an der Zeit, daß ein Simson kommt und noch gewaltiger an diesen „Säulen" rüttelt. Dieser Gedankengang der Rede kann nur wirken auf solche, die die Schrift nicht kennen. Wir fordern die ersten Juristen Deutschlands, Theoretiker oder Praktiker auf, zu sagen, ob die Schrift, als ganzes betrachtet, den Stempel des „Angehens gegen die Autorität" trägt! Die weiteren Ausführungen sind ebenfalls — wenigstens ungeeignet. Ein Staatsanwalt hat nicht die Befugnis, einem wegen Religionsvergehens angeklagten evangelischen Pfarrer gegenüber, so zu sprechen, wie es Pinoff thut (S. 196 u. a.): „Er ist auf die Straße hinabgestiegen" (I S. 154) und: „der Pfarrer schreibt einmal: **und nun mit Gottes Hilfe vorwärts.** — Es hat das eigentlich dem leichtfertigen Verfahren des Angeklagten die Krone aufgesetzt!" (S. 166.) Dieser Aus-

spruch richtet sich selbst! Staatsanwalt Pinoff will dann seine
Toleranz zeigen, den Prozeß der Konfessionalität entkleiden
(I 158. 287), und er mahnt (I 164) den evangelischen Pfarrer
zur Toleranz! Freilich Staatsanwalt Pinoff erklärt tolerant:
„Wir würden, wenn der Mohamedismus anerkannt wäre, ver-
pflichtet sein, die Vielweiberei zu schützen." Gewiß, als Staats-
anwalt hat er da recht. Es gibt aber eben noch einen anderen
Standpunkt --- und von diesem ist es nicht gleichgiltig, ob es
sich um eine mohamedanische, christliche, oder spezifisch römische
Anschauung handelt! Doch genug von dieser unerquicklichen
Rede. Wenn jemand den Namen Papstanwalt verdient hat,
dann ist es der Genannte (zutreffend III. 88 ff. Nippold S. 37).
Besonders bedauerlich ist aber, daß ein evangel. Staatsanwalt
so sprechen konnte: wohin ist da unsere Staatsanwaltschaft geraten!
Zur Führung von Religionsprozessen gehört eben mehr als
„formal juristische" Bildung. Wir sagen wohl nicht zuviel,
wenn wir behaupten, daß im evangelischen Deutschland die
„Autorität" der Staatsanwaltschaft nie mehr erschüttert worden
ist, als durch diese Reden. Holtzendorffs Schriften und die
Äußerungen des Juristentages haben mehr in liberalen Kreisen
gewirkt — von jener Rede sind die weitesten Kreise ergriffen
worden. 3) Der Staatsanwalt von Ditfurth in Kassel nimmt
eine andere Stellung ein. Im allgemeinen ist sein Plaidoyer
würdig, und wir ziehen wohl in Erwägung, daß er sich in
schwieriger Lage befand und doch seinen Elberfelder Kollegen
nicht ganz bloßstellen konnte.

Das Bedenkliche in dieser Rede war die vom Verteidiger
festgenagelte Äußerung, daß nicht nur Luther mit manchen
seiner Schriften nach dem R.=St.=G.=B. angeklagt werden würde,
sondern daß auch die Bekenntnisschriften unter § 166 desselben
fallen würden. Mag man das erstere auch zugeben, so war es
ungeeignet, im vorliegenden Falle es zu betonen. Daß aber die
Bekenntnisse, auf welche die evangelische Kirche ihre Geistlichen
verpflichtet, Ausdrücke enthielten, die unter das Strafgesetzbuch
fallen, das war aus dem Munde eines Königl. Preuß. Staats=

anwalts eine peinliche Äußerung*) und es ist derselben mit aller Energie entgegenzutreten.

II. Ein zweiter wichtiger Punkt läßt den Gegensatz der Anschauungen zwischen der Staatsanwaltschaft zu Kassel und zu Elberfeld klar hervortreten. In Elberfeld wurde vom Staatsanwalt behauptet, die Kritik des Verurteilten sei unzulässig (I 275). Davon war in Kassel nicht die Rede; und in der That muß man den Satz, daß einem rechtskräftigen Urteil gegenüber eine Kritik verboten sein soll, als befremdlich und das Recht des seiner Meinung nach ungerecht Verurteilten, seine Richter zu kritisieren, als „unveräußerliches Menschenrecht" bezeichnen. § 193 R.-Str.-G.-B. stand also hier zur Seite — aber mehr, der evangelische Pfarrer hatte nicht nur das Recht, die „Unfehlbarkeit" eines Richterspruches zu bestreiten, sondern er hatte die Pflicht, seine Pfarrkinder aufzuklären: ich bin verurteilt, aber überzeugt bin ich nicht. (III 205).

III. Von sehr viel bedeutenderem Interesse ist die allgemeine Frage, ob es zulässig ist, daß streng-katholische Richter über einen evangelischen Pfarrer in einem Religionsprozesse zu Gericht sitzen? Der Verteidiger hat dies verneint und diese Verneinung mehrfach (u. a. I 243 ff., II 29) begründet. Nach der Str.-Pr.-O. ist vom Richteramt ausgeschlossen, wer durch die strafbare Handlung verletzt ist; die bedeutendsten Kommentatoren erklären, daß dieser Begriff nicht durch eine erschöpfende Formel definiert werden könnte und daß der Kreis derjenigen Delikte, bei denen es begrifflich an einem Verletzten fehle, ein sehr enger sei. Es würde also nicht einmal schwer fallen (z. B. wenn man Löwes bekannten Kommentar zu § 22. 170 zu Grunde legt) nachzuweisen, daß hier die Richter „kraft Gesetzes ausgeschlossen" waren. Die Str.-Pr.-O. kennt aber neben

---

*) Die „Konservative Monatsschrift" fügt hinzu „die nur dadurch gemildert wird, daß die theologische „Bildung" des Mannes ihn entschuldigt. . . . Es scheint der Vorschlag am Platze, daß das den Theologen abgenommene Examen über allgemeine Bildung eine zeitlang für die Herren Juristen reserviert würde". Damit sind wir einverstanden.

dem „Ausschluß" die „Ablehnbarkeit", und zwar kann wegen Besorgnis der Befangenheit die Ablehnung stattfinden, wenn ein Grund vorliegt, welcher geeignet ist, Mißtrauen gegen die Unparteilichkeit eines Richters zu rechtfertigen." Das Elberfelder Gericht sagt nichts weiter als: „die Thatsache, daß die Richter katholisch sind, ist ungeeignet irgendwie einen Ablehnungsgrund im Sinne des Gesetzes zu konstruieren" (1 33). Das ist eine Behauptung, der die Begründung fehlt — diese Begründung ist eben unmöglich. Denn wer kann wohl zweifeln, daß § 24 Str.=Pr.=O. hier in Anwendung kommt? Wenn einem Richter zehn Pfennige entwendet sind, ist er unfähig zu richten — aber nicht, wenn sein religiöses Gefühl verletzt ist! (1 243.) Wir entscheiden uns hier also grundsätzlich dahin, daß katholische Richter durchweg ausgeschlossen (§ 22) oder abzulehnen (§ 24) sind, wenn es sich um Verletzungen der katholischen Kirche (mindestens seitens Andersgläubiger) handelt. Selbstverständlich weisen wir von vornherein zurück, daß ebenso protestantische Richter im entgegengesetzten Falle ablehnbar wären — sie haben eine andere religiöse Vorbildung, eine andere Anschauung vom Wesen der Religion und es liegt nicht die Gefahr vor, daß sie sich verblenden und fanatisch an objektiver Prüfung hindern lassen. Parität heißt nach Aristoteles, das Gleiche gleich und das Ungleiche ungleich behandeln!

Das führt uns unwillkürlich weiter zu einem Punkt, der von so großer Wichtigkeit, daß die Aufmerksamkeit aller Leser, aller Deutschen, der Gebildeten wie der großen Volksmassen darauf zu lenken ist. Seit einigen Jahren hat sich ein

Katholischer Juristenverein

in Mainz gebildet, dessen Organ ein billiges Blättchen, „Die juristische Rundschau für das katholische Deutschland" ist. Dieser Verein gibt eine Illustration zu dem Rundschreiben des Papstes vom 1. November 1885 (Immortale Dei), welches alle Katholiken anweist, das Gift („Heilkräftige Lebensblut") ultramontaner Anschauungen in die Adern des Staates zu leiten (Tamquam saluberrimum succum ac sanguinem in omnes reipublicae venas inducere). Es ist in der That erstaunlich, wie in den letzten Jahren darauf hingezielt wird, neben allen andern (man denke an die Litteratur, an die Windthorstschen Anträge betr. die Schule!) auch die Rechtswissenschaft katholischen Zwecken dienstbar zu machen. Der katholische Jurist zieht seine Kenntnisse aus anderen Büchern und Zeitschriften als der sozusagen normale Beamte und Rechtsgelehrte. Neben den Stimmen aus Maria Laach, den gelben Blättern, dem litterarischen Handweiser, herausgegeben von einem Kämmerling des Papstes, der Civilta cattolica und dem Avvisatore ecclesiastico, der Revue catholique des Institutions et de Droit ꝛc. nährt er sich insbesondere von dem Archiv für katholisches Kirchen-Recht, das von Vering geleitet wird. Verings Lehrbuch des Kirchen-Rechts, das ohne jeden wissenschaftlichen Wert zum Teil Ausschnitte aus der Germania enthält, ist sein Leitfaden, wenn er nicht gar zu den besonders billigen in der Propagandadruckerei hergestellten Kompendien greift. In alle Rechtsfakultäten hinein sucht man Katholiken zu lanzieren (so gibt es römisch-katholische Dozenten in Breslau, Königsberg, Bonn, Marburg, den bayrischen und badischen Universitäten). Neuerdings erscheint nun gar ein „Staatslexikon" im größeren Stile, um die Anschauungen der Görresgesellschaft — wie es in einer Anzeige hieß — in alle publizistischen Kreise, alle Kaffees, Restaurants, Kasinos, Lesegesellschaften zu tragen, und wer sich über die „korrekte" Rechts- und Staatsanschauung der katholischen Juristen orientieren will, der lese Moulart, Kirche und Staat (deutsch) 1880)! Unter solchen Einflüssen erwachsen Juristen, wie der Staatsanwalt Hupertz, wie der Assessor Schüller, der (I, 120) sich ausdrückt, der evangelische Pfarrer habe einen Artikel „losgelassen", ein Präsident, der seine katholischen Gedanken nicht unterdrücken kann (S. 108), der die Äußerung, welche den Anstoß zu all diesem gegeben, „unbedacht" nennt (S. 55), der den evangelischen Pfarrer fortwährend unterbricht und ihn (I, S. 107!) den Ausdruck „Gott sei Dank" zu unterlassen bittet.

Wir brauchen nicht auszuführen, daß ein solcher Verein geradezu gefahrbringend ist. So wenig die Vereinsfreiheit sich auf die Militärpersonen erstreckt, diese vielmehr sich der Politik enthalten sollen, so wenig darf ein Justizbeamter einem solchen Verein angehören, und wir erwarten, daß die Staatsregierung diese Sache scharf im Auge behalten wird!

Möge man sich doch erinnern, wie es immer und immer das Streben der Kirche gewesen ist, sich die Gerichtsbarkeit anzueignen und dadurch ihren Anschauungen Geltung zu verschaffen: von den rein geistlichen und Religionssachen ging es zu Ehe- und Erbrecht, dann kam kirchliches Eigentum und Zehnten daran u. s. w. Wie oft gelang es der Kirche, z. B. hinsichtlich des Patronats seit Alexander III., in dieser Weise alles zu erreichen, was sie wollte. Man studiere einmal die Geschichte der kirchlichen Gerichtsbarkeit und man lerne doch etwas aus der Geschichte! Geht es jetzt nicht an, unmittelbar die Gerichte zu katholisieren, so sucht man mittelbar durch solchen Verein zu wirken. Würde das Ziel solcher Bestrebungen erreicht, so hieße es: finis justitiae, finis Germaniae.

IV. Von § 22 ff. der Str.-Pr.-O. und von einer Frage der Gerichtsverfassung und Justizverwaltung wollen wir nun zu § 166 des Str.-G.-B., zu einer Frage des materiellen Rechtes hinübergreifen. Die Frage ist für uns (indem wir von Kontroversen über den Begriff „Einrichtungen und Gebräuche" und seinen Zusammenhang oder Gegensatz zur „Lehre" absehen) kurz diese: „Beschimpfte" die beschlagnahmte Schrift? — Ja, was ist „Beschimpfung"? Beschimpfung ist nichts, Beschimpfung ist alles (III 242). Wirklich, der Begriff zeigt eine Proteusnatur. Als herrschende, ja vielleicht als unangefochtene Auslegung kann man die bezeichnen, welche das Reichsgericht in vielen Entscheidungen (I. Sen. 21. 2. 84, III. Sen. 13. 9. 79, 11. 3. 82, 5. 2. 85) ausgesprochen und auch das Kasseler Gericht angenommen hat. Danach ist, wie es auch die Motive des Gesetzes aussprechen, beim Beschimpfen eine besondere Rohheit des Ausdruckes vorausgesetzt, und jedenfalls eine sehr scharfe Kritik gestattet. Beschimpfung ist nach vorliegenden Entscheidungen mehr als Verspottung, mehr als Herabwürdigung, eine verletzendere Form als beleidigende Mißachtung, ja mehr wie „Verdammen und als verwerflich verurteilen". Anderseits sind die Gerichte darüber einig, daß (Olshausen, 2. Aufl., S. 628) es thatsächlicher Beurteilung unterliegt, ob die Grenze, an welcher der Ausdruck der Nichtachtung zur Beschimpfung werde, überschritten sei. Nun hat im fraglichen Prozesse das Kasseler Gericht von den 13 Stellen des ersten Urteils nur vier Ausdrücke als beschimpfend stehen lassen („Hokuspokus", „Schreckspuk", „Wiederbelebung des heidnischen Venusdienstes", „gebackener Gott", wo nicht bloß referiert wird). Aber vom Standpunkte des Rechtes dürfte es nicht richtig sein, sich im vorliegenden Falle auf einzelne Ausdrücke zu steifen. Unterliegt die Frage der Beschimpfung thatsächlicher Beurteilung, so wird jedenfalls auch nach subjektiven Gründen zu entscheiden sein (II 243), und wir vertreten die Ansicht, daß in der vorliegenden Broschüre darum keine „Beschimpfung" liegt, weil sie 1) von einem evangelischen Pfarrer und 2) (nach Feststellung des Kasseler Gerichts) in Wahrnehmung berechtigter Interessen geschrieben ist. Die Frage, welche (II 58) aufgeworfen wurde, ob die evangelische Polemik Verteidigung berechtigter Interessen sei, ist u. E. zunächst dahin zu beantworten, daß zwar § 193 R.-Str.-G.-B. auf § 166 nicht zu beziehen sei (nach dem Wortlaut des § 193 und dem argumentum e contrario sind übrigens alle derartigen „Äußerungen" straflos, außer wenn sie im juristischen Sinne „Beleidigungen" sind); aber einmal wird in allen solchen Fällen der Vorsatz des Beschimpfens zweifelhaft sein — anderseits ist das erste Erfordernis jedes Deliktes die „Rechtswidrigkeit". — Es war einmal ein Rechtslehrer, welcher eine ausführliche Denkschrift entwarf, dahin gehend, man solle jeden Scharfrichter (nach § 211) wegen Mordes anklagen, weil er „vorsätzlich und mit Überlegung töte". So sagt das Gesetz. Man zweifelte an dem gesunden Verstande dieses Rechtslehrers: in der That, er hatte vergessen, daß der Gesetzgeber stillschweigend denjenigen straffrei läßt, der in Ausübung von Rechten und Pflichten handelt. Aber jener merkwürdige Gedankengang, der allgemein belächelt und verurteilt wurde, ist juristisch nicht wundersamer, als der Versuch, einen **evangelischen Pfarrer** wegen einer ausführlichen und sachlichen Flugschrift — mag sie auch deutlich, ja derb sein — der Beschimpfung katholischer Einrichtungen anzuklagen. Es wird schwer halten, anders als mit dialektischen Gründen, d. h. mit juristischen Phrasen, die bekanntlich die allerschlimmsten sind, das Erfordernis der „Rechtswidrigkeit" in dem vorliegenden Falle nachzuweisen. Wir können dies nur andeuten: jeder Jurist weiß in den Systemen des Strafrechts die Lehre über dieses Erfordernis zu finden. Ein evangelischer Geistlicher, mitten hineingestellt in eine gemischte Bevölkerung, umgeben von den römischen Streitern, der für seinen Glauben eintritt, auf seinem Bekenntnis steht, die Auswüchse und Mißbräuche einer anderen Kirche angreift, handelt rechtswidrig — strafgesetzwidrig!

Im vorliegenden Falle ist übrigens noch zu bedenken, daß der betreffende Pfarrer maßlos gereizt wurde. Nicht nur der Ausgangspunkt dieser Prozesse, die Prozession (die nach obiger Stelle des Tridentinums in einen evangelischen oder „paritätischen" Staat einfach nicht hingehört), ist an sich schon ausreichend, um seine Erregtheit zu entschuldigen. (Was würde man sagen, wenn man einem römischen Geistlichen die Ausschmückung seines Hauses zur Lutherfeier zugemutet hätte!) Auch alle Angriffe gegen ihn sind derart, daß sie ihn wahrlich entschuldigen. Z. B. „Brandrede", „phosphoriszierender Prediger", „ordinär", „Fuhrmannslaterne der Schmähschrift", „Gassenboden gemeiner Beschimpfung", „klobig" nun in Rücksicht auf unsere Leser wollen wir weiteres unterdrücken. Dies genügt. Nippold hat recht: dagegen spricht Thümmel im Salonton.

V. Die Prüfung dieser Rechtsfrage, inwieweit in einer polemischen Schrift eines maßlos geschmähten evangelischen Pfarrers eine Beschimpfung liege, führt uns zu der traurigen Erkenntnis, daß bei uns bereits eine unhaltbare Rechtslage, eine bedenkliche Rechtsungleichheit besteht. Wir nennen diejenige

Rechtspflege gut, die ohne Ansehen der Person richtet. Wir beklagen uns, wenn man die kleinen Diebe einsperrt und die großen laufen läßt. Hier liegen jedoch weit krassere Fälle vor, welche leider zu dem Urteile führen, daß von Gerechtigkeit nicht mehr die Rede ist. Haben wir unrecht: Hier einige Beispiele:

„Die Bierpredigt eines Komikers im Talare" u. s. w. ist nicht ohne weiteres Beschimpfung — protestantische Geistliche als Komödianten, als Christusleugner im Predigertalare begeifern, ist nicht Beschimpfung, wohl aber das, was im Elberfelder Urteil (II, 18) angeführt ist.

Es ist eine Beschimpfung, von „Götzendienst" der römischen Kirche zu sprechen; und wie viel gute Katholiken haben wir doch schon davon sprechen hören, wenn sie in der Peterskirche zu Rom den einen blank geküßten Fuß der durch einen Heiligenschein zu einem Petrusbilde umgewandelten Merkurstatue — vielen Deutschen unglaublich — erblickten, oder wenn sie in Madrid vernahmen, daß der und der Jungfrau (denn es gibt dort wie in Neapel mehr als 60 verschiedene Madonnen) ein abgelegtes Festkleid einer vornehmen Dame vermacht wurde! „Götzendienst" ist eine Beschimpfung! (Aber le crime fait la honte, pas l'échaffaud — die Thatsache ist schimpflich, nicht ihre Konstatierung.) Wenn man die römische Kirche als eine Macht des Bösen bezeichnet, ist das nach Pinoff (Nippold S. 83) die „schwerste Beschimpfung" — wenn man dies aber der evangelischen Kirche sagt (Rundschreiben des Papstes vom 3. Juli 1880, „Herrschaft des Fürsten der Finsternis auszuüben") so ist das keine Beschimpfung!

Es ist eine Beschimpfung, zu sagen: „Die römische Kirche ist schonend gegenüber der Sünde"; es ist keine Beschimpfung, zu sagen: „Die Reformation hat nichts geschaffen, ihre Macht ist die Zerstörung" (Hohoff, Geschichte ꝛc. S. 179), der „Protestantismus ist eine Pestilenz" u. s. w.

Nur noch eine Gegenüberstellung: In einer breiten Auseinandersetzung spricht ein evangelischer Prediger vom „gebackenen Gott", sich auf zahlreiche Autoren berufend. Das ist schlimm, das ist Beschimpfung. Keine Beschimpfung, nicht schlimm ist es, wenn eine Zierde des Katholizismus — wir verschweigen den Namen, um nicht einigen Lesern ein Ideal zu zerstören - in einer Volksschrift sagt:

„Das Abendmahl bei den Protestanten ist einfach Brot, wie es der Bäckermeister gebacken hat; nur der Wein dabei mag oft nicht einfach sein, weil der Weinfabrikant allerlei Zeug hineingemischt hat."

Das ist wohl keine Blasphemie! Genug, um zu bestätigen, daß die Gerechtigkeit in unserm öffentlichen Leben einen starken Stoß erhielt. Freilich wissen wir ebensogut wie der Elberfelder Staatsanwalt (I, 23), daß der Dieb Z. sich nicht damit entschuldigen kann, daß der X. auch gestohlen hat: aber man wird zugeben, daß es eben nicht gerecht ist, den Z. zu strafen und den X. frei zu lassen. Gilt bei uns nicht mehr das Wort: was dem einen, dem katholischen Geistlichen — und mag es auch der höchste derselben sein — recht ist, das ist dem andern, dem evangelischen Geistlichen, billig? (I, 305.)

Dazu, daß dies wieder Geltung erhalte, müssen uns nicht nur unsere Gerichte, sondern unsere kirchlichen Behörden verhelfen. Die katholische Kirche, bezw. die Zentrumspartei hat in Köln ein Komitee zur Anfertigung gerichtlicher, den § 166 betreffender Denunziationen (III, 113). Wir brauchen ein solches nicht: wir erwarten vielmehr von den Konsistorien und dem Oberkirchenrate — der ja die Reden seiner Beamten u. a. nach dem Hamburger Korrespondenten kontrolliert (III, 158)! — daß er bei jeder Beschimpfung der evangelischen Kirche das Einschreiten veranlasse. Man rede doch nicht immer von evangelischem Anstande und christlicher Moral, um seine Lauheit zu bestätigen. Evangelische Milde darf nicht laisser passer werden! Übrigens gehören die Religionsdelikte nicht zu den Antragsvergehen, und wir geben uns der Hoffnung hin, daß insbesondere die römischen Staatsanwälte der preußischen Rheinprovinz sich befleißigen werden, den § 166 allen Konfessionen gegenüber gleich auszulegen. Es geht nicht an, einen evangelischen Pfarrer wegen jedes, ihm in der Hitze des Kampfes entschlüpften harten Wortes zu belangen, und denselben Pfarrer, welcher, öffentlich beleidigt, die Hilfe der Behörden anruft, auf den Weg der Privatklage zu verweisen (III, 211)! Wo das geschehen, besteht keine Gerechtigkeit in der Rechtspflege.

Noch hat die höchste Instanz nicht gesprochen. Hoffen wir, daß das Wort: „es gibt noch Richter" auch in unserer Zeit, trotz jesuitischer Einflüsse überall sich bewähre. Möge die Politik es für notwendig erachten, mit der Kurie zu paktieren, die Politik darf die Rechtssprechung nicht beeinflussen. So wird unser höchster Gerichtshof, unser Hort deutschen Rechtes, eine grundsätzliche Frage zu entscheiden haben, wichtiger als alle bisher entschiedenen. Ob und wie der Zweikampf oder der untaugliche Versuch strafbar sei, ob Urkundenfälschung durch Telegramme begangen werden könne, ob Putativnotwehr straflos sei u. s. w., ist gewiß interessant; aber hier handelt es sich um eine das ganze evangelische Volk angehende Frage: sollen die Schmähungen eines auswärtigen Priesters gegen die „Reformation", die nicht eine Einrichtung, sondern die Grundlage unserer Kirche ist, straflos sein, dagegen die Äußerungen eines evangelischen Geistlichen als Beschimpfung betrachtet werden? Wenn in vielen Zeitungen in diesen Tagen den Juristen (im Anschluß an einen Grenzboten-Artikel) die allzu privatrechtliche Ausbildung vorgeworfen wird, so dürfte bei der Beurteilung dieses Falles dies in gewissem Sinne auch in Betracht kommen. Wir erkennen an, daß das Kasseler Gericht in hohem Maße bestrebt war, Gerechtigkeit walten zu lassen, aber unsere Auffassung geht dahin, daß man bei Beurteilung einer Schrift, wie die „rheinischen Richter und römische Priester", nicht nach privatrechtlicher Buchstaben-Auslegung das Ganze zerbröckeln und den einzelnen Ausdruck unter die Lupe nehmen darf: man muß die Schrift in ihrer Entstehung, ihrem Inhalt und ihren Zielen als Einheit fassen — und dann wird sie dem unbefangenen weltlichen Richter als eine konfessionelle Streitschrift, nicht aber als strafbar erscheinen. Sie wird dann dem gesamten Publikum vorgelegt werden können, und wir hoffen, daß schon aus diesem Grunde das letzte Erkenntnis in diesem Sinne ausfallen wird.

Mit der Verurteilung des evangelischen Pfarrers würde das Reichsgericht eine schwere Verantwortung auf sich laden. Der § 166 würde damit zu einer religiösen lex quisquis*), zu einem drakonischen Gesetze gestempelt; eine solche Auffassung überträfe weit die Versuche, die im Jahre 1885 ein spanisches Ministerium durch Vorlegung eines Strafgesetzentwurfes machte; ein Rückschritt zu den Zeiten des vorigen Jahrhunderts wäre damit bezeichnet. Am 28. Februar 1766 wurde La Barre, weil er mit bedecktem Haupte an einer Prozession vorüber gegangen, zum Tode verurteilt; die Zunge sollte ihm herausgerissen, Kopf und Rumpf zu Asche verbrannt werden. Hat die Welt vergessen, was Voltaire (Oeuvres LXIII, 229) und was Friedrich der Große am 7. August 1766 hierüber schrieb? Könnte die Kirche heute noch foltern und verbrennen, sie thäte es sicherlich — da sie es nicht kann, agitiert sie zunächst durch jenes Komitee in Köln. Principiis obsta. Sollte in der Rechtsprechung jene römisch-katholische Auffassung eine Stütze finden, so wird das gesamte evangelische Volk vielleicht auch dadurch belehrt werden. Dann bleibt nichts übrig, als den § 166 aufzuheben. In der Geschichte unseres Vaterlandes würde damit eine Wendung von unabsehbaren Folgen eintreten — vielleicht zum Guten! Möge dann die römische Kirche mit allen ihren Äußerlichkeiten, mit ihren Hostien, Heiligen, ihrer Maria ohne Jesuskind u. s. w. sehen, wie sie auskommt. ... Die evangelische Kirche kann getrost sein, denn ihre Kraft ruht nicht in Sinne berauschenden und Sünden verdeckenden Äußerlichkeiten: zuversichtlich in sich selbst, bewußt ihres inneren starken Wirkens steht sie felsenfester als die Kirche Petri auf dem in dieser halb vergessenen Worte vom Kreuz, das den Römern ein Ärgernis und den Griechen eine Thorheit ist!

---

*) Berüchtigtes Gesetz gegen politische Delikte aus der letzten römischen Kaiserzeit.

www.ingramcontent.com/pod-product-compliance
Lightning Source LLC
Chambersburg PA
CBHW031824230426
43669CB00009B/1214